핸드폰 연대기

거의 모든 모바일의 역사

핸드폰 연대기

오진욱 지음

e 비즈북스

프롤로그

"지금 당신의 주머니 속에는 무엇이 들어 있습니까?"

이 질문에 사람들은 당장 머릿속에 몇 가지를 떠올릴 것입니다. 하지만 "당신이 항상 갖고 다니는 전자 제품은 무엇인가요?"라고 다시 묻는다면 그제야 사람들은 십중팔구 '핸드폰(또는 스마트폰)'이라고 대답할 것입니다. 굳이 전문적인 통계를 내세울 필요도 없이 오늘날 어린아이부터 노인에 이르기까지 모두가 핸드폰을 소유하는 시대가 되었습니다. 그렇다면 다시 한 번 묻겠습니다.

"당신은 당신의 핸드폰에 대해 얼마나 알고 있습니까?"

이 책은 벽돌폰부터 스마트폰에 이르기까지 지난 40년 동안 우리와 함께해온 핸드폰에 관한 이야기입니다. 1973년 핸드폰 발명자인 마틴 쿠퍼 박사가 자신이 개발한 핸드폰으로 최초로 전화 통화에 성공한 뒤 당시 굉장히 혁신적이었던 이 물건, 즉 핸드폰은 인간에게 가장 친숙하면서도 없어서는 안 될 필수품으로 자리매김했습니다. 이 책은 이런 핸드폰을 주인공으로 내세워 그 진화 과정을 한눈에 볼 수 있도록 정리해놓은 일종의 '핸드폰 변천사'라고 할 수 있습니다. 더불어 단순한 제품 리뷰가 아닌 개발 과정, 당시 시대상, 비하인드스토리 등을 담아 핸드폰 기술이 인류 역사에 어떤 영향을 미쳤는지 그 의미를 되짚어보려고 했습니다.

소개된 핸드폰 모델들은 다음과 같은 기준에서 선별되었습니다.

• 기술적 혁신성　• 디자인의 참신성　• 대중적 인기　• 판매량

　오늘도 어김없이 쏟아지고 있는 수많은 핸드폰 신제품 사이에서 책 속에 담긴 옛 핸드폰들은 유별나 보일지도 모릅니다. 하지만 구식 핸드폰들도 그 시대에는 모든 이들의 관심을 받았던 혁신적인 제품이었습니다. 그리고 이들이 있었기에 핸드폰 기술은 발전에 발전을 거듭했고, 마침내 아이폰, 안드로이드폰을 위시한 스마트폰이 탄생할 수 있었습니다.

　우리는 흔히 한 인물에 대해 알고 싶다면 그 인물의 전기를 통해 삶의 궤적을 따라가고, 한 나라에 대해 알고 싶다면 그 나라의 역사를 먼저 찾아봅니다. 따라서 핸드폰에 대한 상식은 핸드폰의 발전 과정을 살펴보면서 배우는 것도 의미 있는 일이라고 생각했습니다.

　현재 시중에 나와 있는 모바일 관련 서적들은 기술적 성과와 비즈니스 영역에 초점이 맞춰져 있어 일반 대중들이 핸드폰에 흥미를 갖고 알아가는 데 어려움이 있습니다. 이런 이유로 핸드폰 관련 정보는 IT 전문가나 일부 모바일에 관심이 있는 사람들 사이에서만 다뤄질 뿐, 대다수 일반 핸드폰 사용자들에게는 먼 나라의 이야기나 다름없었습니다. 또한 새로운 기술을 습득하는 데 열중하고 있는 IT 전문가에게 있어서도 지난 일들을 되돌아보고 정리할 시간을 마련하기란 여간 어려운 일이 아닐 것입니다.

　이에 이 책은 'IT(핸드폰)'에 '역사(연대기)'를 접목시켜 일반 독자들이 흥미를 갖고 핸드폰 상식을 넓혀갈 수 있도록 이야기를 꾸미는 동시에, IT 전문가는 이 한 권의 책으로 그간의 기술 동향을 살펴볼 수 있도록 했습니다. 일반 독자에게는 쉽고 재미있게 모바일 세계에 발을 들여놓을 수 있는 기회가, IT 전문가에게는 옛것에서 새로운 지혜를 얻을 수 있는 시간이 되었으면 합니다.

차례

프롤로그　004

PART 01 핸드폰의 탄생　　　　　　　　　　　　　　012

PART 02 아날로그(1G) 시대

세계 최초 핸드폰 다이나택 8000X　　　　018
최초의 플립폰 모토로라 마이크로택 9800X　　022

PART 03 디지털(2G) 시대

최초의 디지털 핸드폰 모토로라 인터내셔널 3200　　028
노키아의 등장, 최초의 GSM폰 노키아 1011　　032
세계 최초의 스마트폰 IBM 사이먼　　037

PART 04 디자인 춘추전국시대

〈매트릭스〉의 숨은 주인공, 매트릭스폰 노키아 8110	044
모토로라의 반격, 최초의 폴더폰 모토로라 스타택	049
노키아 최초의 스마트폰 노키아 9000 커뮤니케이터	055
핸드폰 케이스를 내 마음대로 노키아 5110	060
핸드폰 디스플레이의 혁명, 최초의 컬러폰 지멘스 S10	065
안테나 전쟁, 최초의 내장 안테나폰 노키아 8810	071

PART 05 틈새 공략 기능의 특화

핸드폰 역대 판매 2위 노키아 3210	084
핸드폰과 내비게이션의 만남, 최초의 GPS폰 베네폰 Esc!	092
카메라가 핸드폰 속으로, 최초의 카메라폰 교세라 VP-210	099
〈매트릭스〉와 모바일 인터넷, 최초의 미디어폰 노키아 7110	107
삼성의 등장, 최초의 MP3폰 삼성 업로어 SPH-M100	115
무선 기술의 통일, 최초의 블루투스폰 에릭슨 T36	124

PART 06 카메라폰 시대

카메라폰 시대의 개막, 최초의 셀카폰 샤프 J-SH04   134
스마트폰이라 불린 최초의 핸드폰 에릭슨 R380   143
소니와 에릭슨의 동맹, 최초의 풀컬러폰 소니 에릭슨 T68   152
림 최초의 스마트폰 블랙베리 5810   162
노키아와 닌텐도의 대결, 게임폰 노키아 엔게이지   172
세상에서 가장 많이 팔린 핸드폰 노키아 1100   182

PART 07 패션폰 시대

스타택에 이은 또 하나의 명작 모토로라 레이저 V3   196
LG전자의 등장, 세계를 사로잡은 달콤함 LG 초콜릿   204

PART 08 | 스마트폰 시대

스티브 잡스 일생 **아이폰 탄생 비화**   216
안드로이드 탄생과 최초의 안드로이드폰 **HTC 드림**   229
안드로이드 OS의 진화 **구글 넥서스 시리즈**   238
노키아의 몰락과 윈도폰 **루미아 시리즈**   252
삼성과 애플의 특허 전쟁 **갤럭시 시리즈**   262

PART 09 | 모바일의 미래

276

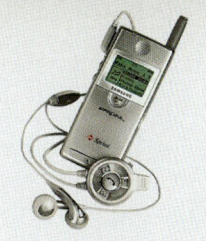

PART
01
핸드폰의 탄생

1973년 4월 3일, 뉴욕 맨해튼 힐튼호텔 근처의 6번가 거리에 한 중년의 사내가 서 있다. 말쑥한 양복 차림에 깔끔하게 면도를 한 사내는 호텔에서 예정된 기자회견에 앞서 공공장소에서 자신이 만든 장치를 실험해보고 싶었다. 그의 손에는 벽돌만한 크기의 육중한 무언가가 들려 있었는데 그 물체는 언뜻 보기에 전화기처럼 생겼다. 하지만 그 자리에 있던 사람들은 곧 자신의 생각이 터무니없다고 생각했다. 전화기라면 당연히 선에 연결되어 있어야 했지만 이 장치에는 어떤 연결선도 보이지 않았기 때문이다. 게다가 집이나 사무실에서 전원을 꽂고 사용해야 하는 가전제품을 아무것도 없는 길거리에서 어찌 사용할 수 있겠는가.

사내는 그를 이상하게 생각하는 사람들의 시선에 아랑곳하지 않고 손에 든 장치의 전원을 켰다. 그리고 조심스럽게 숫자 버튼을 누른 후 귀에 갖다댔다. 그런데 놀랍게도 그 장치에서 통화 연결음이 들려왔다. 그 자리에 있던 사람들은 설마 하는 심정으로 마른침을 삼켰고, 몇 번의 통화음이 울린 후 뚝 하는 소리가 들리자 고요해졌다. 중년의 사내가 입을 열었다.

"조엘, 나 마틴일세. 난 지금 핸드폰으로 당신에게 전화를 걸고 있다네. 손에 들고 다닐 수 있는 전화기 말일세."

마틴 쿠퍼Martin Cooper. 핸드폰의 아버지라 불리는 그는 핸드폰 발명가이자 핸드폰을 사용해 통화를 한 최초의 핸드폰 사용자이기도 하다. 1930년 태어난

• 핸드폰의 아버지 마틴 쿠퍼 (출처: kostaskarasavvidis.wordpress.com)

쿠퍼는 시카고에서 유년 시절을 보냈으며 일리노이 공과대학교에서 전기공학을 전공했다. 졸업 후 4년간 해군에서 복무한 뒤 1년간 통신회사에서 일하다가 1954년 모토로라에 입사했다. 쿠퍼는 그곳에서 쌍방향 자동차 무전기를 개발하고, 의사들을 위해 건물 전체를 연결하는 초기 호출 시스템을 만들었다.

그가 휴대용 장치 개발에 관심을 갖게 된 것은 1967년 시카고 경찰서에서 작업을 의뢰받으면서부터다. 당시 경찰들은 상대와 연락을 주고받기 위해 경찰차에 설치된 카폰을 사용했는데, 이는 차 안에서만 사용할 수 있어 매우 불편하고 성가신 것이었다. 이에 쿠퍼는 자동차로부터 일정 거리 떨어진 범위 안에서 사용할 수 있는 탈착식 휴대 무전기 개발에 성공한다.

이후 마틴 쿠퍼는 TV 영화 〈스타 트렉〉에서 커크 선장이 사용하는 통신 장치인 금빛 플립탑flip top 커뮤니케이터에서 핸드폰에 대한 영감을 얻게 되고, 본격적인 개발에 착수한다. 하지만 이미 현실엔 강력한 경쟁자가 존재하고 있었다.

미국에서 가장 큰 통신회사인 AT&T의 R&D 부서인 벨연구소는 1947년 처음으로 이동통신이라는 개념을 도입했다. 하지만 정부로부터 주파수를 승인

• 〈스타 트렉〉의 커뮤니케이터 (출처: www.slschofield.com)

받는 데 어려움이 있어 이를 현실화하는 데까지 이르지는 못했다. 그리고 1960년 모토로라가 이 분야에 뛰어들면서 모토로라와 벨연구소 간의 치열한 경쟁이 예고됐다. 휴대 장치 안에 무선 기술을 접목하려는 연구가 활발하게 전개되었는데, 먼저 벨연구소가 연결이 끊기지 않고 무선 간 호출을 전달할 수 있는 무선통신망을 개발하는 데 성공한다. 그러나 이 통신망은 오직 카폰car phone을 대상으로 한다는 제약이 있었다.

한편 모토로라의 마틴 쿠퍼와 엔지니어팀은 그들의 실험에 사용될 시제품을 개발했다. 세로 23센티미터, 가로 13센티미터 두께 4센티미터의 규격을 가진 이 장치는 무게가 무려 1킬로그램이 되었으며, 사용 시간은 20분, 충전은 열 시간이 걸렸다. 모토로라는 벌링턴 타워(현 얼라이언스캐피털 빌딩)의 지붕에 기지국을 설치하고, 이는 다시 지상 통신선 시스템으로 연결됐다. 마침내 1973년 4월 3일, 뉴욕 맨해튼의 힐튼호텔 근처 6번가에서 마틴 쿠퍼는 세계 최초로 핸드폰 통화에 성공한다. 통화 상대는 다름 아닌 그의 강력한 경쟁자인 벨연구소의 책임자 조엘 엥겔Joel Engel이었다. 쿠퍼는 얄궂게도 라이벌에게 전화를 걸어 자신의 승리를 알렸던 것이다. 이 공개 시연에서 사용된 모토로라 시제품은 그해 7월 『파퓰러 사이언스 매거진』의 표지를 장식한다. 이렇게 최초의 핸드폰 개발을 두고 벌어진 경쟁은 모토로라의 승리로 종결되는 듯했지만 아직 그들에게 넘어야 할 산이 남아 있었다.

마틴 쿠퍼는 사람들이 전화기를 어디서나 갖고 다닐 수 있기를 원했다. 그렇기 때문에 그가 만든 최초의 무선 시스템을 모토로라가 단순히 카폰에 적용하려 했을 때도 핸드폰에 대한 의지를 꺾지 않았다. 쿠퍼는 자신의 주장을 관철시키기 위해 일부 모토로라 간부들을 설득해야만 했다. 이런 마틴 쿠퍼의 노력으로 모토로라는 최초의 핸드폰을 개발하는 데 성공했고, 뉴욕 맨해튼 거리에서 이루어진 공개 시연을 통해 그들의 기술력을 대중 앞에서 입증했다.

남아 있는 것은 테스트가 아닌 실제로 대중들이 핸드폰을 사용할 수 있도록 하는 일이었다. 이를 위해서는 주파수 사용을 위한 정부의 승인이 필요했다. 모토로라는 민간 기업이 무선통신에 사용할 수 있는 주파수 영역을 할당받기 위해 이 일에 책임을 맡고 있는 미국 연방통신위원회FCC를 설득해야 했다. 테스트를 위한 시제품을 제작하는 데 90일이면 충분했지만 판매를 목적으로 하는 상용 핸드폰의 경우는 사정이 달랐다. 핸드폰 용도로 특정 인프라를 구축해야만 했고, 이를 완성하고 제품을 출시하기까지 오랜 시간을 투자해야 했다.

1973년 뉴욕 맨해튼 거리에서 핸드폰이라는 신세계를 목격한 대중들은 그 장치를 자신들의 손에 넣는 데에만 꼬박 10년을 기다렸다.

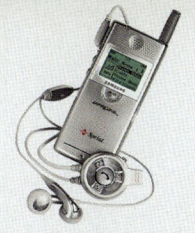

PART
02

아날로그(1G) 시대

세계 최초 핸드폰
다이나택 8000X

제품명	다이나택 8000X(DynaTAC 8000X)
출시 연도	1983
제조사	모토로라
크기(mm)	330x44x89
무게(g)	800
디스플레이	레드(red) LED
배터리	7.2V 내장형
지속 시간	대기 8시간/통화 30분
네트워크(1G)	AMPS

"5, 4, 3, 2, 1, 발사."

1969년 7월 16일, 미국 플로리다주에 있는 케네디 우주센터[Kennedy Space Center]의 한 발사 시설에서 아폴로 11호를 실은 새턴 V 로켓[Saturn V]이 화염을 뿜었다. 지상에서는 3천 명의 언론인과 7천 명의 고위 인사, 그리고 약 50만 명의 관광객이 손에 땀을 쥐며 지켜보고 있었다. 그렇게 모두의 기대 속에서 발사된 아폴로 11호는 12분 뒤 지구 궤도에 진입했고, 그로부터 3일 뒤 달 궤도에 진입한다.

착륙 지점인 고요의 바다 20킬로미터 상공에 도달한 선장 닐 암스트롱[Neil Alden Armstrong]과 조종사 버즈 올드린[Buzz Aldrin]은 달착륙선으로 갈아탄다. 하지만 4분의 비행 오차가 발생해 착륙 지점을 수마일 지나치게 되고, 이를 발견한

암스트롱 선장이 급히 수동으로 우주선을 조종해 가까스로 목표 지점에 도달한다. 착륙 후 여섯 시간 뒤, 마침내 암스트롱 선장은 우주선에서 내려 달 표면에 인류의 첫 발자국을 내딛는다.

"이것은 한 사람에게는 작은 한 걸음에 지나지 않지만, 인류에게 있어서는 위대한 도약입니다."

텔레비전 앞에 앉아 역사적인 순간을 목격한 5억 명의 사람들 귀에 암스트롱의 목소리가 생생하게 전해졌다. 약 40만 킬로미터 떨어져 있는 사람의 목소리가 어떻게 지구까지 들릴 수 있던 것일까. 이 배후에는 바로 모토로라가 있었다. 그들이 개발한 무선통신 장치가 달에서 지구까지 음성신호를 전송한 것이다.

이로부터 10여 년 뒤, 모토로라는 달이 아닌 지구에서 인류를 위한 또 다른 역사를 준비하고 있었다. 1983년 통신 기술의 선두주자였던 모토로라는 그들이 개발한 무선통신 기술에 대한 미국연방통신위원회Federal Communication Commission의 승인을 앞두고 있었다. 미국연방통신위원회는 자국 내 방송을 심의하고 규제하는 권한을 가진 독립기관으로, 유무선통신에 대한 감독 역시 그들의 몫이었다. 그해 3월 6일 연방통신위원회의 승인을 받은 모토로라의 새로운 무선통신 기술이자 세계 최초의 핸드폰인 다이나택 8000X(이하 다이나택)가 세상에 모습을 드러냈다.

그런데 다이나택을 출시하기 이전인 1970년대 초반부터 모토로라는 이미 핸드폰 모델의 기반이 되는 원형 기술을 보유하고 있었다. 다이나택 개발에만 무려 15년이라는 시간과 100만 달러의 예산을 투자한 것이다. 물론 당시 모토로라는 세계 최초로 상업적 성공을 거둔 카오디오 기술부터 우주 비행사 암스트롱이 달 착륙 후 지구로 전송하는 데 사용한 라디오 송신 기술에 이르기까지 수십 년 동안 통신 기술을 선도하고 있었다.

• 1987년을 다룬 영화 〈월 스트리트〉의 한 장면 (출처: info.abril.com.br)

　모토로라 다이나택은 본체에 LED 디스플레이와 서른 개의 전화번호를 저장할 수 있는 메모리를 지녔다. 그리고 30분 동안 통화 가능하며 대기 상태로 여덟 시간 지속되는 배터리를 갖고 있었다. 핸드폰의 크기는 세로 길이가 33센티미터, 무게가 800그램이나 되어 '브릭폰', 일명 '벽돌폰'이라는 별명을 갖게 됐다. 더욱 놀라운 사실은 1983년 출시 당시 이 폰의 소비자 가격이 무려 3995 달러였다는 점이다.

　비싼 가격으로 인해 대중화되지 못할 것이라는 세간의 우려와는 달리 모토로라 다이나택은 출시된 지 몇 달 지나지 않아 베스트셀러가 됐다. 시민들은 끝이 없는 대기 리스트에는 아랑곳 않고, 누구보다도 먼저 이 벽돌폰을 손에 넣고 싶어 했다. 당시 시민들에게 전화기란 집이나 사무실에 두고 사용하는 가전제품과 다르지 않았다. 그러한 시절에 언제 어디서나 통화를 할 수 있다는 이 새로운 개념은 사람들에게 충격과 감동을 주기에 충분한 것이었다.

　다이나택의 인기는 시리즈물의 출시로 이어져, 1985년 8000S를 시작으로 1993년 Classic II까지 이어졌다. 특히 그 시대의 표준 핸드폰이자 대중매체의 표상이었던 모토로라 다이나택은 영화 〈월 스트리트〉에서 마이클 더글러스가 사용한 것으로 유명하기도 하다.

　하지만 영원히 부와 미래의 상징일 것만 같았던 다이나택은 강력한 경쟁자의 등장으로 그 위상이 흔들리기 시작한다. 그 상대는 다름 아닌 모토로라 자신의 핸드폰 신모델이었다. 다이나택이 벽돌만한 크기 때문에 휴대 불가능한 이름뿐인 핸드폰이라면, 새로운 모델은 주머니에 넣고 다닐 수 있을 만큼 작고 가벼웠다. 진정한 의미의 핸드폰이 등장한 것이다.

최초의 플립폰
모토로라 마이크로택 9800X

제품명	마이크로택 9800X(MicroTAC 9800X)
출시 연도	1989
제조사	모토로라
크기(mm)	172x57x32
무게(g)	350
디스플레이	매트릭스 LED
배터리	니켈카드뮴(Ni-Cd)
네트워크(1G)	AMPS

모토로라Motorola는 자동차motorcar에서 따온 '모토motor'와 소리sound를 암시하는 '올라ola'가 결합해 만들어진 이름이다. '움직이는 소리'라는 의미가 담겨있는데, 이는 모토로라가 카오디오 브랜드에서 비롯되었기 때문이다. 1928년 9월 25일, 폴 갈빈Paul Galvin과 그의 형 조셉 갈빈Joseph Galvin은 미국 일리노이주 시카고에 '갈빈 제조 회사Galvin Manufacturing Corporation'를 설립했다. 그리고 2년 뒤인 1930년, 이 회사에서 내놓은 첫 번째 상용 카오디오의 브랜드명이 바로 모토로라였다. 이후 그들이 개발한 카오디오가 상업적으로 성공을 거두자, 1947년 갈빈 형제는 회사명을 갈빈 제조 회사에서 주식회사 모토로라로 변경한다. 이 조그만 카오디오 생산 업체는 훗날 세계적인 핸드폰 제조업체로 탈바꿈하게 된다.

1980년대 당시 무선통신 서비스 업체들은 핸드폰 가격을 할인하는 전략으

• 한 손에 잡히는 마이크로택 (출처: www.fanpage.it)

로 새로운 고객을 유치하는 데 열을 올리고 있었다. 하지만 모토로라는 그러한 가격 경쟁에 동참하지 않고, 경쟁사들과는 다른 새로운 전략을 준비하고 있었다. 1989년 4월 25일, 모토로라는 그들의 새로운 전략이자 야심작인 마이크로택 9800X(이하 마이크로택)을 공개한다.

마이크로택은 '플립' 디자인을 최초로 도입한 핸드폰이었다. 플립 디자인이란 핸드폰의 구성이 몸체와 덮개로 나뉘어 평상시에는 덮개가 몸체 위로 접히도록 하는 디자인 방식을 말한다. 마이크로폰은 핸드폰 몸체에 키패드가 위치하고, 통화 시 입이 닿는 부분인 덮개 안쪽에 마이크라 여겨지는 작은 홈이 나 있다. 그러나 실질적으로 마이크로택의 마이크는 핸드폰 몸체에 장착되어 있었다. 결국 덮개 안쪽의 움푹 파인 홈은 실제 마이크가 아니라 단지 미학적인 용도에 불과했던 것이다. 이런 파격적이고 혁신적인 플립 디자인은 핸드폰 시장에 큰 파장을 일으켰고, 이후 타 브랜드에서도 플립 디자인이 도입되어 핸드폰 디자인의 표준으로 자리 잡게 됐다.

마이크로택 출시 전까지의 핸드폰들은 대부분 밋밋한 디자인에 상당히 큰

• 셔츠 주머니 속에도 들어가는 마이크로택 (출처: www.stornotime.dk)

덩치를 갖고 있었다. 당시 대세였던 다이나택의 별명이 '브릭폰(벽돌폰)'이라는 점만 봐도 쉽게 알 수 있다. 한편 마이크로택은 '포켓폰 마이크로택'이라는 광고 문구처럼 디자인 단계부터 셔츠 주머니의 크기에 맞춰 제작됐다. 길이 17.2센티미터, 무게 350그램인 마이크로택은 당시 출시된 핸드폰 가운데 가장 작고 가벼운 모델이었다.

마이크로택은 검은색 몸체에 빨간색 LED 디스플레이를 장착했다. 그리고 LED 디스플레이에 여덟 자리 문자로 정보를 표시할 수 있었다. 플립 앞면에는 양각으로 새겨진 금속성의 모토로라 로고가 위치하고, 플립 안쪽에는 사선으로 그려진 파란색 선 위로 모토로라 로고가 보였다. 마이크로택의 빨간색 LED 디스플레이 상단에는 이와 대비되는 파란색의 'Micro T. A. C' 글자가 적혀 있는데, 이런 감각적인 디스플레이는 오늘날에도 핸드폰 수집가에게 큰 인기를 끌고 있다.

마이크로택의 독특한 점은 바로 안테나였다. 외부로 돌출된 안테나는 수신에 어떤 영향도 미치지 않는 플라스틱 조각에 불과했다. 그것은 단지 핸드폰의 외형을 갖추기 위한 형식적인 포장에 불과했고, 실제 마이크로택의 안테나는 마이크와 마찬가지로 핸드폰 내부에 위치했다.

일곱 가지 모델로 출시된 마이크로택은 모델에 따라 소비자 가격이 2495달

• 마이크로택 광고 (출처: www.volkskrant.nl)

러부터 3495달러까지 다양했는데, 비싼 가격에도 불구하고 소비자들로부터 좋은 평을 받았다. 아날로그 방식 핸드폰인 마이크로택의 성공은 모토로라의 아날로그 기술에 대한 집념을 더욱 강하게 만들었다.

  하지만 이후 무선통신 기술은 아날로그 방식에서 GSM(세계 무선통신 시스템)이라 불리는 디지털 방식으로 전환하게 된다. 이에 아날로그 기술의 중심에 있던 모토로라는 스스로 변화를 모색하지 않으면 안 되는 상황에 처하게 된다.

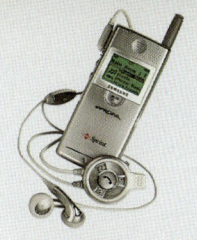

PART
03
디지털(2G) 시대

최초의 디지털 핸드폰
모토로라 인터내셔널 3200

제품명	모토로라 인터내셔널 3200(Motorola International 3200)
출시 연도	1992
제조사	모토로라
크기(mm)	195x65x40
무게(g)	576
디스플레이	흑백 LCD
배터리	니켈카드뮴(Ni-Cd) 700mAh
지속시간	대기 12시간/통화 60분
네트워크(2G)	GSM 900

1992년 12월 3일, 영국의 이동통신사 보다폰Vodafone의 사무실에서 22세의 청년 닐 팝워스Neil Papworth가 작업에 몰두하고 있었다. 그는 세마그룹Sema Group 소속의 엔지니어로 보다폰을 위한 모바일 메시징 프로젝트를 진행하던 중이었다. 보다폰은 크리스마스 파티에 가 있는 보다폰 디렉터 리처드 자비스Richard Jarvis에게 메시지를 보내줄 것을 요청했고, 이에 팝워스는 자신이 사용하던 컴퓨터를 이용해 다음과 같이 메시지를 보냈다.

"메리 크리스마스."

팝워스는 이 작업을 단순히 테스트의 일환으로 생각하고 대수롭지 않게 넘겼지만, 그가 보낸 짧은 크리스마스 인사는 훗날 강력한 커뮤니케이션 방법의 하나인 SMS, 즉 단문 메시지 서비스의 시초가 된다. 그리고 이 핸드폰을 이용

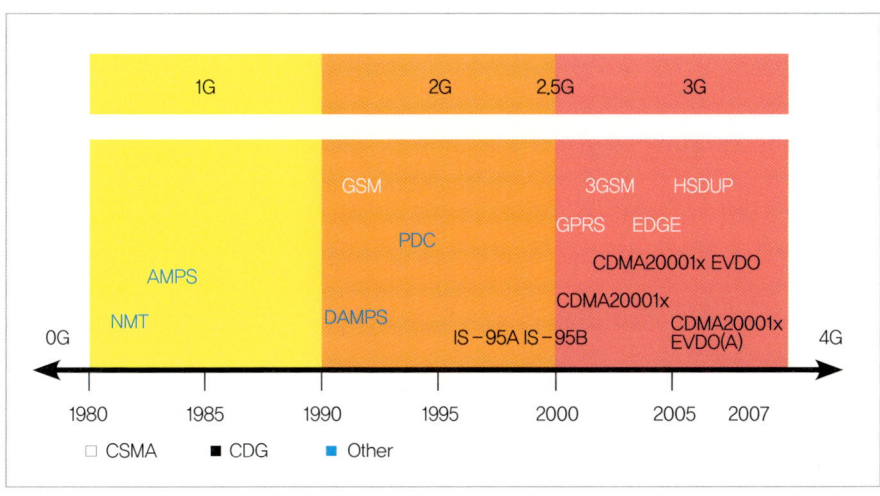

• 아날로그 디지털 역사 (출처: www.ExcelAlways.org)

  한 문자 메시지 서비스는 1990년대에 새롭게 대두한 2G [2nd Generation] 기술에 기반을 두고 있었다.

  1980년대 초 다이나택의 등장과 함께 시작된 핸드폰의 첫 번째 세대를 가리켜 1G [1 Generation]라고 부른다. 이 시기에 핸드폰 간 통신을 위해 사용된 기술이 바로 앰프스[AMPS]라고 부르는 아날로그 신호 전송 기술이다. 앰프스는 800MHz 대의 주파수를 사용하는 1세대 핸드폰 시스템 표준이며, 당시 무선통신 기술의 혁신적인 변화를 가져왔다. 하지만 아날로그 방식은 암호화가 불가능해 도청에 쉽게 노출되고 핸드폰 복제에 취약하다는 단점을 갖고 있었다.

  1990년대 들어서자 핸드폰의 두 번째 세대인 2G가 시작된다. 2G는 기존의 아날로그 전송 방식 대신 디지털 전송 방식을 사용했다. 1991년 핀란드에서 시작된 첫 번째 디지털 방식인 GSM은 900MHz의 송신 주파수를 사용했으며, 미국에서 개발된 디지털 방식인 CDMA(코드분할다중접속) 표준 방식은 아날로그 방식과 동일한 800MHz 주파수 대역을 사용했다. 결국 유럽의 GSM 방식과 미국의 CDMA 표준 방식이 세계 무선통신의 패권을 두고 경쟁하게 된 것이다.

디지털 시대의 도래와 함께 등장한 최초의 디지털 핸드폰은 1992년 출시된 모토로라 인터내셔널 3200(이하 인터내셔널)이다. 유럽의 GSM 디지털 방식을 채택한 인터내셔널은 지금은 서비스가 종료되어 사용할 수 없는 아날로그 방식의 핸드폰과 달리 오늘날에도 900MHz 주파수 영역대에서 사용할 수 있다.

인터내셔널의 디자인은 1980년대 초반에 유행한 고전 스타일로 회귀한 듯 보인다. 그 형태는 '벽돌폰'이란 별명을 가진 다이나택을 연상시키는데, 차이점이라면 단지 벽돌이 좀 더 얇아져 길쭉해보인다는 것 뿐이다. 8센티미터의 기다란 안테나를 달고 있는 인터내셔널은 안테나를 제외한 몸체의 길이가 17.5센티미터가 됐다.

또한 다섯 시간의 충전으로 한 시간 동안 통화할 수 있는 700mAh 배터리를 제공했다. 이는 최초의 핸드폰인 다이나택이 열 시간 충천, 30분 통화와 비교할 때 충전 시간은 절반으로 줄어들고, 통화 시간은 두 배로 늘어난 것이다. 통화 시간이 늘어난 것은 배터리가 더 좋아진 것도 있지만, 증가하는 통신 수요를 수용할 수 있는 무선 기지국이 곳곳에 세워졌기 때문이다. 이로 인해 핸드폰과 기지국 사이의 평균 전파 거리가 단축되었고, 결과적으로 이동하는 동안에 배터리의 수명이 연장되는 효과가 있었다.

그 후에도 모토로라 핸드폰은 계속 발전해나갔다. 특히 인터내셔널의 후속 모델인 인터내셔널 3300에서 당시로는 획기적인 커뮤니케이션 수단인 문자 메시지 서비스가 처음으로 도입됐다. 이 새로운 형태의 커뮤니케이션 방식은 핸드폰 두 번째 세대인 2G의 최대 부산물이다. 최초의 문자 메시지는 1992년 12월 3일 휴대폰이 아닌 컴퓨터에 의해 발송됐고, 실질적으로 사람들 사이에 문자 메시지 전송이 통용되기 시작한 것은 1993년이 되어서다. 오늘날 문자 메시지는 위에서 아래로 내려보는 방식이라면, 인터내셔널 3300은 세로가 아닌 가로로 스크롤하며 보는 방식이었다.

• 인터내셔널 보쉬 (출처: www.soomal.com)

한편 모토로라는 유럽에서 '보쉬Bosch'라는 브랜드명으로 핸드폰을 출시했는데, 이 핸드폰은 인터내셔널의 복제품이었다. 단지 보쉬는 기존의 인터내셔널과 다르게 버튼색이 흰색이었고, 모토로라 로고가 빠져 있었다. 독일에서는 핸드폰의 모양새가 '뼈'와 닮았다고 해 '크노헨knochen'이라고 불렀다.

이처럼 아날로그의 시대의 일인자인 모토로라는 인터내셔널을 출시하면서 새롭게 도래한 디지털 시대에 적응하려는 모습을 보여줬다. 하지만 새로운 시대는 지키려는 자보다 도전하는 자에게 유리한 법이다. 디지털 시대는 모토로라의 독주에 막혀 핸드폰 시장 진입에 어려움을 겪고 있었던 후발 업체들에게 더할 나위 없는 좋은 기회였다. 그리고 그 기회를 살린 건 북유럽에 위치한 조그만 나라 핀란드의 한 핸드폰 제조업체였다.

노키아의 등장, 최초의 GSM 폰
노키아 1011

제품명	노키아 1011(Nokia 1011)
출시 연도	1992
제조사	노키아
크기(mm)	195x60x45
무게(g)	495
디스플레이	흑백 LCD
배터리	7.2V 니켈카드뮴(Ni-Cd) 900mAh
지속시간	대기 12시간/통화 90분
네트워크(2G)	GSM 900

핀란드 민족 서사시 「칼레발라」에 이런 이야기가 있다. 핀란드 전설의 땅인 포흐욜라의 여주인이자 마법사인 로우히는 대장장이 일마리넨에게 그녀의 딸과 혼인을 약속하며 신비한 유물인 삼포를 만들어줄 것을 부탁한다. 삼포란 그것이 갖고 있는 세 개의 뿔에서 금, 밀, 그리고 소금을 밤낮으로 생산해내는 마법의 맷돌과도 같았다. 일마리넨이 대장간에서 며칠을 지새운 끝에 삼포를 완성하자 그의 고국은 신비한 유물 덕택에 가난과 어둠으로부터 해방됐다. 하지만 마법사 로우히는 일마리넨에게 딸을 시집보낸다는 약속을 지키지 않고 유물을 훔쳐 달아난다. 삼포를 잃은 일마리넨의 고국은 다시 빈곤의 나락으로 떨어지고, 반대로 삼포를 얻게 된 북부 포흐욜라 지방은 풍요로움을 누리게 된다. 격분한 일마리넨은 삼포를 되찾아오기 위해 원정단을 꾸려 로우히의 본거지

• 세계 핸드폰 시장에 변화를 가져온 노키아

로 쳐들어간다. 그들은 삼포를 다시 손에 넣는 데 성공하지만, 마법사 로우히의 집요한 추적으로 결국 유물은 산산이 부서져 바다 속으로 사라지고 만다.

오늘날 이 신비로운 유물 삼포가 정확히 무엇인지를 두고 해석이 분분하다. 칼레발라에 소개된 바와 같이 마법의 맷돌을 의미한다는 의견부터 세계의 기둥, 나침반, 보물 상자, 비잔틴 동전 주형, 벤델 시대(게르만 민족의 철기시대)의 방패, 기독교 유물에 이르기까지 다양한 해석이 존재한다. 하지만 의미가 무엇이 되었든 삼포는 소유자에게 행운과 부를 가져다주는 그 무언가에 대한 은유로 간주된다. 그리고 20세기 말, 핀란드에서는 고대에 산화되었던 '삼포'가 다시 부활됨을 알렸다. 이번엔 사람들 주머니 속의 작은 기계 장치로 말이다.

2G로 대변되는 디지털 시대는 1991년 유럽에서 세계 최초로 디지털 전송 방식인 GSM이 도입되면서 시작됐다. 그리고 1992년, 핀란드의 한 핸드폰 제조업체에서 GSM 기술을 이용한 새로운 핸드폰 모델을 발표했다. 훗날 세계 핸드폰 시장은 이 회사의 등장으로 커다란 지각 변동을 맞게 되는데, 그 주인공은 바로 지금의 노키아다.

노키아의 등장은 타이밍이 매우 절묘했다. 1990년대에 들어섬과 동시에 시작된 2G의 출현이 핸드폰 시장의 열기가 뜨거웠던 미국이 아닌 유럽에 그 기원을 두고 있다는 점을 주목해야 한다. 당시 미국에서 아날로그 전송 기술을 앞세운 모토로라가 핸드폰 시장을 장악하고 있을 때, 유럽은 GSM이 도입됐다. 그리고 당시 모비라 시티맨Mobira Cityman과 에폭EPOC을 출시한 경험이 있던 노키아가 GSM 방식을 발 빠르게 자사의 핵심 전략으로 채택했던 것이다.

1992년, 마침내 노키아는 세계 최초의 GSM폰 노키아 1011을 발표한다. 핸드폰 명칭 뒤에 '1011'이라는 숫자는 핸드폰이 발표된 날짜인 11월 10일에서 비롯된 것이다. 사실 같은 해 모토로라가 먼저 GSM 방식의 핸드폰인 모토로라 인터내셔널을 출시했다. 하지만 노키아 1011은 세계 최초의 '대량생산된' GSM폰이라는 데 의의가 있다.

노키아 1011은 세로 19.5센티미터, 가로 6센티미터, 너비 4.5센티미터의 크기에 무게가 495그램이다. 오늘날의 슬림형 핸드폰과 비교하면 다소 무거운 편에 속하는데, 무게의 큰 비중을 니켈-카드뮴 배터리가 차지했기 때문이다. 이 배터리는 한 번의 충전으로 90분 동안 통화가 가능하고, 대기 상태에서 열두 시간 유지할 수 있었다. 색은 검정색에, 상단에는 길이를 자유롭게 조절할 수 있는 확장형 안테나가 달려 있었다. 또한 텍스트를 두 줄로 표시할 수 있는 흑백 디스플레이어를 지니고 있었으며, 99개의 전화번호를 저장할 수 있었다.

오늘날 핸드폰을 생각하면 문자 메시지 서비스를 매우 기본적인 기능이라 생각할 수 있지만, 당시에는 굉장히 혁신적인 서비스였다. 노키아의 공식 기록에 의하면 후속 모델인 노키아 2110부터 문자 메시지 서비스가 가능했다고 되어 있지만, 실제로는 노키아 1011 역시 문자 메시지 기능이 있었다.

그런데 노키아 폰이라면 반드시 등장하는 노키아 고유의 벨소리가 노키아 1011에는 포함되어 있지 않았는데, 노키아만의 독특한 벨소리는 1994년부터 제작한 핸드폰에 도입한 것이다.

노키아 1011의 뒷면을 보면 심SIM 카드라는 작은 칩이 꽂혀 있다. 모든 GSM 폰에 내장되어 있는 이 심 카드에는 전화번호와 캘린더와 같은 일반적인 정보뿐만이 아니라 사용자의 개인 정보까지 포함되어 있다. 착탈식으로 되어 있어

• 심 카드

언제든지 분리하고 결합할 수 있는데, 이는 핸드폰이 바뀌더라도 같은 심 카드를 사용할 수 있다는 의미이기도 하다. 사람들은 새로 구입한 핸드폰에 심 카드만 간단히 옮겨주는 것으로 매번 개인 정보를 재입력하는 수고를 덜게 되었고, 이전 핸드폰에서 사용하던 전화번호를 그대로 쓸 수 있게 됐다.

　GSM폰의 또 다른 특징은 지역에 상관없이 핸드폰을 사용할 수 있다는 점이다. 이것은 전송 방식이 유럽과 아시아에서 국제 표준으로 삼고 있는 GSM으로 통일되었기 때문이다. 핸드폰 사용자는 심 카드 교체만으로 기기를 변경하지 않고도 해외 어디서나 통화할 수 있게 됐다. 이렇게 유럽과 아시아가 하나의 디지털 표준으로 통일되어 있는 반면, 미국은 자국의 디지털 전송 표준인 CDMA 등의 수많은 전송 방식들이 난무하고 있었다. 그래서 미국에 기반을 두고 있던 모토로라는 노키아보다 먼저 GSM 방식의 핸드폰을 출시하고도 디지털 시장에서 고전을 면치 못했다.

　노키아 1011은 후속 모델인 노키아 2110이 출시되는 1994년까지 생산됐다. 그리고 이 제품의 성공은 노키아라는 유럽의 작은 회사가 세계적인 기업으로 성장하게 된 중요한 터닝 포인트가 됐다. 2G가 시작된 이후 핸드폰 시장은 아날로그 방식에서 디지털 방식인 GSM으로 빠르게 재편됐다. 그 과정 속

• 노키아 1011 지면 광고 (출처: mobilemuseum.wz.cz)

에서 GSM폰 보급은 탄력을 받았고, 마침내 GSM폰은 휴대폰 시장의 판도를 뒤집어버렸다. 결국 아날로그 기술에 중점을 둔 모토로라는 잘못된 전략으로 10년 가까이 유지해오던 핸드폰 시장의 왕좌를 노키아에게 넘겨주어야만 했다. 1991년부터 2000년까지 노키아의 직원 수는 두 배가 되었고, 매출 성장은 열 배, 운영 이익은 100배 증가했다. 모토로라의 시대는 지고, 노키아의 시대가 도래한 것이다.

한편 디지털 기술을 보다 광범위하게 핸드폰에 적용하려는 시도가 나타난다. 핸드폰 본연의 기능인 음성 통화 기능 외에 다양한 기능들을 핸드폰에서 구현하려는 생각을 품게 된 것이다. 핸드폰의 컴퓨터화, 즉 PDA와 핸드폰의 결합이라는 오늘날의 스마트폰과 유사한 아이디어가 이미 1990년대 초반부터 있었다. 아직 '스마트폰'이라는 용어가 정립되기도 전, 대중들은 세계 최초의 스마트폰을 만나게 된다.

세계 최초의 스마트폰
IBM 사이먼

제품명	IBM 사이먼 퍼스널 커뮤니케이터 (IBM Simon Personal Communicator)
출시 연도	1993
제조사	IBM, 벨사우스
크기(mm)	200x64x38
무게(g)	510
디스플레이	흑백 LCD 터치스크린
배터리	7.5V 니켈카드뮴(Ni-Cd)
네트워크(1G)	AMPS

1992년, 미국 라스베이거스에서 세계 최대 규모의 컴퓨터 박람회인 컴덱스 COMDEX가 열렸다. 컴덱스는 컴퓨터 관련 기업들이 자사의 신제품을 소개하고, 시장의 반응을 예측할 수 있는 기회로 활용되었다. 수많은 기업이 자사의 제품을 홍보하고 있는 가운데 IBM 부스 주위로 많은 사람들이 몰려들기 시작했다. 마침내 행사 시간이 임박하자 부스 중앙에 서 있던 IBM의 관계자가 회사에서 새롭게 개발한 콘셉트 모델을 처음으로 사람들 앞에 공개했다.

코드명 '낚시꾼'.

IBM측의 설명에 따르면 이 독특한 이름의 새로운 콘셉트 모델은 기기 하나만 가지고 사용자가 통화, 팩스, 이메일, 호출을 주고받을 수 있었다. PDA와 핸드폰이 한 기기 안에 결합한, 당시로서는 상상도 못한 혁신적인 제품이었

• 신문에 실린 사이먼 (출처: research.microsoft.com)

다. IBM의 새 제품은 컴덱스 참가자들을 열광시켰고, 언론은 이 흥미로운 기기에 주목했다. 그리고 다음 날 『USA투데이』의 머니섹션 제1면을 이 '낚시꾼'이 장식하게 된다.

IBM은 이 콘셉트 모델을 실제 상업 제품으로 탈바꿈시키기 위한 협력자가 필요했다. 먼저 오랜 사업 파트너이자 국제 통신업체인 벨사우스Bellsouth가 공동 개발자로 참여하게 된다. 벨사우스는 미국전신전화회사인 AT&T의 자회사 중 하나로 정보통신, 부가가치통신, 이동통신 등 다양한 서비스를 제공하고 있었다. IBM은 벨사우스와 함께 공동 작업에 관련된 열 개의 특허를 출원했다. 그중 몇 가지를 살펴보면, 핸드폰으로 전화 거는 행위를 터치스크린에서 구현하는 방법, 응용프로그램을 업데이트하는 방법, 핸드폰을 원격으로 설정해 활성화하는 방법 등이 포함되어 있었다. 읽으면서 이미 눈치챘을 독자들이 있을 수 있다. 놀랍게도 이것은 오늘날 스마트폰이 기본적으로 제공하고 있는 기능이다.

벨사우스는 IBM과의 공동 개발에 이어 새 제품에 대한 2년 유통 독점권을

• 시연하고 있는 사이먼 (출처: appsonmob.com)

얻었고, 일본에 본사를 두고 있는 국제적인 전기전자 업체인 미쓰비시 전기가 생산을 맡았다. 마침내 1993년 11월 국제 모바일 전시회인 와이어리스 월드 컨퍼런스에서 '낚시꾼'은 'IBM 사이먼 퍼스널 커뮤니케이터'라는 정식 명칭으로 세상에 공개됐다. 최초의 스마트폰 '사이먼'이 탄생하는 순간이었다.

최초의 스마트폰인 사이먼은 510그램의 무게에, 검고 기다란 벽돌 모양이었다. 하지만 이 둔탁한 디자인과는 별개로 기본적인 전화뿐만 아니라 이메일, 팩스, 호출 기능을 사용할 수 있었다. 여기에서 그치지 않고 주소록, 계산기, 달력, 시계, 게임과 같은 자체 응용프로그램을 갖고 있었으며, 컴퓨터 메모리카드의 일종인 핌PIM 메모리카드를 핸드폰과 연결해 카메라, 지도, 음악과 같은 다양한 기능들을 업데이트할 수 있었다. 또한 IBM에서 제공하는 프로그램 외에도 서드파티, 즉 타사 응용프로그램을 업데이트해 사용할 수도 있었는데, 이 응용프로그램들은 공통적으로 사이먼의 운영체제인 도스에서 작동했다.

일반 핸드폰에 이미 익숙해져 있던 사람들에게는 사이먼으로 전화를 걸기 위해 애를 먹었지도 모른다. 사이먼에는 그 당시 모든 휴대폰이 갖고 있던 물리적인 키패드와 버튼이 없었기 때문이다. 키패드 대신 모노톤의 터치스크린을 갖고 있었고, 그 터치스크린 안에는 흑백의 아이콘과 배경 패턴, 그리고 둥근 모서리를 가진 사각형 모양의 상자들로 채워져 있었다. 이와 같은 인터페이스는 손가락으로 가볍게 두드리거나 스타일러스라 불리는 전자펜으로 찌르는 방식으로 조절할 수 있었다.

또 다른 특징은 텍스트를 입력할 경우 다음에 올 글자를 미리 예측해 입력해주는 자동 완성 기능을 갖고 있었다는 것이다. 그리고 컴퓨터 키보드와 자판 배열이 같은 쿼티QWERTY 방식의 키보드를 터치스크린상에서 구현해냈다.

이런 다양한 기능과 특징을 지닌 사이먼은 당시 판매가가 2년 약정에 899달러였으며, 약정 없이는 1099달러였다. 인플레이션을 고려하지 않더라도 당시로서는 상당히 비싼 가격이었다. 2년간 사이먼 판매에 대한 독점권을 갖고 있던 벨사우스는 미국 15개주에서 일제히 핸드폰 판매에 돌입했다. 하지만 이후 6개월 동안 핸드폰은 5만 대가 팔리는데 그쳤고, 급기야 가격이 599달러까지 떨어지는 수모를 겪었다. 결국 1995년 2월, IBM과 벨사우스는 사이먼의 생산을 중단하기로 결정한다. 사이먼이 출시된 지 불과 2년도 안 된 시점이었다.

스마트폰이라는 용어가 등장하기 전이었지만, 정식 모델명인 '사이먼 퍼스널 커뮤니케이터Simon Personal Communicator'라는 명칭에서 볼 수 있듯이 사이먼은 그 시대 출시된 어떠한 핸드폰과도 차별화됐다. 오늘날의 스마트폰 특징을 고스란히 갖고 있던 사이먼은 분명 당시로는 혁신적인 제품이었다. 하지만 1990년대의 트렌드로 자리 잡기에는 시대를 너무 앞서나갔던 탓에 성공하지 못했다. 혁신적인 제품이 성공하기 위해서는 사전에 제품이 널리 확산될 수 있는 환경이 조성되어야 한다. 스마트폰의 경우 빠른 네트워크, 웹 브라우저, 다양한 앱을 제공하는 앱스토어가 여기에 해당한다. 하지만 사이먼이 출시된 1990년대 초반에는 아무것도 갖춰지지 않은 상태였다. 그 시대 무선 네트워크

• 사이먼 포스터 (출처: images.bwbx.io)

는 데이터 전송이 아닌 대부분 음성 전송을 위해 설계되었고, 사이먼이 고안되었을 당시 웹 브라우저는 존재하지도 않았다.

결국 IBM은 사이먼 개발로 160억 달러의 자금 손실을 봤고, 10만 명에 달하는 인력이 일자리를 잃었다. 모바일 커뮤니케이션의 혁명이자 스마트폰 산업의 선구자라는 사이먼에 대한 평도 그들의 실패 앞에 무겁고 끔찍하게 비싼 장비라는 기억으로만 남게 됐다. 오직 핸드폰 수집광들이 이 낡은 재고품에 흥미를 보일 뿐이었다. 오늘날 이 불운했던 최초의 스마트폰은 미국의 미소니언 박물관에서 그 흔적을 찾아볼 수 있다. 참고로 스마트폰이란 용어는 사이먼 출시 이후 10년이 지나서야 등장하며, 스마트폰의 표준이 되어버린 사이먼의 기술은 2007년 애플의 아이폰에 의해 재도입되었다.

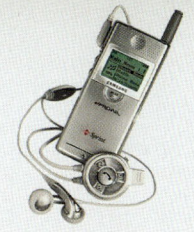

PART
04

디자인 춘추전국시대

〈매트릭스〉의 숨은 주인공, 매트릭스폰
노키아 8110

제품명	노키아 8110(Nokia 8110)
출시 연도	1996
제조사	노키아
크기(mm)	141x48x25
무게(g)	152
디스플레이	흑백 LCD
배터리	리튬이온(Li-Ion) 400mAh
지속 시간	대기 30~70시간/통화 3~5시간
네트워크(2G)	GSM 900

네오는 자신 앞으로 배달된 우편물 하나를 받는다. 안에는 핸드폰이 들어 있다. 갑자기 전화벨이 울리고, 버튼을 누르자 핸드폰 슬라이드가 용수철 작용으로 빠르게 열린다. 핸드폰 저편의 상대방은 자신을 모피어스라 소개하며, 네오가 위험에 처해 있다는 사실을 알려준다. 네오는 영문을 몰라 상대방에게 되묻는 그 순간 스미스 요원이 사무실로 들이닥친다. 핸드폰을 통해 들리는 모피어스의 지시를 받으며 위기를 모면하려 하지만 그가 다다른 곳은 빌딩 끝이다. 바람 소리와 함께 손에 쥐고 있던 핸드폰을 놓치고 마는 네오. 카메라는 공중으로 떠오른 핸드폰을 슬로모션으로 클로즈업한다. 그리고 핸드폰 위로 보이는 노키아 로고. 영화 〈매트릭스〉의 또 다른 주인공, 노키아 8110이 등장하는 순간이다.

• 〈매트릭스〉에 노출된 노키아 8110 (출처: www.pcmag.com)

1999년 개봉한 영화 〈매트릭스〉의 흥행은 감독 워쇼스키 남매와 주인공 키아누 리브스를 일약 스타덤에 올려놓았을 뿐만 아니라, 또 하나의 스타의 탄생을 알렸다. 네오와 모피어스, 그리고 트리니티가 사용한 핸드폰, 일명 '매트릭스폰'이라 불린 노키아 8110이 그 주인공이다. 당시 대중들은 핸드폰 모델명은 모르더라도 매트릭스폰이라고 하면 다들 고개를 끄덕였고, 영화 속 인물들의 복장처럼 검고 날렵하게 생긴 이 핸드폰을 갖고 싶어 했다. 이처럼 노키아 8110은 대중적으로 큰 인기를 얻게 되지만, 1996년 처음 출시된 당시만 해도 일반 대중을 대상으로 한 핸드폰이 아니었다.

노키아는 1996년 9월 보급형이 아닌 고급 모델로 나온 프리미엄 8000 시리즈의 첫 주자로 노키아 8110을 내놓았다. 노키아가 고급 모델을 출시한 배경에는 당시 시장의 분위기와 무관하지 않았다. 1990년대 중반은 기술 산업의 호황기였다. 2G 무선 네트워크는 전 세계적으로 대중화되었고, 인터넷 수요의 급증으로 광대역 인터넷이 출범했다. 최초의 상용 웹 브라우저인 넷스케이프가 등장하고, 이에 위기의식을 느낀 마이크로소프트가 자체 개발한 익스플로

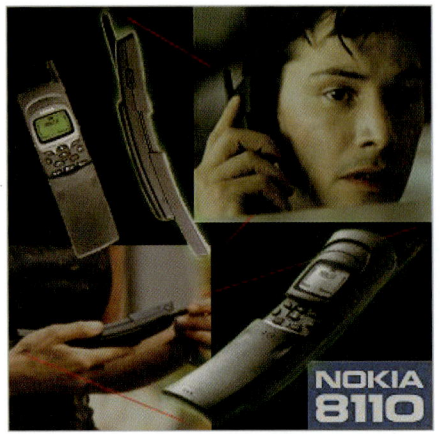

• 노키아 8110 광고 (출처: www.oradeahub.com)

러로 맞불을 놓았다. 애플을 떠났던 스티브 잡스가 아이맥으로 멋지게 컴백을 알린 것도 바로 이 시기였다. 이처럼 역동적이고 고조된 사회 분위기 속에서 소위 상류층이라 불리던 사람들은 그 시대의 첨단 기술을 구매하고 소비하는 방식으로 자신을 과시하고 싶어 했다. 노키아가 이를 꿰뚫어보고, 유동성이 풍부하고 세련된 비즈니스 마켓을 겨냥한 것이다.

 1990년대의 멋을 부린 대다수 핸드폰이 그러하듯 흑색 마감 칠이 되어 있던 노키아 8110은 당시 가장 작고 가벼운 핸드폰 가운데 하나였다. 세로 14.1센티미터, 가로 4.8센티미터, 두께 2.5센티미터의 규격을 가진 이 핸드폰의 무게는 겨우 152그램에 불과했다. 흑백 디스플레이를 갖고 있었는데, 점의 집합으로 문자나 도형을 표현하는 방법인 도트 매트릭스 방식으로 스크린 위에 정보를 표시했다. 그리고 125개의 전화번호를 저장할 수 있는 메모리를 제공했으며, 주파수 GSM 900MHz에서 작동했다. 노키아 8110은 1990년대 핸드폰 가운데에서도 꽤 훌륭한 배터리를 갖고 있었다. 슬림형 배터리의 경우, 통화가 한두 시간, 대기 30~70시간이 되었으며, 대형 배터리의 경우에는 통화 3~5시간, 대기 80~150시간이나 됐다. 당시 노키아는 기술 개발 분야에서 괄목할 만한 성과를 거두었는데, 핸드폰과 인터넷을 연결하는 기술인 무선 응용 프로토콜WAP 기술을 노키아 8110에 내장한 것이다. 하지만 당시 도입 초기의 이 기술은 사용하기 까다로워 소수 사용자만이 이용했다.

노키아 8110이 처음 출시되었을 때 "완전한 직선이 없습니다. 인간이 있습니다. 노키아 8110은 얼굴 옆면에 맞춘 가장 인체공학적이고 편안한 핸드폰입니다"라는 광고 문구가 실렸다. 얼굴 곡선에 맞춰 구부러진 외형은 다른 핸드폰과 차별화된 특징이었다.

노키아의 첫 번째 슬라이드폰이기도 한 노키아 8110은 특히 슬라이드를 열었을 때의 길게 구부러진 곡선 모양으로 인해 '바나나폰'이라 불렸다. 슬라이드는 핸드폰을 주머니에 넣고 다닐 때 키패드를 보호하는 덮개 역할을 했다. 슬라이드를 밀어내면 핸드폰의 길이가 10.5센티미터에서 17센티미터까지 조정할 수 있었는데, 이를 이용해 마이크를 입 가까이에 위치시킬 수 있었다. 또한 슬라이드를 열고 닫는 행위로 통화, 종료 버튼을 따로 누르지 않아도 됐다.

이런 독창적인 노키아 8110의 디자인이 모든 이들에게 환영받았던 것은 아니다. 핀란드 핸드폰 유통업체의 쌍두마차인 텔레아사와 텔레포르시가 핸드폰 판매를 저지하기 위한 캠페인에 나섰던 것이다. 이 회사에서 제작한 광고는 벌거벗은 두 남자가 노키아 8110을 손에 쥐고 있는데, 그중 한 남성이 자신의 생식기 근처에 핸드폰을 두고 있다. 그리고 '남성다움의 발견'이라는 캠페인 구호가 노키아를 조롱하듯 적혀 있었다. 하지만 이런 반대에 굴하지 않고 노키아는 오히려 캠페인 철회를 요구했다.

한편 노키아는 〈매트릭스〉 감독의 요청으로 영화에서 사용될 노키아 8110에 추가 기능을 첨가하게 된다. 수동으로 슬라이드를 조작하던 기존 방식을 영화의 극적인 효과를 위해 슬라이드 안에 스프링을 단 것이다. 영화 소품으로 특별 주문 제작된 노키아 8110에서는 사용자가 푸시 버튼을 누르면 스프링 작용과 함께 슬라이드가 자동으로 열리도록 했다. 이는 미래적인 느낌의 자동 슬라이딩 메커니즘으로 변형된 것이다.

이 개조된 기능은 단순히 영화 소품에 사용된 것으로 끝나지 않고, 실제 제품 제작에 영감을 주었다. 이후 소비자들은 1999년 10월 출시된 노키아의 두 번째 슬라이더폰인 노키아 7110을 통해 영화에서 목격한 이 자동 슬라이딩 메커니즘을 현실에서 만나볼 수 있게 된다. 노키아 8110은 노키아에게 있어 또 하나의 성공작임이 틀림없다. 당시 노키아의 주력 모델이었던 노키아 2110을 완벽하게 대체했을 뿐만 아니라, 유력 모바일 전문지인 『왓셀폰』으로부터 '1996/1997년 최고의 GSM폰'으로 선정되는 영예를 안았다.

기술 산업의 호황기였던 1990년대 중반은 핸드폰 시장에서도 치열한 경쟁이 펼쳐진 시기였다. 특히 노키아 8110이 출시된 1996년은 핸드폰 역사에 길이 남을 명승부가 펼쳐진 해이기도 했다. 세계 최초의 핸드폰 다이나택을 출시하고, 핸드폰 1세대인 아날로그 시대의 일인자였던 모토로라는 핸드폰 2세대인 디지털 시대가 도래함과 동시에 그 중심부에서 멀어진 듯 보였다. 하지만 누구보다도 독보적인 무선통신 기술을 갖고 있었으며, 10년 가까이 핸드폰 시장을 호령하던 모토로라였다. 그리고 1991년 디지털 시대가 시작된 후, 5년이라는 시간은 모토로라가 이 새로운 시대에 적응하는 데 충분한 시간이었다.

그리고 마침내 노키아 8110이 독주를 하던 1996년, 핸드폰 시장을 뒤흔든 사건, 모토로라의 반격이 시작된다.

모토로라의 반격, 최초의 폴더폰
모토로라 스타택

제품명	모토로라 스타택(Motorola StarTAC)
출시 연도	1996
제조사	모토로라
크기(mm)	94x55x19
무게(g)	88
디스플레이	흑백 LCD
배터리	니켈수소(Ni-MH) 500mAh
지속 시간	대기 40시간/통화 2시간
네트워크(2G)	AMPS, CDMA, TDMA, GSM

1996년, 모토로라 광고 속에 그 시대의 부와 고급스러움의 상징이었던 유명 신용카드 브랜드 아메리칸 익스프레스 American Express 골드카드가 놓여 있다. 그리고 마치 그것과 동급이라도 된다는 듯이 모토로라의 신형 핸드폰이 바로 옆에 자리 잡고 있다. 그 시대의 가장 매력적인 요소와 광고 대상을 동일 선상에 놓음으로써 모토로라의 제품이야말로 신용카드만큼 작고, 신용카드만큼 매력적이라고 말하고 있는 것이었다.

그 시대의 대다수 핸드폰이 갖고 있지 않은 가치, 즉 어떤 값비싼 물건 옆에 놓더라도 그에 뒤지지 않는 품격을 지니고 있다는 찬사를 받은 이 모토로라의 신제품은 미국의 유력한 비즈니스 전문지인 『비즈니스위크』와 『포춘』의 헤드라인을 장식했다. 또한 핸드폰 전문 잡지에서는 놀랍도록 작은 크기를

• 〈스타 트렉〉의 커뮤니케이터 (출처: nihongono.typepad.com)

강조하기 위해 핸드폰 실제 크기의 종이 판자를 잡지 위에 덧붙여서 잡아당겨 세울 수 있도록 했다. 〈스타 트렉〉에 등장하는 통신 장치에서 영감을 얻었다는 이 제품은 출시와 동시에 전 세계적으로 커다란 반향을 일으켰다. 이 핸드폰은 바로 모토로라 스타택(이하 스타택)이다.

스타택은 진정한 의미의 현대적인 스타일을 가진 핸드폰이라는 평가를 받으며, 이후 핸드폰 산업의 변화를 이끌었다. '벽돌폰' 다이나택이나 '뼈다귀폰' 인터내셔널처럼 초기 핸드폰들은 설계 당시 디자인을 크게 염두에 두지 않았다. 그리고 대중들 역시 핸드폰의 겉모습이 전화기처럼 생긴 것을 당연하게 여겼다. 이런 풍조 속에서 기존 핸드폰 디자인에 대한 관념을 뛰어넘는 스타택의 등장은 사람들에게 큰 충격을 안겨줬다. 결국 스타택을 기점으로 소비자들은 제품을 고를 때 기능 못지않게 디자인을 중요한 요소로 고려하게 됐다.

스타택은 폴더형 디자인을 적용한 최초의 핸드폰이었다. 폴더폰의 영어식 표현인 크램셸폰clamshell phone을 직역하면 '조개폰'이라는 의미인데, 이는 핸드폰 외형이 조개가 입을 열고 닫는 모양과 닮았기 때문에 붙여졌다.

스타택은 과거 모토로라가 출시한 마이크로택의 진화된 버전이라 할 수 있다. 최초의 플립폰이기도 한 마이크로택의 구조는 핸드폰 몸체와 플립 덮개로 나뉘어져 있으며, 어느 정도 부피가 있는 핸드폰 몸체에 비해 플립 덮개는 얇고 조그마하다. 이는 플립 덮개의 주목적이 키패드 보호에 있기 때문이다. 이에 반해 폴더폰인 스타택은 조개껍질처럼 동일한 크기의 양 덮개가 마주보고 접혀 있는데, 윗면에는 스피커가, 아랫면에는 스크린과 키패드가 위치한다. 플립폰은 통화를 위해 덮개를 아래로 내리는 방식이라면, 폴더폰은 이와 반대로 덮개를 위로 올리는 방식이다.

이런 혁신적인 디자인에 이어 사람들의 시선을 사로잡은 것은 핸드폰의 규격이었다. 세로 9.4센티미터, 가로 5.5센티미터, 두께가 1.9센티미터였으며 무게는 겨우 88그램에 지나지 않았다. 이는 그 시대 판매되고 있던 핸드폰 가운데 가장 작고 가벼운 것이었는데, 주머니에 넣거나 벨트에 차고 다니더라도 그 사실을 인지하기 어려울 정도였다. 당시 사람들은 핸드폰은 점점 작아지다 못해 결국 사라져버릴 것이라고 우스갯소리로 말하곤 했다.

스타택은 핸드폰 전면 덮개에 배터리를 부착할 수 있는 공간이 있었고, 통화 시간을 연장할 수 있도록 보조 배터리를 연결해 사용할 수 있었다. 독특한 점은 이 보조 배터리가 본래의 기본 배터리보다 더 많이 판매됐다는 사실이다.

• 제한된 공간에 스크린과 키패드가 있던 스타택 (출처: www.killahbeez.com)

• 스타택 광고 (출처: www.jax184.com)

그리고 스타택은 바이브라콜^{vibracall}이라 불리는 진동 알람 기능으로 진동 모드를 제공한 최초의 핸드폰으로 기록됐다.

 물론 세련된 디자인과 초소형 크기에도 불구하고 스타택은 모든 점에서 완벽했던 것은 아니다. 폴더 윗면에 스크린이 위치하고 아랫면에 키패드가 위치한 오늘날의 폴더폰과 달리 스타택은 스크린과 키패드가 모두 폴더 아랫면의 제한된 공간 안에 담겨 있어 소비자의 불편을 유발했다. 그리고 오직 130개의 문자 메시지를 처리할 수 있었으며, 몇 개 되지 않는 모노 벨소리를 갖고 있었다. 특히 안테나는 쉽게 부러졌는데, 다행인 점은 망가진 안테나는 나사를 풀어 새 안테나로 쉽게 교체할 수 있었다는 것이다. 이런 단점으로 인해 일부 언론으로부터 크기와 디자인에 집중한 나머지 기술적으로 괄목할 만한 점이 없다는 비판도 받았지만, 스타택에 대한 소비자의 선호도는 날로 높아져만 갔다.

 1996년 1월 3일 북미에서 처음 공개된 모토로라 스타택은 본래 디지털 방식이 아닌 미국 표준 아날로그 방식인 앰프스 방식으로 출시됐다. 클래식 그레이 1300을 시작으로 검은색 몸체에 빨간 LED 디스플레이를 갖춘 스타택 8600에 이르기까지 여섯 종류의 모델이 모두 아날로그 무선 네트워크에서 작동했다. 이후 후속으로 출시된 디지털 버전의 스타택, 즉 CDMA와 TDMA(시분할 다중

접속) 버전의 스타택 역시 큰 인기를 누렸다. 그런데 미국의 표준 디지털 네트워크인 CDMA 방식의 경우, 미국 대륙의 광활함으로 인해 일부 지역에서 도입되는 데 시간이 걸렸다. 마침내 유럽과 아시아의 표준 디지털 표준인 GSM을 도입한 스타택 GSM 버전은 파워텔, 보이스스트림, 기타 초기 GSM 통신업체를 통해 사용할 수 있게 됐다. 아날로그 방식의 스타택은 2000년 초 아날로그 무선 네트워크가 중단되면서 자취를 감추게 되지만, 스타택 ST7760부터 스타택 마지막 버전인 스타택 III에 이르기까지 디지털 방식의 스타택 버전들은 오늘날에도 여전히 사용 가능하다.

출시될 당시 스타택에 대한 상당한 이슈는 바로 소비자 가격이었다. 그 시대 시중에 나와 있는 핸드폰 가운데 가장 비싼 핸드폰으로 계약 없이 1500달러에서 2천 달러 사이였다. 핸드폰의 무게가 88그램인 점을 감안해 중량 대 가격비를 따져봤을 때, 순수한 금보다 더 비쌌던 셈이다. 하지만 하루가 다르게 변하는 세상 속에서 스타택의 가치는 지속될 수 없었다. 소니와 에릭슨 등과 같은 경쟁사 신제품들이 스타택의 가격을 압박하는 한 요인이었다.

결국 스타택 첫 출시 후 1년 뒤 유럽에 소개된 새로운 디지털 버전인 스타택 70은 다소 저렴한 200파운드에 판매됐고, 오리지널 스타택의 디지털 버전인 스타택 85는 300파운드에 구입할 수 있었다. 하지만 이 가격대조차도 소비자들이 부담을 느꼈고, 노키아는 마침내 '오렌지 스타택 시리즈'라고 불리는 특별 가격의 보급형을 공개했다. 이 시리즈의 하나인 스타택 MR501의 가격은 겨우 129.99파운드에 불과했는데, 외관상 기존의 스타택과 별 차이가 없었지만 품질과 기능면에서 떨어졌다.

1996년에 처음 출시된 스타택 시리즈는 2000년대 초반까지 인기를 누렸다. 니콜라스 케이지 주연의 영화 〈8mm〉와 TV 시리즈 〈X 파일〉 외에도 수많은 영화와 TV쇼에서 모토로라 스타택을 목격할 수 있다. 2005년 『PC월드』에서

• 〈8mm〉에 등장한 스타택 (출처: 3.bp.blogspot.com)

선정한 '지난 50년간 가장 위대한 전자 제품 50선'에서 6위로 당당히 이름을 올려놓았을 뿐만 아니라, 『타임』에서 선정한 '가장 위대한 전자 제품 100선'에도 스타택이 포함됐다.

모토로라는 전 세계적으로 6천만 대 이상 판매된 스타택의 대성공으로 다시금 핸드폰 시장의 중심으로 우뚝 서게 된다. 특히 세련된 디자인으로 인해 비즈니스맨들 사이에서 전폭적인 지지를 얻은 스타택은 오랫동안 핸드폰계의 대부로 인정받았다. 하지만 스타택은 첫 출시 후 5년 동안 외형에 아주 작은 변화가 있을 뿐, 모토로라는 한동안 스타택만큼 사람들을 깜짝 놀라게 만든 어떤 요소도 만들어내지 못했다.

반면 모토로라의 경쟁자인 노키아는 스타택이 출시된 1996년 한 해에만 두 가지 모델을 시장에 내놓았다. 두 모델은 동일한 브랜드의 제품이라는 사실이 무색할 만큼 외형뿐만 아니라 판매 타깃층도 전혀 달랐다. 그중 하나인 노키아 8110이 비즈니스층을 겨냥한 고급 슬라이드폰이었다면, 같은 해 출시된 또 다른 노키아 제품군은 한마디로 '핸드폰 속의 미니컴퓨터'라고 표현할 수 있었다. 손안의 오피스를 구현하려는 노키아의 야심이 숨겨진 이 제품은 '커뮤니케이터'라는 이름으로 포장된 노키아의 첫 스마트폰이었다.

노키아 최초의 스마트폰
노키아 9000 커뮤니케이터

제품명	노키아 9000 커뮤니케이터 (Nokia 9000 Communicator)
출시 연도	1996
제조사	노키아
크기(mm)	173x64x38
무게(g)	397
디스플레이	흑백 LCD
배터리	리튬이온(Li-Ion)
지속 시간	대기 35시간/통화 3시간
네트워크(2G)	GSM 900

1990년대 중반, 디지털 무선통신 기술과 인터넷 네트워크 시장은 노키아가 새로운 유형의 제품을 시도할 만큼 성숙해 있었다. 바로 핸드폰과 컴퓨터를 통합하려는 아이디어가 그것이다. 사실 이 아이디어는 이미 그전부터 가볍게 논의되던 것이었다. 1992년부터 2006년까지 노키아의 최고 경영자였던 요르마 올릴라 Jorma Jaakko Ollila는 애플이 첫 PDA 제품인 애플 뉴턴 Apple Newton을 출시했던 1993년에 이 아이디어를 구체화하기로 마음먹었다고 회상했다.

노키아는 인텔 Intel Corporation, 지오웍스 Geoworks와의 공동 개발로 아이디어를 실제 제품으로 탈바꿈시키기 위한 개발에 착수했다. 인텔은 이 장치를 위해 특별히 설계된 프로세서와 플래시메모리를 공급했고, 지오웍스는 지오스 Geos라

디자인 춘추전국시대

부르는 시스템 플랫폼을 제공했다.

　1996년 3월, 독일 하노버에서 열린 세빗^{CeBIT} 국제박람회에서 노키아는 '커뮤니케이터'라는 생소한 명칭의 제품군을 선보인다. 바로 커뮤니케이터 시리즈이자 스마트폰의 기원을 열게 되는 노키아 9000 커뮤니케이터(이하 노키아 9000)이다.

　노키아 9000을 첫 대면할 때는 기존 핸드폰과 비교해 특별한 감흥을 주지 않는다. 노키아는 기존의 통신 기기와는 완전히 다른 새로운 유형의 제품이라 발표했지만, 겉모습은 일반 핸드폰과 별반 다르지 않았기 때문이다. 오히려 유행이 지난 투박한 느낌을 줬다. 세로 17.3센티미터, 가로 6.4센티미터, 두께 3.8센티미터로 당시에 경쟁했던 핸드폰과 비교해도 부피가 큰 편이었고, 무게 역시 397그램으로 무거운 편에 속했다. 그런데 당시 PDA 시장을 지배하고 있던 사이언^{Psion}의 사이언 시리즈 3C는 노키아 9000과 놀랍도록 유사한 하드웨어를 갖고 있었지만 이보다 더 얇고 가벼웠다. 결국 노키아가 이 제품을 처음 발표했을 때 스스로 기술 혁신의 성과라 치켜세운 것이 멋쩍게 되어버린 꼴이다.

　하지만 놀라운 점은 핸드폰을 열 수 있다는 사실이었다. 마치 필통 뚜껑을 열듯 핸드폰 전면부를 잡아당기면 그 안에 블랙에서 화이트까지 여덟 단계로 나눠 표현이 가능한 640x200 해상도의 커다란 LCD 화면과 컴퓨터 키보드의 축소판이라도 되는 듯한 쿼티 방식의 키보드가 있었다. 핸드폰이 전자수첩으로 변신하는 순간이었다. 노키아가 자신만만하게 말한 새로운 개념은 바로 핸드폰 기능과 전자수첩 기능을 하나의 작고 사용하기 쉬운 장치 안에 통합한 것이었다.

　노키아 9000은 디지털신호 전송 방식을 적용한 GSM폰으로, 유럽과 아시아 각지의 GSM 표준이 보급된 지역에서 사용할 수 있었다. 핸드폰의 기본 기능인 음성 통화 외에도 달력, 주소록, 메모장, 계산기 같은 전자수첩 기능을 제공했

• 노키아 9000 광고 (출처: www.techno-speak.com)

다. 뿐만 아니라 팩스, 이메일, 문자 메시지를 주고받을 수 있었으며, 인터넷 접속과 회사의 데이터 네트워크에 연결이 가능했다. 노키아 9000은 주머니 속 오피스라고 할 수 있었다. 물론 1990년대의 기술력으로는 이 모든 기능을 하나의 장치 안에 담기 위해선 여전히 커다란 주머니가 필요했겠지만 말이다. 그럼에도 당시 노키아 9000은 컴퓨터 책상에 앉지 않아도 인터넷에 접속하고, 이메일을 이용할 수 있다는 점만으로도 충분히 매력적이고 특별한 도구처럼 보였다.

　노키아 9000의 유용한 기능 가운데 하나는 스피커 통화이다. 사용자는 내장된 마이크와 스피커를 통해 굳이 핸드폰을 귀에 갖다대지 않고도 전화 통화를 할 수 있었다. 사용자가 전면 덮개를 열면 숨겨져 있던 LCD 스크린과 통합 키보드가 노출되는 동시에 스피커폰 기능이 활성화됐다. 이 기능은 사용자가 동시에 여러 가지 일을 처리할 수 있도록 해줬다. 예를 들어 핸드폰으로 전화 통화를 하던 사용자가 상대방에게 팩스를 보낼 일이 생겼다고 가정해보자. 전화를 끊지 않고 바로 덮개를 열어 스피커폰으로 전환한다. 그리고 커뮤니케이터의 통합 키보드를 이용해 스피커폰을 통해 전해지는 정보를 메모장에 받아 적은 후 팩스 버튼을 누르면 끝난다. 이런 편리한 점 때문에 업무 중 회의도 가

• 〈세인트〉에 등장한 노키아 9000 (출처: 1.bp.blogspot.com)

능했다. 또한 직렬 케이블 또는 적외선 연결로 컴퓨터와 접속할 수 있었는데, 이를 통해 컴퓨터에 정보를 저장하고 백업하는 일이 가능했고, 문서나 주소록을 다운받을 수 있었다.

이렇게 사무실을 호주머니 속으로 옮겨놓으려는 노키아의 의도를 반영하듯이 노키아 9000은 근무시간, 즉 평균 여덟 시간을 위해 작동되도록 설계됐다. 사용자가 팩스, 전화 또는 인터넷을 사용한다면 배터리는 세 시간 동안 지속되었고, 어떤 사용 없이 단지 켜져 있을 경우에는 30시간 이상 대기 상태로 유지됐다. 만일 커뮤니케이터가 꺼져 있다면 있다면 일주일 동안 충전할 필요가 없었던 것은 물론이다. 혹시 배터리가 완전히 방전되어 데이터가 손실될 것을 우려한다면 그럴 필요가 없었다. 배터리가 방전되거나 핸드폰이 꺼져 있는 동안 이메일 혹은 문자 메시지를 받더라도 다시 켰을 때 데이터를 받아볼 수 있었다. 또한 소비자의 편의를 위해 이동 중 쉽게 충전할 수 있도록 여행용 충전기와 자동차 거치대를 제공하기도 했다.

노키아 9000은 육중한 크기, 작고 불편한 키보드, 비싼 데이터 요금에도 불구하고 출시와 동시에 특정 시장에서 인기를 끌었다. 판매 사원은 노키아 9000의 전자수첩 기능을 이용하여 제안서를 작성했고, 자영업자들은 이메일 및 팩스 기능을 사용하여 거래를 성사시켰다. 1997년 영화〈세인트〉와 2002년 개봉한〈배드 컴퍼니〉에서 주인공이 사용하는 핸드폰으로 나오기도 했다.

커뮤니케이터라는 노키아의 틈새시장 전략이 스타텍이라는 거대한 소용돌이 속에서도 살아남을 수 있던 배경이 되었다. 그리고 노키아의 끊임없는 창작열은 모토로라를 뛰어넘게 되는 원동력이 된다. 1998년 일명 '캔디바폰'이라 불리게 되는 캐주얼한 디자인의 핸드폰을 출시함으로써 다시 한 번 노키아 열풍을 몰고 온다.

핸드폰 케이스를 내 마음대로
노키아 5110

제품명	노키아 5110(Nokia 5110)
출시 연도	1998
제조사	노키아
크기(mm)	132x47.5x31
무게(g)	170
디스플레이	흑백 LCD
배터리	리튬폴리머(Li-Po) 600mAh
지속 시간	대기 40~180시간/통화 2~3시간 20분
네트워크(2G)	GSM 900

  1998년 9월, 주말을 맞은 쇼핑몰은 여느 때보다도 더욱 북적거렸다. 상점의 출입구마다 형형색색의 핸드폰 케이스가 진열되어 있었고, 사람들은 그 자리에서 자신의 핸드폰 케이스를 벗긴 후 마음에 드는 새 케이스로 골라 입혀보고 있었다. 진열된 케이스 중에는 단순히 색이 다른 평범한 케이스뿐만 아니라, 전화벨이 울리면 벨소리에 반응해 여러 가지 색의 빛이 나는 케이스도 있었다. 마침 노키아는 겨울 휴가 시즌을 겨냥한 한정판 핸드폰 케이스를 발표했다. 눈송이라는 의미의 '스노우플레이크' 케이스와 '실버벨 익스프레스온' 케이스였다. 이 새로운 핸드폰 케이스는 진열장에 놓기 무섭게 팔려나갔다.

  1년 뒤, 영국 런던에서 열린 런던 패션워크의 후원자인 노키아는 당시 선풍적인 인기를 끌고 있던 자사의 핸드폰 두 대를 부상으로 제공했다. 그리고 이

형형색색의 핸드폰 디자인에 흠뻑 빠져 있던 『가디언』 패션 편집장은 '가디언 올해의 상 패션 액세서리' 부문의 수상자로 이 노키아의 핸드폰을 선정했다. 이 핸드폰이 바로 노키아 5110이다.

노키아 5110은 1998년 독일 하노버에서 열린 세빗 국제박람회에서 처음으로 선보였다. 직사각형의 모양이 조그맣고 기다란 초코바와 닮았다 해 일명 '캔디바폰'이라 불렸다. 노키아는 이 핸드폰이야말로 어떤 옷차림, 어떤 스타일, 그리고 어떤 경우에도 핸드폰 소지자와 어울린다고 소개했다. 신제품에 자신 있어 한 가장 큰 이유는 머지않아 핸드폰이 하나의 패션 아이템으로 자리 잡을 것이란 확신을 갖고 있었기 때문이었다.

세로 13.2센티미터, 가로 4.75센티미터, 두께 3.1센티미터의 노키아 5110은 170그램의 무게가 나갔다. 핸드폰은 흑백 디스플레이 화면을 갖고 있었으며, 그 위로 다섯줄의 텍스트를 표시할 수 있었다. 그리고 디스플레이 화면 위로는 녹색의 백라이트가 비춰졌다. 키패드의 버튼은 플라스틱으로 만들어져 다소 딱딱한 느낌을 줬지만, 사용자가 손쉽게 버튼을 누를 수 있었고 파란색의 백라이트가 비춰졌다. 600mAh의 표준 배터리를 제공했는데, 이 배터리는 거의 세 시간 동안 통화를 할 수 있었으며 180시간 동안 대기 상태가 지속됐다.

노키아 5110은 오늘날의 핸드폰에서는 기본 기능이지만 당시에는 신선한 기능 몇 가지가 도입됐다. 키패드 1부터 9까지의 숫자 안에 아홉 개의 단축 번호를 저장하여, 빠르게 상대방에게 연락을 취할 수 있는 단축 번호 기능이 있었다. 그리고 통화 내역 기능을 통해 통화 시간, 최근 받은 다섯 건의 전화, 부재중 전화, 최근 상대방에게 건 여덟 건의 전화를 확인할 수 있었으며, 발신자를 확인할 수 있는 발신자 ID를 제공했다. 노키아 5110은 최대 250개의 전화번호를 심 카드 메모리 안에 저장할 수 있었으며, 모노톤 단선율의 벨소리와 진동 모드 기능이 제공됐다.

• 노키아 5110 케이스

　노키아는 노키아 5110에 익스프레스온 교환 커버 개념을 도입했다. 이는 핸드폰 사용자가 마음대로 핸드폰 케이스를 바꿀 수 있는 있는 기능이다. 당시 검정색 혹은 회색의 핸드폰이 주류를 이루고 있던 시대에 노키아 5110은 다양한 색상의 디자인으로 핸드폰을 꾸밀 수 있는 혁신적인 핸드폰이었던 것이다. 따라서 노키아는 사용자가 힘들이지 않고 핸드폰 케이스를 쉽게 분리할 수 있도록 디자인 설계에 주의를 기울여야 했다. 그리고 디자인 설계 단계부터 이미 잠재시장이라 할 수 있는 핸드폰 액세서리 시장을 염두하고 있었다. 사용자는 익스프레스온 교환 커버 덕분에 손쉽게 핸드폰 케이스를 교환할 수 있게 되었고, 사용자가 핸드폰의 외모에 신경 쓰게 되는, 즉 핸드폰 패션화의 길이 마련됐다.

　그런데 노키아 5110이 핸드폰 케이스를 꾸밀 수 있도록 설계된 최초의 핸드폰은 아니었다. 노키아 5110이 출시되기 1년 전, 스웨덴의 세계적인 이동통신 업체인 에릭슨Ericsson Inc이 자사의 신 모델인 에릭슨 GA628의 키패드 주위에 핸드폰 사용자가 원하는 대로 꾸밀 수 있는 핸드폰 케이스 패널을 제공했었다. 하지만 핸드폰 구성품의 일부분이 아닌 핸드폰 전면부를 교환할 수 있는 것은 노키아 5110이 처음이었다. 출시 초반에는 기본적인 색상인 회색과 검정색의 케이스가 제공되었지만, 핸드폰 액세서리 시장이 활성화되면서 빨강, 노랑, 초록, 투명, 그리고 광택 재질과 같은 다양한 케이스를 구입할 수 있게 됐다.

노키아 5110의 작고 기다란 초코바 모양의 디자인은 캔디바폰의 전형을 잘 보여주고 있다. 군더더기 없고 깔끔한 디자인, 다채로운 색상은 노키아 5110을 더욱 현대적이고 캐주얼하게 보이도록 만들었다. 자칫 손상되기 쉬운 얇은 덮개를 갖고 있는 플립폰이나 동일한 규격의 양쪽 덮개가 이음새로 연결되어 있는 폴더폰과는 달리, 캔디바폰은 외형을 손상시킬만한 어떤 요소도 갖고 있지 않았다. 스크린, 키패드, 그리고 마이크가 핸드폰 몸체 하나에 담겨 있는 일체형의 노키아 5110은 웬만한 충격에도 끄떡없을 만큼 견고했다. 또한 복잡한 외형으로 잔뜩 멋을 부린 타 제품들과 달리 손에 거슬리는 요소가 없어 휴대하기도 좋았다.

이렇게 심플한 디자인의 외형과 마찬가지로 노키아 5110은 간단하고 사용하기 편리한 인터페이스를 갖고 있었다. 내비키^{navi key}, 즉 방향키 도입은 핸드폰 사용자가 화살표 버튼 사용만으로도 핸드폰의 다양한 기능에 손쉽게 접근할 수 있도록 해줬다. 이 덕분에 노키아 5110은 핸드폰을 처음 구입하는 사용자에게 권장되는 핸드폰 가운데 하나였다.

노키아 5110의 인기 요소 중 으뜸은 〈스네이크〉 게임이다. 〈스네이크〉는 당시 최고의 핸드폰 게임으로, '벽돌 깨기'라는 제목으로 잘 알려진 〈브릭 브레

• 〈스네이크〉 게임

디자인 춘추전국시대 63

이커〉 게임과 더불어 핸드폰 게임의 쌍두마차로 불렸다. 원래 〈스네이크〉는 인기 컴퓨터 게임으로 노키아에 의해 모바일 버전으로 도입된 것이었다. 뱀처럼 생긴 기다란 검정색 선이 화면 어딘가에 위치한 회색 점을 쫓아 움직였다. 그리고 회색 점을 먹을 때마다 뱀처럼 생긴 검정색 선은 계속해서 자라났다. 이 게임은 플레이가 단순하면서도 스릴 넘치고 중독성이 강해 다양한 버전으로 계속 업그레이드됐다.

노키아 5110은 1990년대 말부터 2000년대 초까지 핸드폰 시장에 불어 닥친 패션 열풍을 선도했다. 핸드폰 케이스를 바꾼다는 신선한 개념은 이후 핸드폰 디자인의 표준으로 자리 잡았으며, 핸드폰 액세서리 시장은 하나의 산업이 될 만큼 빠르게 성장했다. 노키아 5110은 대중매체에 등장할 만큼 큰 인기를 끌었는데, 유명 TV 시리즈 〈X 파일〉의 여주인공이 사용하기도 했다.

하지만 노키아 5110은 노키아 제품군 가운데 프리미엄 시리즈의 중간 정도에 해당하는 애매모호한 위상으로 빠르게 경쟁력을 잃어갔다. 2001년 노키아의 첫 번째 캔디바폰은 생산이 중단되었고, 좀 더 얇고 작은 후속 모델로 교체됐다.

이렇게 노키아 5110을 계기로 핸드폰 케이스는 화려한 컬러를 입게 됐지만, 여전히 디스플레이 화면은 어느 제품이라 할 것 없이 흑백이었다. 그런데 1998년 컬러 디스플레이가 등장하게 된다. 이 혁신적인 디스플레이는 모토로라에 의한 것도, 노키아에 의한 것도 아니었다. 컬러 디스플레이의 혁명을 연 선구자는 바로 당시 독일의 한 전기전자 업체였던 지멘스Siemens였다.

핸 드 폰 디 스 플 레 이 의 혁 명 , 최 초 의 컬 러 폰
지멘스 S10

제품명	지멘스 S10(Siemens S10)
출시 연도	1998
제조사	지멘스
크기(mm)	147x46x25
무게(g)	185
디스플레이	컬러 LCD
배터리	리튬이온(Li-Ion) 1800mAh
지속 시간	대기 120시간/통화 10시간
네트워크(2G)	GSM 900

최초의 컬러 디스플레이 장치인 컬러텔레비전에 대한 발상은 1904년 독일에서 시작됐다. 하지만 컬러텔레비전 시스템을 처음으로 제안한 독일의 특허는 어디까지나 아이디어에 불과했다. 1925년 전자공학자 즈보리킨 Владимир Козьмич Зворыкин도 컬러텔레비전 시스템을 개념화했지만 이 역시 현실화되지는 못했다. 컬러텔레비전의 개념이 다시 주목받기 시작한 것은 그로부터 20년 뒤인 1946년 무렵이었다. 제2차세계대전 종식 후 미국인들은 전쟁의 충격에서 벗어나 새롭고 활기 있는 것을 찾고자 했는데, 이때 처음으로 컬러텔레비전 시스템이 진지하게 고려됐다.

    미국에서 벌어진 컬러텔레비전 사업 경쟁은 TV 산업의 두 거인인 CBS와 RCA의 각축전이었다. 먼저 선점한 건 CBS였다. 1950년 10월 미국 연방통신

위원회로부터 국가 표준으로 인정받은 CBS는 이듬해 미국의 동부 연안 지역에서 컬러 방송을 시작했다. 이에 경쟁자인 RCA는 CBS의 방송 중지를 요구하는 소송을 했다. CBS가 개발한 시스템이 당시 대다수를 차지하고 있는 흑백텔레비전과 호환이 되지 않는다는 이유 때문이었다. RCA와의 소송, 제품의 판매 부진, 때마침 발발한 한국전쟁으로 CBS의 컬러텔레비전 사업은 실패로 돌아갔다.

한편 이 기간 동안 시간을 벌게 된 RCA는 그들이 문제 삼았던 흑백텔레비전과의 호환이 해결된 컬러텔레비전 시스템을 개발하는 데 성공했다. 1953년 연방통신위원회로부터 승인을 받은 RCA 컬러텔레비전은 이듬해 대중과 만나게 된다. 컬러 디스플레이에 대한 아이디어가 처음 등장한 후 거의 반세기만에 컬러텔레비전이 실현된 것이다.

그렇다면 오늘날 손안의 디스플레이라고 할 수 있는 핸드폰은 언제 처음 컬러 화면을 갖게 된 것일까.

최초로 컬러 디스플레이를 적용한 핸드폰을 추적하기란 쉽지 않다. 1990년대 말 곳곳에 존재했던 컬러 디스플레이에 대한 수많은 원형 기술 때문이다. 대부분 사람들은 컬러 화면을 가진 최초의 핸드폰을 2001년에 발표된 소

• 지멘스 S10 광고 (출처: coloribus.com)

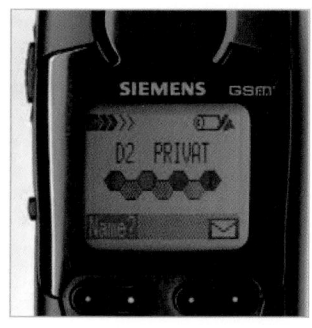

• 지멘스 S10 컬러 화면 (출처: www.potho.com)

니 에릭슨 T68이라고 생각할지도 모른다. 소니 에릭슨 T68은 2002년부터 구입할 수 있었는데, 작은 크기와 오래 지속되는 배터리, 특출난 컬러 화면으로 인해 출시되자마자 큰 인기를 끌었다. 이 핸드폰의 CSTN LCD 디스플레이는 101x80픽셀 해상도에 256 컬러를 표현할 수 있었다. 하지만 정확히 말하면 소니 에릭슨은 모든 색을 표현하는 풀컬러 화면을 가진 핸드폰이었지 최초의 컬러폰은 아니었다. 마찬가지로 소니 에릭슨과 동일한 256 컬러를 표현하는 트리움 이클립스Trium Eclipse 역시 '최초'라는 단어와는 거리가 멀었다.

한편 소니 에릭슨 T68이 출시되기 전에 컬러 화면을 가진 모바일 장치가 존재했다. 2001년 출시된 노키아 커뮤니케이터 9210이 4.5인치 크기의 4096 컬러를 표현하는 TFT LCD 디스플레이를 장착했던 것이다. 하지만 이 제품도 최초의 컬러폰이라는 타이틀을 거머쥐지 못했다.

세계 최초로 컬러 디스플레이를 장착한 핸드폰의 출현은 노키아 9210이 출시되기 4년 전으로 거슬러 올라간다. 최초의 컬러폰은 뜻밖에도 독일에서 가전제품과 의료 제품으로 유명한 한 전기전자 업체에서 생산됐다. 1998년, 모두 흑백 화면을 보던 시대에 세상을 깜짝 놀라게 만든 컬러 디스플레이의 혁명, 바로 지멘스 S10이 그 주인공이다.

오늘날 지멘스는 세계적으로 잘 알려진 회사이다. 하지만 그들이 지금과 같

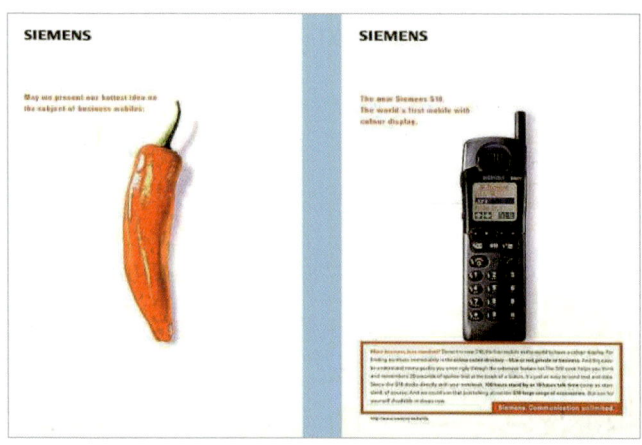

• 지멘스 S10 광고 (출처: coloribus.com)

은 위치에 오르기까지 꽤 오랜 시간이 걸렸다. 1847년 독일의 프로이센 지역에서 에른스트 베르너 폰 지멘스 Ernst Werner von Siemens가 회사를 설립했다. 매해가 다르게 성장하던 지멘스는 세계대전과 같은 힘든 시기를 겪긴 했지만, 이를 잘 극복하고 교통, 조명, 의료, 통신 등 다양한 분야로 사업을 확장했다.

1985년 지멘스는 그들의 첫 번째 핸드폰인 지멘스 C1을 들고 핸드폰 시장에 뛰어들었다. 지멘스는 수많은 제품을 시장에 출시했는데, '최초의 슬라이드형 핸드폰', 'MP3를 내장한 최초의 핸드폰', 'GPS와 심비안 OS를 지원하는 최초의 핸드폰' 등이 바로 지멘스의 작품이었다. 모토로라와 노키아의 그늘에 가려 잘 알려지진 않았지만, 세계 최초의 컬러폰이라는 타이틀을 거머쥔 것을 보면 저력 있는 회사임이 틀림없다.

지멘스 S10은 핸드폰에 컬러 디스플레이를 탑재한 최초의 핸드폰이었다. 물론 오늘날 핸드폰처럼 선명하고 화려한 색상을 구현하는 디스플레이 화면을 생각해서는 안 된다. 1998년 출시된 최초의 컬러폰은 97x54픽셀 해상도에 단지 빨강, 파랑, 초록, 하양, 오직 네 가지 색만을 구현할 수 있었다. 이런 제한된 색상으로 이미지를 표현한다는 것은 애초에 불가능한 일이었으며, 단지 텍스트와 아이콘에 한해 서로 다른 색을 입힐 수 있는 정도였다. 이렇게 아주 기본적인 색상 팔레트를 가진 LCD 화면이었지만, 당시로서는 핸드폰 화면을 흑백이 아닌 컬러로 본다는 것 자체만으로도 놀라운 일이었다.

최초의 컬러폰이라는 타이틀로 자주 회자되는 것 외에도 지멘스 S10은 그만의 독특한 기능을 포함하고 있었다. 먼저 화면상에 여섯 줄의 텍스트를 표시할 수 있었으며, 입력 문자의 크기를 조절할 수 있는 다양한 폰트 사이즈를 제공했다. 그리고 입력한 글의 색상을 변경할 수 있었는데, 오늘날 애플 맥에서 파일에 색상을 지정하는 것과 유사한 방식으로 전화번호부의 연락처에 색상을 지정할 수 있었다. 또한 지멘스 S10은 사용자가 특별한 기능에 대해 개인적인 용도로 사용할 수 있는 네 개의 기능키soft key를 제공했으며, 비록 20초란 제한된 시간이긴 했지만 음성 메모 기능도 갖고 있었다.

지멘스 S10은 세로 14.7센티미터, 가로 4.6센티미터, 두께 2.5센티미터의 규격에, 배터리를 장착한 상태에서의 무게는 185그램이었다. 직사각형의 길쭉한 초코바처럼 생긴 이 핸드폰은 전형적인 캔디바폰 디자인을 따랐으며, 바닥에 떨어지더라도 충격을 흡수할 수 있도록 핸드폰의 옆면과 밑면에 고무 케이싱을 부착하고 있었다. 핸드폰 버튼은 일반적인 플라스틱 버튼이 아닌 고무 버튼을 사용했으며, 핸드폰 옆면에 심 카드를 삽입할 수 있는 작은 심 카드 홀더가 장착되어 있었다.

한편 지멘스 S10의 배터리는 매우 우수한 수명을 갖고 있었다. 1800mAh 표준 리튬 이온 배터리는 열 시간의 통화 시간과 120시간의 대기 시간을 제공했는데, 한 번의 충전으로 거의 일주일 동안 대기 상태를 유지할 수 있었다.

그러나 세상에 처음 선보인 컬러폰이라는 매력적인 이점에도 불구하고, 핸드폰에 대한 수요는 기대에 미치지 못했다. 투박한 디자인, 사용하기 어려운 인터페이스, 지나치게 밝은 디스플레이는 소비자에게 외면받았다. 그리고 지멘스 S10은 컬러 화면을 제공하긴 했지만, 고작 네 가지 색상이었고 그마저 색이 바래보였다. 뿐만 아니라 핸드폰 화면은 세로로 희미한 이중상이 보이는 듯한 문제까지 발생했다. 결국 지멘스 S10은 2001년 소니 에릭슨 T68과 트리엄 이클립스와 같은 강력한 경쟁 제품의 등장으로 사람들 기억 속에서 잊히게 된다.

한편 지멘스가 컬러 디스플레이 혁명을 일으켰던 1998년, 노키아는 안테나 혁명을 일으켰다. 최초의 내장 안테나를 장착한 노키아의 이 신제품은 정확히 12년 뒤인 2010년, 아이폰 4의 내장 안테나를 둘러싼 애플과 노키아의 논쟁으로 다시금 수면 위로 부상한다. 그 논란의 중심에는 바로 노키아 8810이 있었다.

안테나 전쟁, 최초의 내장 안테나폰
노키아 8810

제품명	노키아 8810(Nokia 8810)
출시 연도	1998
제조사	노키아
크기(mm)	107x46x18
무게(g)	118
디스플레이	흑백 LCD
배터리	니켈수소(Ni-MH) 600mAh
지속 시간	대기 36~133시간/통화 1시간 40분~2시간 50분
네트워크(2G)	GSM 900

우리는 자유로운 세상에 살며 We live in a free world

나는 마음 가는대로 내버려둡니다 I whistle down the wind

미소를 지어요 Carry on smilinga

그러면 세상이 당신에게 미소 지을 거예요 And the world will smile with you

인생은 꽃입니다 Life is a flower

당신 손 안의 너무나 고귀한 So precious in your hand

미소를 지어요 Carry on smiling

그러면 세상이 당신에게 미소 지을 거예요 And the world will smile with you

1998년, 핀란드 헬싱키 올림픽 경기장에서 열린 콘서트에서 아름답고 경쾌

한 선율이 흘러나왔다. 발표하는 앨범마다 유럽 팝 차트에서 TOP 10에 들 만큼 유명한 에이스 오브 베이스Ace of Base가 그들의 히트곡인 〈인생은 꽃이다Life is a Flower〉를 부르고 있었다. 흥미로운 건 이 자선 콘서트가 핀란드에서 열린 에이스 오브 베이스의 첫 번째 공연이었다는 점, 그리고 이 밴드의 멤버들이 모두 동일한 모델의 핸드폰을 지니고 있었다는 점이다. 노키아가 그들의 새로운 핸드폰의 출시를 기념해 에이스 오브 베이스의 핀란드 공연에 신제품을 멤버들에게 전달했던 것이다. 뿐만 아니라 노키아는 이 세계적인 팝 밴드의 앨범에 담긴 노래를 자사의 신제품 벨소리로 제공했다. 세계적인 팝 그룹을 내세워 홍보 효과를 톡톡히 본 노키아의 신제품은 그 생김새가 마치 지포 라이터와 닮았다 해 출시와 동시에 '지포폰Zippo Phone'이라는 별명을 갖게 된다. 그 주인공은 바로 노키아 8810이다.

노키아 8810에 대한 아이디어는 2년 전인 1996년으로 거슬러 올라간다. 그 당시 신제품 개발을 준비하던 노키아는 시중에 나와 있는 어떠한 핸드폰과도 재료와 하드웨어 면에서 차별화되는 고급 모델을 제작하기로 결정했다. 이 일은 엔지니어와 디자이너 양쪽 모두에게 쉽지 않은 도전이었다. 왜냐하면 그들이 설계한 아이디어를 구현하기 위해서는 적지 않은 양의 부품 사용이 예상됐고, 동시에 제품의 크기와 무게를 최소화시키는 방법을 찾아야 했기 때문이다. 이에 통합 안테나와 라디오 블록이 특별 제작됐고, 곧 다양한 종류의 재료를 이용한 실험이 시작됐다.

제작 총괄은 디자인 부서의 수장인 프랑크 누오보Frank Nuovo가 맡아 진두지휘했다. 수차례 시도 끝에 프랑크는 금속 재질, 그중에서도 크롬 재질이 장치를 근사하게 보이도록 만든다는 결론을 내렸다. 하지만 아무리 매력적으로 보인다고 해도 핸드폰 전체를 무거운 금속으로 할 수는 없는 노릇이었다. 결국 프랑크는 크롬 재질과 유사한 플라스틱을 사용함으로써 이 문제를 해결했다.

• 프랑크 누오보 (출처: www.dsnuovo.com)

    1998년 3월 18일, 세빗 박람회에서 노키아 8810이 처음으로 대중들 앞에 선보였다. 광택의 크롬 재질에 고급스런 지포 라이터를 연상시키는 디자인은 관람객의 시선을 사로잡기에 충분했다. 세빗 전시회에서 이 크롬 재질의 핸드폰을 목격한 사람들은 하루 빨리 시중에서 판매되기만을 기다렸다. 그리고 같은 해 12월, 마침내 대중들은 노키아의 신제품을 손에 넣을 수 있게 됐다. 평범한 플라스틱 재질의 핸드폰이 전부이던 시대에 광택의 금속 재질로 핸드폰 전면을 장식한 노키아 8810은 대중에게 신선한 충격을 안겨줬고, 이에 맞설 어떤 경쟁 상대도 존재하지 않았다. 노키아 8810은 고급 잡지에서 TV 광고에 이르기까지 다양한 매체를 통해 홍보되었을 뿐만 아니라, 온라인에 광고가 게재된 첫 번째 사례가 됐다.

    디자인을 총괄한 프랑크 누오보는 한 매체와의 인터뷰에서 자신이 창조한 이 제품이 진보된 기술을 표현하는 기계 장치를 넘어서 명품 시계 혹은 만년필처럼 소유하고 싶은 매력적인 작품이라 평했다. 그가 보여준 자신감은 단순히 호기가 아닌 현실 반영에서 비롯된 것이었다. 노키아는 신제품을 출시하기 전 사전 조사 차원으로 각 계층을 대표하는 소수의 사람들로 이루어진 포커스 그룹을 운영한다. 여기에서 프랑크의 디자인이 단순한 만족스러움을 넘어 제품이 높은 가격으로 책정될 수 있음을 보여줬다. 특히 이탈리아에서 이루어진 시장조사 결과는 기대 이상이었다. 유행과 패션이라면 꼼짝 못 하는 이탈리아 고객들은 세련된 디자인을 가진 노키아의 예술품에 최고의 찬사를 보내왔다. 결국 이탈리아는 노키아 8810 1차 출시국 가운데 하나로 선정됐다.

물론 노키아 8810의 판매가 순조롭기만 했던 것은 아니었다. 중국 시장에 진출했을 때의 일이다. 노키아는 핸드폰 제품 설명서에 노키아 8810의 케이스가 크롬 재질로 되어 있지만 실제 금속을 사용한 것이 아니라는 점을 함께 기재했다. 분명한 사실이지만 불필요한 오해를 사지 않기 위해서였다. 그런데 이 설명서를 중국어로 옮기는 과정에서 문제가 발생하고 말았다. 노키아 8810이 금속으로 제조된 것으로 잘못 번역된 것이다. 1999년 여름, 62명의 중국 소비자들이 자신의 핸드폰에서 어떤 금속도 발견되지 않았다며, 혼동을 초래한 노키아를 상대로 소송을 제기하겠다고 나섰다. 결국 노키아는 중국 전역의 모든 고객에게 잘못된 정보를 기재한 것에 대해 사과하는 공개서한을 발송해야만 했다. 곧 양측은 합의를 했고, 이 사건은 단순한 해프닝로 마무리됐다.

또 다른 문제는 핸드폰 결함이었다. 신 모델 판매 개시 후 첫 네 달 동안 라디오가 제대로 작동하지 않았던 것이다. 이에 노키아는 신속하게 제품 보증에 근거해 장치를 수리하도록 했다. 그리고 제품 판매에 악영향을 미칠까 우려해 추가 서비스까지 제공하려고 했다. 하지만 당시 대부분 소비자들은 추가 서비스에 별다른 관심을 보이지 않았고, 간단한 수리에 만족해했다. 당대 최고의 핫 아이콘을 소유하게 된 소비자들은 제품의 일부 결함쯤은 참고 수리를 기다릴 만큼 노키아 8810에 대한 지지가 절대적이었던 것이다.

노키아 8810의 케이스는 크롬 마감 처리가 되었을 뿐만 아니라 케이스 덮개를 아래위로 자유롭게 열고 닫을 수 있는 슬라이드 방식으로 제작됐다. 이 슬라이드 덮개는 키패드를 보호하고 청결을 유지할 수 있도록 해줬다. 5라인의

• 노키아 8810 작동 원리 (출처: galeri.uludagsozluk.com)

흑백 디스플레이를 가진 노키아 8810의 크기는 세로 10.7센티미터, 가로 4.6센티미터, 두께가 1.8센티미터로 당시 초소형 슬림 핸드폰에 속했다.

무게는 장착한 배터리에 따라 결정되었는데, 표준 배터리를 장착한 상태에서 118그램, 리튬 배터리를 장착한 상태로 98그램이 나갔다. 표준 배터리인 600mAh 니켈 수소 배터리는 30분에서 한 시간 동안의 통화 시간과 15~60시간의 대기 시간을 제공했으며, 확장 배터리인 리튬 배터리는 1시간 40분~2시간 50분의 통화 시간과 36시간~133시간에 이르는 대기 시간을 제공했다. 그리고 250개의 전화번호와 열 개의 문자 메시지를 저장할 수 있었는데, 이런 정보들은 내장 메모리 이외에도 심 카드 내부에 저장할 수 있었다. 따라서 사용자가 실수로 연락처를 지우는 경우가 발생하더라도 심 카드에 백업된 정보를 다시 불러올 수 있었다.

또한 통화 내역 기능을 통해 30개의 이전 통화 기록을 조회할 수도 있는데, 각 열 개의 보낸 전화와 받은 전화, 각 열 개의 부재중 전화를 확인할 수 있었다. 그리고 노키아 8810에는 서른다섯 가지 모노톤의 벨소리가 내장되어 있었고, 추가로 비용을 지불하면 벨소리를 다운로드할 수 있었다. 뿐만 아니라 컨퍼런스 콜 기능을 이용해 여러 명이 함께 전화로 회의를 진행할 수 있었다. 서른 두 가지 다양한 언어를 지원했으며, 문자 입력 시 자동 완성 기능이 제공됐다.

그리고 최대 160자까지 텍스트를 입력할 수 있었던 노키아 8810은 지금은 흔한 기능이지만 당시에는 혁신적이었던 '노키아 표준 스마트 메시징'이라는 시스템을 통해 단순한 문자 메시지 이외에도 사진을 주고받을 수 있었다. 비밀번호 요청과 전화 차단 서비스와 같은 보안 기능을 통해 사용자가 실수로 핸드폰을 잃어버렸을 경우에 개인 정보가 누출될 위험도 줄어들었다. 이외에도 원격 접속 프로그램인 카본 카피 5.0 Carbon Copy 5.0과 핸드폰과 컴퓨터 사이의 데이터를 교환을 가능하게 해주는 인프라 레드 테크닉 infra red technology이 모델에 도입되기도 했다.

이렇듯 노키아 8810은 디자인과 하드웨어, 소프트웨어 측면에서 이전 모델보다 진보된 결과를 내놓았다. 독보적인 크롬 재질의 디자인으로 모토로라, 소니 에릭슨, 지멘스와 같은 타사 제품과의 경쟁 구도에서도 확실하게 우위를 점하게 됐다. 하지만 이 제품이 오늘날에도 회자되는 이유는 노키아 8810에서 최초로 도입된 내장 안테나 기술 덕분이다. 출시 10년도 더 지난 이 구형 휴대폰이 2010년에 다시금 수면 위로 떠오르게 될 것이라고는 그 누구도 예상치 못했다. 아이폰 4의 내장 안테나 이슈와 함께 노키아 8810은 그 논란의 중심에 서게 된다.

2010년 7월 16일 금요일, 애플의 프레스 컨퍼런스에서 프레젠테이션이 진행되고 있었다. 무대 중앙에는 회색의 짧은 머리에 검은색 터틀넥과 청바지 차림을 한 중년의 사내가 서 있다. 스티브 잡스, 날카로운 눈빛과 또박또박 분명하게 전달하는 말투는 프레젠테이션을 지켜보는 관중을 압도했다. 그 자리에서 스티브 잡스는 최근에 이슈화된 아이폰 4의 안테나 수신율 저하 논란에 대해 입을 열었다. 시장을 떠들썩하게 만든 이 논란을 스스로 '안테나 게이트'라

• 안테나 게이트 (출처: fotos.noticias.bol.uol.com.br)

표현하는 여유를 부리며, 이 문제는 아이폰 외의 모든 스마트폰에서도 나타나는 공통적인 현상이라 지적했다.

스티브 잡스는 자신의 주장이 옳다는 것을 증명이라도 하듯이 대형 스크린을 통해 블랙베리 9700, HTC 드로이드 에리스, 그리고 삼성 옴니아 II의 안테나 수신율 테스트 과정을 보여줬다. 테스트 진행자가 한 손으로 블랙베리의 특정 부위를 감싸 쥐자 스마트폰 화면 속의 안테나 수신 바가 최고 5단계에서 1단계로 감소했다. 삼성 옴니아 II는 최고 4단계에서 1단계로 줄어들고, HTC 드로이드 에리스는 아예 아무것도 표시되지 않았다. 이 세 제품의 테스트 과정은 고스란히 카메라를 통해 전 세계로 중계됐다.

프레젠테이션 직후, 예상치도 못한 공개 망신을 당한 림[RIM], HTC, 삼성은 스티브 잡스의 주장에 반박하는 성명을 발표했다. 이 가운데 가장 강경한 태도를 보인 건 블랙베리를 개발한 림이었다. 림은 자사의 9700 모델이 아이폰 4와 같은 수신율 저하 문제를 갖고 있다는 애플의 주장에 스티브 잡스가 아이폰 4의 안테나 결함으로 어려운 상황에 부닥치자, 이를 벗어나기 위해 꼼수를 부리려 한다고 비난했다. 덧붙여 애플이 특정 디자인을 채택해 생긴 문제인 만큼 스스로 책임지는 모습을 보여야 한다고 주장했다.

한편 HTC는 IT 전문 웹진인 『포켓린트』를 통해 고객센터에 접수된 A/S 가운데 0.016%만이 수신 문제에 관한 것이라며 '안테나 게이트'에 엮인 것에 대한 불편한 기색을 숨기지 않았다. 삼성은 아이폰과 옴니아 II의 내장 안테나 위치가 다르다는 점을 강조하며, 수신 문제로 인한 A/S가 여태껏 접수된 적이 없다는 애써 태연한 태도를 보였다.

그런데 뜻밖에도 애플의 공격에 제일 먼저 입을 연 것은 블랙베리의 림도, 드로이드 에리스의 HTC도, 옴니아 II의 삼성도 아니었다. 안테나 수신율 테스트 목록에도 오르지 않은 세계적인 핸드폰 제조업체인 노키아가 다음과 같이 공식 성명을 발표한 것이다.

"안테나 디자인은 복잡한 주제이며, 수십 년 동안 수많은 핸드폰 모델에 걸쳐 노키아의 핵심 역량이 됐다. 노키아는 내장 안테나의 개척자이며, 1998년에 출시된 노키아 8810은 이 기능이 포함된 최초의 상용 핸드폰이었다. 노키아는 전화 통화, 음악 재생, 웹 브라우징 등을 위해 사람들이 어떻게 핸드폰을 쥐는지를 포함한 인간 행위를 연구하는 데 수많은 인력과 시간을 투자했다. 만일 안테나 성능과 외적 디자인이 서로 상충한다면 노키아는 안테나 성능에 우선순위를 둔다. 일반적으로 핸드폰 안테나 성능은 기기를 손에 쥔 정도와 잡는 방식에 영향을 받는다. 이는 사용자가 핸드폰을 어떻게 들던지 실생활에서 안테나 성능이 보장되도록 노키아가 디자인하는 이유이다."*

노키아의 공식 성명에는 애플에 대한 직접적인 언급은 없지만, 타이밍이나 그 내용을 볼 때 '안테나 수신율 저하 문제는 모든 핸드폰에서 나타나는 문제다'라는 애플의 주장에 대한 반론임을 누가 봐도 알 수 있다. 그리고 성능과 디자인 사이에 충돌이 발생할 경우, 성능을 우선시하겠다는 말은 특정 디자인을 고집하다 안테나 수신율 저하 논란을 야기한 애플을 우회적으로 비꼰 것이다.

* Mark Milan Macanas, Nokia Lectures Apple on How to Properly Design a Phone Antenna, 2007.10.18, 〈www.techpinas.com〉

• 휩 안테나 (출처: wiley-vch.e-bookshelf.de)

그런데 이보다 더 놀라운 사실은 노키아가 '안테나 게이트' 논란이 일어나기 12년 전인 1998년에 이미 핸드폰 디자인과 내장 안테나 성능 사이의 연관성을 인식하고 있었다는 점이다.

1980년대 초 핸드폰이 세상에 처음 등장한 이후, 외장 안테나는 핸드폰이라면 당연히 전화기를 닮아야 한다는 대중들의 고정관념에 따라 줄곧 핸드폰의 외형을 상징하는 필수 요소로 인식됐다. 따라서 모토로라의 다이나택이나 인터내셔널과 같은 초기 핸드폰 모델은 거의 본체 크기에 필적하는 기다란 외장 안테나를 달고 있었다. 이후 핸드폰 기술의 발전과 더불어 안테나 역시 그 길이를 임의로 조절할 수 있는 얇고 기다란 휩whip 안테나와 짧고 굵은 모노폴의 스터비 안테나stubby antenna가 개발되었지만, 안테나는 여전히 핸드폰 외부에 존재했다.

사람들은 이 거추장스러운 장식품 때문에 핸드폰을 주머니에 넣을 때마다 신경 써야 했고, 거꾸로 주머니에 넣는다는 발상은 생각도 못 했다. 통화할 때마다 안테나를 잡아당겨 빼야 하는 행위도 번거로웠고, 쉽게 부러지기까지 했다. 이 거추장스러운 안테나 때문에 1990년대 핸드폰은 개선된 성능과 디자인

• 스터비 안테나
(출처: wiley-vch.e-bookshelf.de)

에도 불구하고 싸구려 보석처럼 보였다. 하지만 안테나를 없앨 수도 없는 노릇이었다. 그것은 단순히 편리성만으로 좌우될 성격의 문제가 아니었기 때문이다. 안테나는 신호 수신을 개선하는 역할을 했고, 이는 에너지 소비를 줄여 배터리의 수명을 연장하는 효과를 가져왔다.

외장 안테나에 대한 불만과 안테나의 중요성에 대한 인지는 자연스럽게 안테나를 핸드폰 안으로 집어넣으려는 시도로 이어졌다. 처음 핸드폰 개발자들은 안테나 디자인을 변경하는 것에 대해 쉽게 생각했다. 단순히 안테나선을 핸드폰 안으로 집어넣으면 될 것이라 여겼던 것이다. 하지만 곧 단순히 안테나를 접어 케이스 안에 숨기려고 했던 자신들의 생각이 잘못되었음을 깨달았다. 이미 다른 전자 부품들로 꽉 차 있는 핸드폰 케이스 내부에 외장 안테나와 동일한 규격의 부품을 넣는다는 것은 불가능했기 때문이다. 그렇다고 해서 전송되는 파장에 비례해야 하는 안테나 크기를 축소할 수도 없는 노릇이었다. 핸드폰에 지정된 무선 주파수대의 슬롯을 고려하더라도 안테나 길이는 일반적으로 7인치, 즉 대략 18센티미터가 되어야 했다. 이는 이미 주머니 크기를 벗어난 것이었다.

노키아의 기술자들은 안테나를 핸드폰 안에 숨기기 위한 묘안을 짜내려 했고, 마침내 꽤 영리하다고 할 수 있는 트릭을 구사하게 된다.

첫째, 바로 프린트 기판printed plate의 개발이다. 노키아는 기다란 금속 활대 대신 얇고 평평한 플라스틱판을 안테나로 대체했다. 기술자들은 조그마한 정사각형 플라스틱 판 위에 미로와 같은 금속 패턴을 새겨 안테나 규격에 요구되는 신호 대 인치의 비율을 달성하는 데 성공했다.

둘째, 인체공학적 디자인이다. 노키아는 오랜 기간에 걸쳐 사용자가 핸드폰

• 내장 안테나 (출처: www.wired.com)

을 손에 쥐는 방식에 관해 연구해왔다. 그리고 마침내 핸드폰 사용자가 손으로 내장 안테나를 가리지 않도록 하는 디자인을 완성했다. 노키아는 사용자가 자연스럽게 안테나를 피해 핸드폰을 들 수 있도록 기기의 허리 부분을 움푹 들어가게 하고 무게감을 줬다. 이는 일반적으로 사람들이 물체를 손에 쥘 때 면적이 넓은 부위보다 잡기 편한 좁은 부위를, 그리고 가벼운 부위보다 안정감 있는 무거운 부위를 잡으려는 경향을 이용한 것이다. 단순하게 보이지만 사려 깊은 디자인 덕분에 안테나를 가려 발생할 수 있는 신호 간섭 문제를 최소화할 수 있었다.

마지막으로 중요한 요소는 플라스틱 케이스이다. 1998년 노키아가 최초로 개발한 내장 안테나를 장착한 핸드폰은 아이러니하게도 전파 수신에 불리한 금속 재질로 전면이 둘러싸여 있었다. 물론 실제 금속이 아닌 금속 재질을 흉내 낸 것에 불과했지만 말이다. 노키아는 전면 금속 케이스라는 디자인 콘셉트를 수정해 신호가 잘 통과할 수 있도록 핸드폰 뒷면만은 플라스틱으로 제작했다. 디자인과 성능이 상충할 때 성능을 우선한다는 노키아의 언급이 떠오르는 부분이다.

1998년 3월 18일, 마침내 내장 안테나 디자인을 가진 최초의 상용 핸드폰인 노키아 8810이 세상에 모습을 드러냈다. 장치의 상단에 회초리처럼 생긴 휩 안테나, 또는 짧고 두꺼운 스터비 안테나와 같은 외장 안테나를 갖고 있지 않았다. 외부 안테나가 사라진 신개념 핸드폰은 경쟁사들을 뛰어넘는 매력적인 것이었다. 사람들은 통화를 위해 안테나를 잡아당기는 데 시간을 허비하지 않아도 됐고, 핸드폰을 거꾸로 주머니에 넣을 수 있게 됐다.

그러나 내장 안테나가 이점만 갖고 있었던 것은 아니다. 안테나가 핸드폰 케이스 안으로 들어오면서 신호 수신율이 안테나가 외부에 있을 때보다 떨어졌던 것이다. 게다가 신호 수신을 위해 더 많은 에너지가 필요했고, 그만큼 배터리가 더 빠르게 소진됐다. 노키아는 이 문제에 대해 개발 초기부터 인지하고 고민했으며, 결국 외장 안테나를 제거하기 위해 어쩔 수 없이 감수해야 할 부분이라는 결론에 이르렀다. 신호 품질과 배터리 수명, 그리고 내장 안테나의 편리성 사이에서 타협한 것이다.

결과적으로 최초의 내장 안테나폰인 노키아 8810은 노키아 역사의 새로운 장을 열만큼 대성공을 거뒀다. 내장 안테나라는 새로운 기술과 영리한 디자인, 그리고 올바른 타협이 빚어낸 결과였다. 노키아 8810은 당시 400~500달러 정도에 판매되었으며, 인기에 힘입어 1999년 후속 모델 8850이 출시됐다. 노키아 8850은 전 모델과 비슷한 디자인과 유사한 특징을 갖고 있었는데, 노키아 8810만큼은 아니었지만 역시 성공을 거뒀다.

한편 다가올 2000년, 밀레니엄을 앞두고 모두가 들떠 있던 1999년은 핸드폰 역사에 있어서도 흥미로운 한 해였다. 핸드폰 역사상 전무한 판매 기록 수립, 특화된 기능을 가진 핸드폰의 등장, 그리고 훗날 핸드폰 시장의 판도를 뒤바꿔놓게 될 새로운 세력의 등장이 바로 그것이다. 1999년, 그 시작을 1억 6천만 대라는 대기록을 세운 노키아가 알렸다.

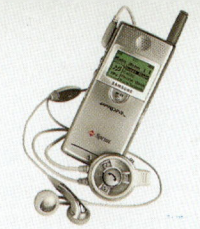

PART
05
틈새 공략 기능의 특화

핸드폰 역대 판매 2위
노키아 3210

제품명	노키아 3210(Nokia 3210)
출시 연도	1999
제조사	노키아
크기(mm)	123x51x23
무게(g)	151
디스플레이	흑백 LCD
배터리	니켈수소(Ni-MH) 1250mAh
지속 시간	대기 170시간/통화 4시간 50분
네트워크(2G)	GSM 900, GSM 1800

2012년, 런던의 한 호프집에서 고등학교 동창회가 열리고 있었다. 10여 년 전 고등학생이었던 친구들은 어느새 30대에 접어든 자신들의 학창 시절을 안주 삼아 이야기를 쏟아내고 있었다. 이야기가 무르익을 무렵, 친구들 중 한 녀석이 장난기 섞인 얼굴로 주머니에서 무언가를 꺼내 탁자 위에 올려놓았다. 사용한 지 오래되어 보이는 낡은 노키아 핸드폰이다. 탁자를 빙 둘러싸고 바라보던 친구들은 마치 잊고 지냈던 옛 친구를 다시 기억해내기라도 한 듯이 갑작스런 구식 핸드폰의 등장에 반색했다. 그리고 한 녀석이 먼저 이 낡은, 아니 그들의 학창시절엔 최신 모델이었던 이 노키아 폰에 대한 추억담을 말하기 시작했다. 1990년대 말, 유럽에서 노키아 핸드폰은 단순히 유명한 정도를 넘어 필수품이었다. 두 명 중 하나는 노키아 로고가 붙은 핸드폰을 갖고 있었다고 해도 과언

이 아니다. 특히 당시 학생들 사이에서는 노키아의 특정 모델이 전폭적인 지지를 받고 있었다. 학생들은 수업 중 핸드폰 벨이 울려 압수되는 위험도 마다하지 않고, 쉬는 시간이면 어김없이 서로의 메시지를 확인하기 위해 모여들었다. 그리고 일부는 요금 폭탄을 맞은 신세를 한탄하기도 했다. 핀란드에서 날아온 조그만 핸드폰이 교정의 풍경에 조용한 변화를 일으킨 셈이다.

당시 판매 기록을 보면 해당 핸드폰의 인기를 실감할 수 있다. 1999년 발표된 직후, 젊은 세대의 핫 아이콘이 된 이 노키아 핸드폰은 총 1억 6천만 대가 팔렸고, 이는 아이폰 4S의 3700만 대를 네 배 이상 뛰어넘는 수치이다. 그리고 핸드폰이 생긴 이래 지금까지 팔린 핸드폰 가운데 두 번째로 많이 팔린 핸드폰이라는 기록을 가지고 있다. 이 핸드폰은 바로 노키아 3210이다.

노키아 3210이 폭발적인 인기를 누릴 수 있었던 데에는 단순히 빼어난 디자인이나 핸드폰에 적용된 혁신적인 기술 때문은 아니었다. 굳이 오늘날 핸드폰과 비교할 것까지도 없이 노키아 3210이 판매되던 그 시대 핸드폰 시장에는 이미 모토로라 스타택 시리즈나 노키아 커뮤니케이터 시리즈처럼 빼어난 디자인과 첨단 기술을 자랑하는 제품들이 존재하고 있었다.

노키아의 3210은 세로 12.3센티미터, 가로 5.1센티미터, 두께 2.3센티미터로 당시로서 무난한 크기였고, 무게는 151그램으로 다소 무거운 편이었다. 인체공학적 디자인에 따라 사용하기 쉽도록 부드러운 굴곡을 갖고 있으며, 손에 쥐기 편하도록 위에서 아래로 내려갈수록 다소 얇아졌다. 종종 손에서 이탈하는 타 제품들과 달리 노키아 3210은 손에 쥘 때 잘 미끄러지지 않았으며, 설사 떨어뜨린다고 해도 고장은 걱정하지 않아도 됐다. 플라스틱 케이스의 내구성이 매우 뛰어나 부딪히거나 떨어뜨린다고 해도 거의 상처가 없었기 때문이다. 물건을 가만히 두지 않는 갓난아기의 손에 마음 놓고 맡겨도 된다고 말해질 정도로 튼튼했다.

또한 노키아 3210은 다섯 줄까지 텍스트를 표시할 수 있는 5라인의 흑백 화면과 세네 시간의 통화 시간과 최고 170시간의 대기 시간을 지원하는 배터리를 갖고 있었다. 이렇듯 외관상으로 볼 때 그럭저럭 괜찮은 제품으로 보이지만 핸드폰 역사상 길이 남을 정도의 대기록을 세운 제품치고는 뭔가 허전하다고 말할 수밖에 없다. 평범하게 보이는 노키아 3210은 당대 내로라하는 경쟁자들을 물리칠 수 있었던 자신만의 무기를 가지고 있었다. 그것은 바로 젊은 세대에 대한 어필이었다.

1990년대 말까지 세상의 모든 핸드폰들은 상단에 돌출되어 있는 외장 안테나를 갖고 있었다. 사람들은 신호 수신이 원활하지 않을 때나 주머니에 넣을 때 이 기다란 외장 안테나를 신경 써야만 했다. 하지만 노키아 3210은 불편하고 거추장스런 안테나가 없었다. 1998년 고급 모델로 개발된 노키아 8810에서 처음 사용된 내장 안테나 기술이 그다음 해 바로 보급형 모델인 노키아 3210에 도입되었던 것이다.

안테나가 사라진 핸드폰은 확연히 타사 제품과 차별화될 수밖에 없었다. 더 이상 사람들은 통화할 때마다 안테나를 잡아당길 필요가 없었고, 거치적거리던 장애물이 사라진 핸드폰은 주머니에 미끄러지듯 들어갔다. 특히 젊은 세대에게 외장 안테나가 없는 이 독특한 제품은 개성 있고 세련된 멋으로 다가왔다.

그런데 내장 안테나는 시각적으로 핸드폰을 멋져 보이게 했지만, 외장 안테나에 비해 수신율은 떨어졌다. 그러나 다행히 노키아 3210은 신호 강도를 표시해주는 기능이 있었다. 당시 교내의 어둡고 인적이 드문 장소에 학생들이 모여 있다가 괜한 오해를 사곤 했는데, 학생들이 핸드폰 신호 수신 상태가 좋은 위치를 찾다 보니 발생한 웃지 못할 일이었다.

노키아 3210이 출시되었을 때 핸드폰 판매도 대단했지만, 생각치도 않았던

• 노키아 3210 케이스 (출처: www.coloribus.com)

핸드폰 케이스 시장도 더불어 호황을 누렸다. 사용자는 더 이상 공장에서 찍어 낸 듯한 핸드폰 외관을 강요당할 필요가 없었다. 노키아 신제품에 제공되는 엑스프레스온Xpress-On 커버는 사용자가 직접 핸드폰 케이스를 원하는 대로 교체할 수 있도록 해줬다. 교환 커버 개념은 1998년 출시된 노키아 5110부터 시작되었다. 노키아 5110이 오직 앞면만 교체할 수 있었던 것에 반해 노키아 3210은 앞면뿐만 아니라 뒷면부터 양면까지 모두 교체할 수 있도록 설계됐다. 이는 핸드폰을 완벽하게 변신시켰고, 사용자는 핸드폰 케이스의 색과 디자인에 변화를 주어 자기 자신을 표현할 수 있게 됐다.

당시 런던의 대표적인 생활용품 전문 매장인 아르고스argos는 주말이면 핸드폰 케이스를 구입하려는 학생들로 북적였다. 가판대에는 광택 재질의 실버 마감부터 호피 무늬에 이르기까지, 어떤 사용자 취향에도 그들의 요구를 수용할 수 있는 다양한 종류의 케이스가 진열되어 있었다. 가격 또한 저렴해 10파운드 미만으로도 얼마든지 자신의 핸드폰을 꾸밀 수 있었다. 10대들 사이에서 핸드폰 케이스를 교체하는 일은 예삿일이 되었고, 여분으로 예비 케이스를 갖고 다니는 것쯤은 기본이었다.

웃는 얼굴 :-), 슬픈 얼굴 :-(, 메롱 :P 등 구두점과 숫자, 그리고 문자를 사

```
Meaning of emoticons in USA/Europe:
:-)      normal laugh
:-(      saddened
;-)      wink
:-))     very happy
:-o      Wow!
:-|      strict
:-||     angry
8-)      laugh with spectacles
```

• 작성자의 감정을 표현하는 이모티콘 (출처: www.qualitative-research.net)

용해 사람의 얼굴 표정을 기호로 표현하는 이모티콘은 노키아 3210의 보급과 함께 10대들 사이에서 의사소통을 위한 새로운 언어로 급부상했다. 감정을 의미하는 이모션emotion과 아이콘icon의 합성어인 이모티콘은 메시지 작성자의 감정이나 기분 상태를 표현하는 데 쓰였다. 문자 메시지를 이용해 친구들과 대화하는 것은 이젠 매우 흔한 일이 되어버렸는데, 특히 숫자판 위의 문자를 이용해 메시지를 입력하는 T9Text on nine keys 기술과 문자 자동 완성 기능은 어른들보다 아이들이 빠르게 익혔다. 사용자가 몇 글자만 입력하면 알아서 단어를 제안해주는 문자 자동 완성 기능은 문자 메시지를 보다 빨리 입력할 수 있도록 해줬고, 때때로 엉뚱하게 제안하는 단어는 사용자에게 쏠쏠한 재미를 안겨줬다.

　노키아 3210에는 SMS 문자 메시지 서비스와 더불어 '그림 메시지'를 상대방에게 전송할 수 있었다. 핸드폰에 저장되어 있는 그림을 다른 사람에게 보내는 기능이었다. 비록 흑백으로 이루어진 단순한 그래픽이긴 했지만, 친구 생일을 맞이해 촛불이 켜 있는 케이크나 리본 달린 선물 꾸러미를 보낼 수 있었고, 크리스마스에는 장식용 방울이 달린 크리스마스 트리를 친구들에게 선물로 보냈다. 이외에도 행복과 슬픔, 웃음과 비웃음, 그리고 장난기 어린 얼굴과

• 그림 메시지 (출처: www.zuoda.net)

같은 제한적이지만 다양한 그림들이 제공됐다. 지금 보면 매우 간단하고 조잡해보이는 기능일지 모르나 당시 10대들 사이에서는 이모티콘과 더불어 즐겨 사용됐다.

이런 메시지 기능뿐만 아니라 50가지가 넘는 다양한 벨소리가 기본적으로 제공되었는데, 특히 사용자가 직접 핸드폰의 벨소리를 작곡할 수 있다는 사실이 주목을 끌었다. 음악적 소양도, 단선율을 설정하는 방법에 대한 지식 없이도 사람들은 자신만의 방법으로 창작을 하는 데에 놀랄 만큼 집중했다. 친구들끼리 모여 자신들이 만든 벨소리를 자랑 삼아 들려주기도 했는데, 일반인들한테는 그 소리가 마치 낡은 모뎀으로 전화 거는 소리처럼 들렸다. 그렇다고 이들이 만들어낸 벨소리가 모두 형편없었던 것은 아니다. 개중에는 음악적인 천재성을 발휘한 사람도 있었는데, 유명 게임 〈젤다의 전설〉 메인 테마곡을 실제 게임에서 들리는 것처럼 똑같이 흉내 내 친구들의 부러움을 사기도 했다. 청소년들은 그들만의 자작곡을 벨소리로 등록해 많은 사람들이 있는 학교, 공원, 슈퍼마켓과 같은 공공장소에서 그들의 핸드폰 벨이 울리기만을 기다렸고, 가급적이면 자신의 벨소리가 오랫동안 울릴 수 있도록 천천히 전화를 받는 것도 잊지 않았다. 원하는 케이스로 교체해 자신을 개성을 표현할 수 있는 엑스프레스온 커버와 마찬가지로 벨소리 작곡 옵션은 젊은 세대에게 자신과 다른 사람을 차별화시켜주는 요소였다.

노키아 3210에는 세 종류의 게임이 내장되어 있었다. 〈스네이크〉, 〈메모리〉, 〈로테이션〉이 바로 그것이다. 일부 노키아 3210의 다른 버전에는 '숨겨진' 게임 〈리액트〉와 〈로직〉이 추가로 포함되어 있었는데, 이런 핸드폰은 내장 게임들은 빠른 속도로 성장하는 청소년 시장에서 빠져서는 안 될 요소가 됐다. 특히 중독성 강한 〈스네이크〉 게임의 인기는 단연 독보적이었다. 게임은 단순했지만 약간의 상상력을 발휘할 필요가 있었다. 왜냐하면 현실에서 뱀은 직각으로 꺾이며 이동하지 않기 때문이다. 뱀이라고 칭하기 멋쩍은 픽셀로 이루어진 기다란 막대기가 좁은 핸드폰 화면에서 빠르게 움직이며 화면 안에 놓인 점처럼 생긴 먹이를 향해 돌진한다. 당시 사람들은 그들이 '다이아몬드', 혹은 '똥'이라 부르는 이 점을 먹기 위해 쉴 새 없이 뱀을 이리저리 움직였다. 복잡한 내용과 뛰어난 그래픽을 가진 오늘날의 게임에 익숙한 사람이라면 단순히 '똥'을 먹어 점수를 얻는 게 고작인 이 게임이 즐거움을 주지 못할지도 모른다. 하지만 10여 년 전 10대들은 이 게임 때문에 자기 인생을 낭비했다며 하소연하면서도, 운 좋게도 고난이도 레벨을 통과하면 친구들 앞에서 자랑을 늘어놓기도 했다.

1990년대 말 핸드폰 시장은 비즈니스맨을 포함한 경제력 있는 기성세대에서 청소년을 포함한 젊은 세대로 그 규모가 확장되던 시기였다. 노키아는 그들의 보급형 모델인 노키아 3210을 타사 제품보다 저렴한 가격으로 책정했고, 젊은 세대의 입맛에 맞는 마케팅 전략을 구사했다. 그 가운데 하나가 'PAYG[pay as you go]'라고 불리는 선불 요금제의 도입이었는데, 이로 인해 청소년들에게도 핸드폰을 소유할 수 있는 길이 마련됐다. 초기의 선불 요금제는 저렴한 것과는 거리가 있었지만, 2000년대 말 70파운드에 핸드폰을 구입할 수 있을 만큼 가격이 떨어졌다.

  노키아는 15~25세의 연령대의 젊은 세대에서 소비자와 제품 간의 강한 유대감을 이용해 시장을 손에 넣을 수 있었다. 내장 안테나, 교체 가능한 케이스, 이모티콘, 벨소리 작곡 옵션, 그리고 〈스네이크〉 게임과 같은 다양한 요소의 조합이 엄청난 파괴력을 불러일으킨 것이다. 핸드폰 역사상 노키아 3210만큼 짧은 시간 안에 엄청난 대중화를 이룬 전례가 없었으며, 이 제품이야 말로 어떻게 하면 주머니 속의 조그만 장난감이 전 세계 사람들의 마음을 빼앗을 수 있는지 보여준 표본이라 할 수 있다.

  한편 노키아가 전 세계를 집어삼킨 1999년, 다른 군소 핸드폰 업체들은 이 거대 기업의 그늘에서 벗어날 돌파구를 찾지 않으면 안 되는 상황이었다. 노키아를 위시한 거대 기업들이 일반 핸드폰 시장을 점령한 만큼, 작은 회사들이 살아남기 위해 택한 방법은 특정 기능을 부각시킨 핸드폰을 개발하는 것이었다. 바로 틈새 전략이었다.

핸드폰과 내비게이션의 만남, 최초의 GPS폰
베네폰 Esc!

제품명	베네폰 ESC!(Benefon Esc!)
출시 연도	1999
제조사	베네폰
크기(mm)	129x49x23
무게(g)	150
디스플레이	흑백 LCD
배터리	리튬이온(Li-Ion) 1200mAh
지속 시간	대기 240시간/통화 10시간
네트워크(2G)	GSM 900, GSM 1800

나는 지금 어디에 있는 것일까? 나는 어디로 가야 하는 것일까?

자칫 철학적으로 해석될 여지가 있는 이 질문은 지금 주머니 속에 스마트폰이 있다면 답하기 어렵지 않다. 스마트폰의 GPS 기능을 사용하면 그 자리에서 얼마든지 원하는 위치를 확인할 수 있기 때문이다. 오늘날 스마트폰에서 사용할 수 있는 내비게이션 기능은 스마트폰이 존재하지 않았던 1990년대 말의 핸드폰에서도 발견할 수 있다. 물론 GPS 신호의 신뢰성과 위성을 탐지하는 능력이 오늘날의 표준 내비게이션과 비교할 수는 없지만, 핸드폰과 내비게이션을 한 장치 안에 결합하려는 시도는 그 당시 세간의 주목을 받기에 충분했다.

핸드폰의 등장은 사람들이 시간과 장소에 구애받지 않고 상호 간의 의사소통을 자유롭게 할 수 있도록 해줬다. 하지만 여전히 아쉬운 점이 있었다. 상대

• 베네폰 로고

    방과의 약속 장소를 찾기 위해서나 상대방이 있는 곳으로 가기 위해서는 길을 찾을 필요가 있었기 때문이다. 그리고 '내가 어디에 있는가'라는 주제는 위급 시 본인의 안전과도 결부된 문제였다.

    실제로 이 주제로 유럽연합^{EU}에서 'MORE^{Mobile Rescue Phone, 모바일 구조 전화} 프로젝트'가 진행되고 있었다. 그리고 핀란드의 핸드폰 제조업체인 베네폰이 한 가지 제안을 내놓는다. 핸드폰과 내비게이터를 핸드폰 안에 통합하고자 하는 시도였다. 1999년 10월 9일, 스위스의 제네바에서 개최된 세계 최대 규모의 통신 박람회인 텔레콤 99^{Telecom 99}에서 베네폰은 결과물을 발표한다. 그들의 주장에 따르면 장치를 갖고 있는 한 결코 길을 잃는 일은 없었다. 이 제품은 바로 GPS 수신기를 장착한 최초의 내비게이션폰, 베네폰 Esc!였다.

    베네폰은 노키아와 더불어 대표적인 핀란드의 핸드폰 통신업체였다. 그 기원은 1928년 핀란드의 살로^{Salo}라는 지역에 설립된 조그만 라디오 공장에서 시작된다. 라디올리케 노르델&코스키넨^{Radioliike Nordell&Koskinen}이라 불리던 이곳은 이후 회사 명칭을 살로라^{Salora}라고 바꾸고 단파 라디오, 텔레비전, 라디오 핸드폰으로 그 영역을 확장했다. 그리고 1979년 살로라는 노키아와 손을 잡고 합작회사인 모비라^{Mobira}를 설립해 본격적으로 핸드폰 시장에 뛰어들었다. 하지만 노키아와 결합한지 얼마 지나지 않아 노키아 핸드폰 섹션의 대표를 맡고 있던 요르마 니에미넨^{Jorma Nieminen}은 그와 뜻을 같이 할 두 명의 동료와 함께 노키아를 떠난다. 그들이 세운 회사가 1988년에 설립된 베네폰이었다.

    핀란드 살로의 무선산업센터에 본사를 둔 베네폰은 이후 그들의 창의적인 퍼포먼스와 뛰어난 품질, 그리고 핀란드 제품에서 엿보이는 독창적인 디자인으로 명성을 쌓아갔다. 베네폰의 창의적이고 획기적인 회사 철학은 그들의 첫 번째 작품인 베네폰 포르테 NMT 450에서 여지없이 드러난다. 베네폰 포르테는 최초로 자동 응답기를 내장한 독특한 핸드폰이었다. 무려 11년이라는 긴 시간 동안 생산을 한 이 핸드폰은 짧은 시간의 생산 주기를 갖는 모바일 산업에서 유례없는 기록을 남겼다.

회사를 설립한지 10년 뒤인 1998년, 누구도 생각하지 못한 핸드폰과 내비게이션의 결합은 베네폰에 의해 시도되었고, 그들의 철학이 빛을 발하는 최초의 GPS폰은 베네폰 Esc!라는 이름으로 세상에 선보이게 됐다.

베네폰 Esc!는 베네폰의 다른 제품에서 보이는 것과 마찬가지로 전형적인 캔디바 형태의 디자인을 하고 있다. 이 제품은 세로 12.9센티미터, 가로 4.9센티미터, 두께 2.3센티미터로 제품을 손에 쥐면 손바닥을 가득 채울 만큼 부피가 있었다. 무게도 150그램으로 가벼운 편은 아니었다. 하지만 핸드폰과 내비게이터를 따로 갖고 다니는 것보다, 두 장치의 기능을 한 장비 안에 담은 베네폰 Esc!는 크기와 무게 면에서 분명 경쟁력이 있었다.

또한 세로로 늘어진 단말기 몸체에 커다란 흑백 LCD가 장착되어 있었는데, 화면의 해상도가 100x160픽셀로 이는 당시 출시된 제품 사이에서 일반적인 사양에 해당했다. 이 흑백 디스플레이는 문자 메시지, 로고, 그리고 그림 메시지를 표현하는 것은 물론, 메모리로부터 지도를 불러와 디스플레이로 출력했다.

핸드폰 케이스는 스테인레스강으로 되어 있어 단단했을 뿐만 아니라 고무와 같은 성질을 가진 탄성중합체로 둘러싸여 충격으로부터 보호할 수 있었다. 게다가 물방울이 떨어져도 단말기 내부에 스며들지 않도록 그 구조가 치밀하게 디자인되어 야외 활동이 많은 여행자, 선원, 바이커, 그리고 스키어들에게 적합한 제품이었다.

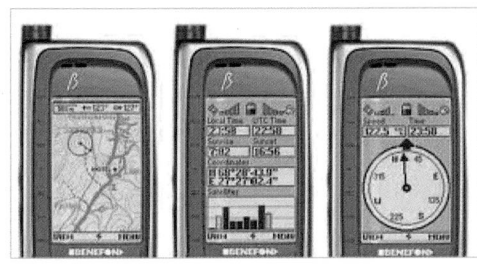

• 내비게이션 (출처: www.mobile88.com)

핸드폰이 디지털 이동전화 기술인 GSM 기술을 이용해 신호를 전송한다면, 내비게이션은 위성으로 위치를 확인해주는 GPS 기술을 통해 신호를 전송한다. 베네폰 Esc!는 이 GSM과 GPS 기술 양쪽 다 갖고 있는 최초의 내비게이션 겸 핸드폰이었던 셈이다. 따라서 사용자가 도시와 같은 일반적인 GSM 범위 안에 있는가는 상관없이 신호가 잡히지 않는 산, 바다에서조차 범지구 위치 확인 시스템이라 할 수 있는 GPS를 이용해 길을 잃지 않을 수 있었다.

베네폰 Esc!는 메모리 안에 지도를 저장하고, 고성능 12채널 GPS 수신기와 내장형 플립 안테나의 도움으로 지도상의 위치를 정확하게 찾아낼 수 있었다. 뿐만 아니라 이 핸드폰을 휴대하고 있는 다른 사용자와 위치 정보를 교환할 수도 있었다. 또한 위치, 속도, 방향, 시간, 평균 및 최고 속도 등의 일반적인 내비게이션 정보를 그래픽 및 숫자로 표시할 수도 있었다. 추가적으로 중간 지점, 노선, 주행거리, 도착 예정 시간도 제공했는데, 특이한 점은 시간, 위치, 방위 등의 정보를 전송하는 규격이자 나침반, GPS, 자이로컴퍼스, 그리고 관성항법장치에서 사용되는 NMEA 0183 인터페이스를 사용할 수 있다는 것이었다. 이외에도 이 최초의 내비게이션폰은 유럽 각국의 지도를 PC의 웹 브라우저를 통해 다운받을 수 있었으며, 여행 지도, 도시 지도, 지형 지도는 물론 항해 차트에 이르기까지 다양한 지도가 지원됐다.

타 제품에서는 찾아볼 수 없는 독특한 기능도 있었다. 그것은 바로 친구 찾기 기능이었다. 사용자는 이 새롭고 흥미로운 개인 내비게이션 기능을 이용해 친구들의 행방을 추적할 수 있었다. 물론 찾으려는 상대방도 베네폰 Esc!를 사용해야만 했다. 친구 찾기 기능은 지도상에 상대방의 위치를 정확하게 표시해 핸드폰 사용자를 상대방에게 안내하거나, 반대로 상대방이 자신을 찾아올 수 있도록 정보를 제공했다. 친구 찾기의 또 다른 기능은 상대방의 현재 상태를 알 수 있다는 것이었다. 이 기능은 하이킹, 사냥, 요트 타기, 그리고 예비군 활동과 같은 다양한 상태 옵션을 제공했다.

한편 베네폰 Esc!의 탄생이 핸드폰을 이용한 구조 요청 시스템에 관한 MORE 프로젝트에 기반을 두고 있는 만큼, 이 제품에는 사용자의 위치와 함께 SOS 메시지를 보낼 수 있는 비상 버튼이 장착되어 있었다. 한 번에 최대 다섯 개까지 SOS 메시지를 보낼 수 있었으며, 위급 시 사전에 설정해둔 긴급 번호로 음성 연결을 할 수 있는 통신 채널이 마련되어 있었다. 또한 비상키를 설정해 설정된 번호로 호출하거나 문자 메시지를 통해 자신의 위치를 좌표로 보낼 수 있었다.

일반 핸드폰과 달리 내비게이션 기능이 있어 사용하기 까다로워보이는 베네폰 Esc!는 사용자가 쉽게 내비게이션 기능에 접근할 수 있도록 할 필요가 있었다. 따라서 핸드폰 내부에 '헬프 데스크'라고 불리는 자체 메뉴를 만들어 사용자가 사전 지식 없이도 쉽게 위치 정보를 탐색할 수 있도록 무료 도움말 서비스를 제공했다.

베네폰 Esc!가 내비게이션 기능에만 치중한 것은 아니었다. 전화번호부, 달력, 스케줄 관리, 알람 시계와 같은 다양한 기능을 제공했는데, 알람 시계 기능에는 아침에 잠이 깬 뒤 조금 더 자기 위해 누르는 스누즈 옵션이 추가됐다. 또한 이 제품은 14.4kbps 내장 GSM 데이터와 팩스 모뎀을 통해 이메일과 웹서비스에 접근할 수도 있었다. 커다란 액정 화면은 지도를 로딩하는 데 유용할 뿐만 아니라 메시지 작성 시에도 편리했다. 특히 본체 절반 가까이 차지하는 넓은 액정 화면과 몇 글자만 입력하면 자동으로 단어를 제안해주는 T9 문자 자동 완성 기능의 만남은 메모와 문자 메시지 작성을 보다 쉽고 빠르게 해줬다.

이처럼 최초로 시도되었던 핸드폰과 내비게이션의 결합은 전 세계에 떠돌아다니는 여행자들을 위한 완벽한 생존 배낭처럼 보였다. 하지만 개발 당시 이미 시중에는 다양한 종류의 GPS 장치들이 널리 퍼져 있는 상태였다. 그리고 베네폰의 이 신개념 장치는 오직 유럽에서만 판매되고 사용되었기 때문에 이용 범위가 제한적일 수밖에 없었다. 결정적으로 이 장치는 자동차 길 안내 서비스인 턴바이턴 내비게이션으로는 이용할 수 없었다. 단순히 사용자가 자신과 타인의 위치를 탐색하고 길을 찾는 목적으로 개발되었기 때문이다.

베네폰 Esc!는 비록 상업적으로 큰 성공을 거두지는 못했지만, 이후 개발되는 베네폰의 새 제품군에 방향을 제시해준 초석이 되었으며, 핸드폰 역사에 베네폰이라는 이름으로 '최초'라는 타이틀을 장식해준 제품으로 남게 됐다.

베네폰은 이외에도 '최초'라는 타이틀을 갖게 되는 몇 가지 제품을 더 개발했다. 역대 판매 2위의 기록을 갖고 있는 노키아 3210이 1억 6천만 대라는 대기록을 세운 데는 T9 문자 자동 완성 기능이 한몫했다. 사실 T9 문자 자동 완성 기능은 베네폰 IO에서 처음 도입됐다. 베네폰 포르테는 자동 응답기 기능을 가진 최초의 핸드폰이었으며, 베네폰 베타는 시계 기능을 처음으로 핸드폰에 도입된 사례로 남았다. 베네폰 스마트는 서로 다른 색상의 옵션을 가진 최초의 핸드폰이었으며, 베네폰 트윈은 두 개의 심 카드 슬롯을 가진 최초의 듀얼 밴드 GSM폰이었다. 마지막으로 베네폰 Esc!는 최초의 GSM/GPS 내비게이션 핸드폰이었다.

이런 끊임없는 그들의 새로운 시도에도 불구하고 베네폰은 지속적으로 운영에 어려움을 겪는다. 결국 2007년 지오솔루션에 인수되면서 더 이상 세상에서

• 베네폰 광고 (출처: www.docstoc.com)

그들의 이름을 발견할 수 없게 된다. 하지만 그들이 개발한 수많은 제품들은 베네폰의 혁신적이고, 때론 급진적인 그들만의 철학을 여전히 말해주고 있다.

이처럼 베네폰이 유럽에서 핸드폰과 내비게이션을 통합하려는 시도를 보여줬다면, 아시아에서는 핸드폰과 카메라를 결합시키려는 움직임이 있었다. 핸드폰을 사용해 사진을 찍는다는 발상, 지금은 당연한 이야기처럼 들리지만 당시로서는 시대를 앞선 생각이었다. 1999년, 그 시대 전자 제품의 강국이었던 일본에서 최초의 카메라폰 발표 소식이 들려왔다.

카메라가 핸드폰 속으로, 최초의 카메라폰
교세라 VP-210

제품명	교세라 VP-210(Kyocera VP-210)
출시 연도	1999
제조사	교세라
크기(mm)	140x54x29
무게(g)	165
디스플레이	컬러 TFT-LCD
배터리	리튬이온(Li-Ion) 750mAh
지속 시간	음성 2시간/화상 1시간
네트워크	PHS

1997년 6월 11일, 미국 캘리포니아 산타크루스에 있는 한 산부인과 분만실 앞에 덩치 큰 사내가 초조하게 대기하고 있다. 소프트웨어 기업 볼랜드Borland의 CEO 필립 칸Philippe Kahn이 아내의 출산을 기다리고 있었던 것이다. 얼마 후, 새 생명의 탄생을 알리는 아기 울음소리가 병실 밖으로 들려왔고, 40대의 늦은 나이에 아빠가 된 필립 칸의 눈에서 감격과 기쁨의 눈물이 흘러나왔다. 그는 이제 막 태어난 딸아이에게 소피라는 이름을 붙여줬고, 이 감격적인 순간을 사진으로 찍어 타지에 있는 지인과 공유하고 싶다는 생각을 했다. 하지만 당장 보이는 건 핸드폰과 디지털카메라가 전부였다. 그 순간 머릿속에 강렬한 아이디어가 스쳐지나갔다. 바로 디지털카메라로 찍은 사진을 핸드폰을 통해 외부로 내보낼 수 있지 않을까 하는 것이었다.

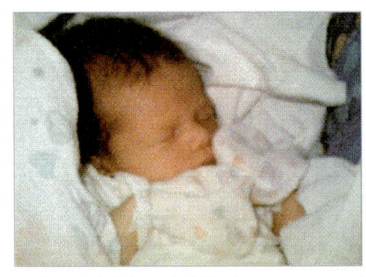
• 최초의 카메라폰 사진 (출처: wikimedia.org)

그는 전자기기 소매 체인점인 라디오 RadioShack에서 구해온 부품을 이용해 핸드폰과 카메라를 개조하기 시작했다. 마침내 서로 다른 두 장치를 하나로 연결시키는 데 성공하고 세상과 소통할 준비를 마쳤다. 필립은 임시방편으로 만든 '카메라 핸드폰 연결 장치'를 통해 촬영된 사진을 가족, 친구, 동료들에게 이메일로 전송할 수 있었다. 그리고 잠들어 있는 갓 태어난 아기의 모습이 담긴 사진은 전 세계 흩어져 있는 2천여 명의 사람들에게 공유됐다. 삶의 행복한 순간을 간직하고픈 한 개인에 의해 촬영된 이 사진은 공교롭게도 핸드폰으로 전송되어 공유된 최초의 사진으로 기록됐다.

한편 같은 해 일본에서는 전기전자 업계에서 잘 알려진 두 회사 샤프Sharp와 교세라Kyocera가 동시에 경쟁 프로젝트를 진행하고 있었다. 세계적인 전자 제품 생산 업체인 샤프는 말할 것도 없고, 교토에 기반을 둔 교세라는 일본에서 레이저 프린터 사업으로 잘 알려진 회사였다. 프린터로 유명한 교세라가 갑자기 핸드폰 시장에 뛰어들기로 결정한 것에 많은 사람들은 의아하게 생각했다.

1997년 교세라와 샤프 양쪽 모두 카메라가 통합된 단말기 시제품을 갖게 되었다. 하지만 두 시제품 사이에는 분명한 차이가 있었다. 교세라는 일대일 영상 통화에 초점을 두고 제품을 설계한 것에 반해, 샤프는 사진을 공유하는 데 초점을 맞췄다. 그리고 샤프는 미국에서 필립 칸을 영입해 프로젝트를 진행했는데, 그들이 공동 개발한 샤-메일 인프라에 장치가 연결되었을 때 비로소 카메라폰으로서의 역할을 수행할 수 있었다. 반면 교세라는 외부 도움 없이 자체적으로 프로젝트를 진행했으며, 교세라의 요코하마연구개발센터의 부서장인 가즈미 사브리Kazumi Saburi가 이 프로젝트를 주도했다.

그는 당시 핸드폰들이 음성 통화나 문자 메시지를 통해 의사전달을 하는 데 요긴하긴 했지만 한계가 있다고 생각했다. 그리고 만일 사용자가 상대방의 얼굴을 보면서 통화를 할 수 있다면 어떨까 하는 생각이 머릿속을 스쳤다. 그는 자신의 생각이 실현된다면 개인 간의 통신이 보다 즐겁고 편리해질 것이라 확신했다.

가즈미는 조금씩 자신의 아이디어를 구체화시켰다. 우선 상대방을 촬영하기 위해서는 핸드폰에 카메라 렌즈가 장착되어 있어야 했고, 촬영된 영상을 자신의 핸드폰으로 보기 위해서는 컬러 디스플레이가 필요했다. 그래서 카메라폰에 대한 자신의 아이디어와 제품 개발안을 회사에 제출했다. 교세라의 최고 경영진들은 심사숙고 끝에 그의 의견을 받아들이기로 결정했고, 제품 개발에 집중할 수 있도록 적극적인 지원을 약속했다. 회사는 카메라폰의 개발이 교세라의 브랜드 가치를 향상시킬 수 있는 좋은 기회가 될 것이라고 믿었다.

그런데 어째서 카메라에 핸드폰이 통합되지 않고, 핸드폰에 카메라가 통합되었던 것일까. '폰카메라'가 아닌 '카메라폰'이 발명될 수 있었던 데에는 핸드폰만이 갖고 있는 강력한 무기인 '휴대성' 덕분이었다. 가즈미는 핸드폰이 갖고 있는 뛰어난 휴대성을 토대로 단말기 안에 카메라를 집어넣을 수 있을 것이라 확신했다. 그리고 사람들이 무거운 카메라와 사진 앨범을 동시에 들고 다니기를 꺼린다는 점에 착안해, 장치의 무게가 다소 증가하더라도 대중들은 결국 카메라와 앨범 기능을 동시에 갖춘 핸드폰을 선택하게 될 것이라 판단했다.

• 교세라 로고

영상 통화와 사진 촬영, 앨범으로 사용할 수 있는 핸드폰, 마케팅 관점에서 볼 때 이것은 완벽해보였다. 하지만 기술적인 관점에서 볼 때 이런 장치를 실제로 만들 수 있느냐가 문제였다. 그는 기존의 화상회의 시스템과 무선 데이터 전송 기술의 결합을 통해 이 문제에 접근하려고 했다. 그러나 카메라를 압축해 핸드폰 안으로 집어넣는 일은 생각처럼 쉽지 않았다. 가즈미를 비롯한 교세라의 개발팀에게는 카메라 장착을 위한 최적의 각도 문제, 통화 지연 시간을 최소화할 수 있는 데이터 전송 속도 문제, 이미지 품질과 프레임 속도에 관한 최적의 밸런스 문제와 같은 수많은 도전들이 눈앞에 놓여 있었다. 그리고 교세라의 엔지니어들은 그들이 마주친 도전을 헤쳐 나가는 데 꼬박 2년의 시간을 소요했다.

　마침내 1999년 5월, 교세라는 세계 최초의 카메라폰 교세라 VP-210 비주얼폰을 출시하게 된다. 교세라 VP-210은 그들이 처음 제품을 기획했을 때 중점을 두었던 영상 통화 기능 외에도 스틸 사진 촬영을 지원하는 비디오폰이자 카메라폰이었다. 처음 제품이 발표되었을 때, 대중들은 카메라와 핸드폰이 통합된 이 정체불명의 장치에 대해 탐탁지 않은 반응을 보였다. 이 장치가 매우 크고 무거우며 디자인도 매력적이지 않을 것이라고 생각한 것이다. 하지만 그들의 예상은 보기 좋게 빗나갔다. 이 최초의 카메라폰은 세로 14센티미터, 가로 5.4센티미터, 두께 2.9센티미터의 규격에 무게는 165그램에 불과했다. 당시 시중에 나와 있던 일반 핸드폰들과 별반 차이가 없는 것이었다. 게다가 제품의 표면은 멋진 은빛으로 빛났으며, 사람들에게 미래적으로 보이는 디자인을 갖고 있었다.

　핸드폰은 약 2인치 크기의 TFT LCD 화면을 갖고 있었는데, 220x254의 해상도에 65K의 색상을 표현할 수 있는 컬러 디스플레이였다. 흑백 디스플레이가 일반적이던 당시에 교세라 VP-210의 컬러 화면은 매우 인상적인 이미지를

· 교세라 VP-210 (출처: www.popphoto.com)

만들어냈다. 컬러 디스플레이 우측 상단으로 보이는 동그랗고 조그만 구멍 안에 카메라 렌즈가 위치했다. 11만픽셀의 CMOS 카메라 렌즈는 영상 통화와 사진 촬영 두 가지 용도로 활용됐다. 영상 통화 시 초당 2프레임의 화면을 전송할 수 있었는데, 이는 영상 통화라기보다 오히려 슬라이드 쇼에 가까웠다. 사진 촬영 용도로 카메라 렌즈를 활용할 경우, 220x254 또는 88x104픽셀의 해상도를 가진 JPEG 포맷의 이미지를 얻을 수 있었다. 이렇게 촬영된 사진은 최대 20장까지 메모리에 저장할 수 있었으며, 이메일 서비스를 통해 PC 또는 다른 장치로 전송할 수 있었다.

영상 통화를 하는 방법은 간단했다. 상대방의 전화번호를 입력한 뒤 키패드에 있는 VP 버튼을 누르고 통화를 누르면 된다. 단순히 음성 통화를 하고 싶다면 전화번호 입력 후 'VP 버튼'을 누르지 않고 바로 통화를 누르면 된다. 교세라 VP-210의 디스플레이 화면은 상대방의 얼굴을 표시할 뿐만 아니라, 카메라 렌즈에 비치는 자신의 얼굴도 화면 모퉁이에 조그마하게 보여줬다. 이 기능을 이용해 사용자는 자신의 얼굴이 상대방의 화면에 제대로 보이고 있는지 확인할 수 있었다.

영상 통화 기능 외에도 사용자는 핸드폰을 사용해 사진을 촬영할 수 있는데,

이때 찍은 사진을 전화번호부에 등록하고, 이후 등록된 사진을 통해 전화번호에 접근할 수 있었다. 또한 교세라 VP-210의 자동 응답 서비스에서 사진 촬영 기능을 활용할 수 있었다. 예를 들어 통화하고자 하는 상대방이 부재중일 경우, 자동 응답 기능으로 넘어가면서 화면에 상대방의 사진이 뜨고, 사전에 저장된 음성 메시지가 대신 응답하게 된다. 만일 전화를 건 사람이 상대방에게 이미지와 메시지를 남기기를 원한다면, 그 자리에서 바로 사진을 촬영하고 음성 메시지를 녹음할 수 있었다.

교세라 VP-210은 선구적인 제품임엔 분명하지만, 카메라폰이라는 새로운 영역에 첫발을 내딛은 만큼 여전히 다듬어야 할 부분이 남아 있었다. 바로 핸드폰 앞면에 고정되어 있는 카메라 렌즈가 그것이다. 렌즈가 항상 화면과 같은 방향을 바라보고 있어 자신의 얼굴을 상대방에 보여주는 데에는 문제가 없지만 그 밖의 대상은 화면에 잡기가 힘들었다. 사용자가 자신의 얼굴 외의 것을 촬영하기 위해서는 렌즈가 위치한 핸드폰 앞면을 원하는 방향으로 틀어야 했다. 물론 이때 사용자는 사물이 제대로 화면에 잡히는지 확인할 길이 없었다. 또한 촬영 버튼이 핸드폰 앞면에 있었기 때문에 핸드폰을 등지고 있을 경우에는 버튼을 누르기가 여간 번거로운 일이 아니었다.

그렇다면 영상 통화를 하는 동안에 음성은 어떻게 듣고 전달할 수 있었던 것일까. 만일 기존의 통화 방식대로 핸드폰을 귀에 갖다 댄다면 화면에는 카메라를 통해 클로즈업된 상대방의 옆얼굴만을 볼 수 있을 것이다. 교세라는 이 문제에 대한 해결책으로 핸드폰에서 사용할 수 있는 핸즈프리 이어폰과 마이크 세트를 함께 제공했다. 이로써 사용자는 영상 통화를 하는 동안에 굳이 핸드폰에 귀를 갖다 대지 않고도 음성을 듣고 전달할 수 있게 됐다. 당시만 해도 핸즈프리 이어폰과 마이크를 사용해 전화 통화를 하는 모습은 익숙하지 않은 풍경이었기 때문에 처음에는 이런 통화 방식이 사람들의 이목을 끌기도 했다.

그런데 교세라 VP-210은 영상 통화라는 자체적인 특수성으로 인해 일반 핸드폰처럼 GSM 기반의 2G 네트워크를 사용할 수 없었다. 만일 2G상에서 데이터를 전송할 경우, 영상 통화는 고사하고 조그만 사진을 보내는 데만 1~2분이 소요되기 때문이었다. 그래서 일본 자체적으로 운영하고 있는 PHS 이동통신 시스템을 사용했다. 이 시스템은 일본에서 무전기 또는 간이 핸드폰인 워키토키 통신에서 사용되고 있었는데, 고속 데이터 전송 라인을 사용해 2G 네트워크보다 빠르게 데이터를 전송할 수 있었다.

하지만 PHS 시스템은 GSM 표준과 달리 신호를 반사할 매체가 없기 때문에 사용 범위에 제한이 있었다. 실제로 도시에서는 두 제품 간 거리가 800미터 이내일 때만 제대로 작동했다. 이런 사용 범위의 제한에도 불구하고, 때론 GSM과의 호환성 결함이 뜻밖에 좋은 일이 되기도 했다. GSM폰은 핸드폰의 송수신 신호가 의료 장비 작동에 문제를 유발할 수 있다는 이유로 병원 내에서 사용이 금지됐다. 하지만 GSM 표준을 사용하지 않는 교세라 VP-210은 이런 문제와 상관없이 여전히 사용할 수 있었다.

소비자 가격 4만 엔, 당시 환율로 대략 335달러에 출시된 교세라 VP-210은 시장에서 빠르게 성공했으며, 이후 일본에서 다양한 카메라폰이 등장하는 데 시발점이 됐다.

교세라는 카메라폰이 단순히 일반적인 통신 수단에 머무르지 않고, 비즈니스 목적으로 사용할 수 있다고 주장했다. 예를 들어 본사 직원이 현장에 카메라폰을 들고 가서 현장 상황을 실시간으로 본사에 전달하는 업무를 수행할 수 있다는 것이었다. 교세라의 이런 주장은 당시 기술 수준을 감안할 때 다소 과장된 면이 있지만, 실제로 일본의 데이트를 알선하는 에이전시에서 카메라폰은 필수품으로 자리 잡게 됐다. 데이트 에이전시는 고객이 원하는 경우 데이트 상대를 직접 만나지 않고 영상 통화로 데이트를 할 수 있는 서비스를 제공했던 것이다.

일본에서 발생한 카메라폰 붐은 카메라가 장착된 핸드폰의 판매를 북돋았을 뿐만 아니라, 모바일 문화에 변화를 가져왔다. 하지만 교세라 VP-210이 가져온 카메라폰의 열기는 일본 열도 밖으로 퍼지지 못했다. 교세라 VP-210이 오직 일본 PHS 시스템에서만 사용할 수 있었기 때문이었다. 만일 교세라가 전세계 판매를 목적으로 GSM 모델을 생산했다 하더라도, 당시 2G 네트워크에서 영상 통화를 구현한다는 건 불가능한 일이었다. 2G 네트워크는 비디오 데이터를 전송하는 데 필요한 대역폭이 충분하지 않았기 때문이다. 그리고 1999년 당시에는 GSM 방식보다 데이터 전송 속도가 두 배 이상 빠르다는 2.5세대 이동전화 기술인 GPRS General Packet Radio Service, 범용 전파 서비스가 개발되기 이전이었다. 실제로 진정한 의미의 영상 통화는 3세대 핸드폰 시스템인 3G/UMTS 표준이 등장할 때까지 기다려야 했다.

한편 1999년은 내비게이션폰, 카메라폰과 같이 외부 장치와의 결합을 통한 다양한 실험이 시도된 한 해였다. 핸드폰 산업뿐만 아니라 영화 산업에서도 1999년은 새로운 실험이 시도된 해이기도 했다. 바로 독특한 촬영 기법으로 제작된 영화 〈매트릭스〉의 등장이었다. 사람들의 눈을 사로잡은 〈매트릭스〉의 인기와 함께 영화 속에 등장한 매트릭스폰의 인기도 함께 상승했다. 이 핸드폰은 출시된 지 3년도 더 된 노키아 8110이었다. 노키아는 발 빠르게 영화 속 매트릭스폰과 유사한 신제품을 출시하기에 이른다. 비록 외형은 매트릭스폰의 아류에 불과해보이지만, 성능 면에서는 아류가 아니었다. 모바일 상의 웹 브라우저라 불리는 왑 브라우저 WAP browser를 탑재한 최초의 핸드폰, 교세라에 이어 이번엔 노키아의 실험이었다.

〈매트릭스〉와 모바일 인터넷, 최초의 미디어폰
노키아 7110

제품명	노키아 7110(Nokia 7110)
출시 연도	1999
제조사	노키아
크기(mm)	125x53x24
무게(g)	141
디스플레이	흑백 LCD
배터리	리튬이온(Li-Ion) 900mAh
지속 시간	대기 260시간/통화 4시간 30분
네트워크(2G)	GSM 900, GSM 1800

성공은 우연히, 때론 피나는 노력 끝에 찾아온다. 그리고 사람들은 인생 역전의 드라마에 감동하고 열광한다. 하지만 그 성공이 순수하게만 이뤄지지 않는 경우가 있다. 힘 있는 자에 의해 계산적이고 의도적으로 만들어지기도 한다. 물론 이것은 뛰어난 실력을 전제로 한 후의 이야기다.

  1999년, 성공의 반열에 이름을 올린 노키아의 신 모델이 바로 후자에 속했다. 유럽을 넘어 미국과 아시아의 핸드폰 시장을 평정한 노키아는 1996년 65억 유로의 매출을 올리더니, 2000년을 앞두고 300억 유로를 향해 달려가고 있었다. 이렇게 노키아가 탄탄대로를 걷고 있던 1990년대 후반, 유럽에서는 모바일 웹 표준에 대한 논의가 한창 진행 중이었다. 최종 후보에 오른 무선 인터넷 시스템은 아이모드 i-mode와 WAP Wireless Application Protocol이었다. 대부분 무선

통신 업계는 사용비가 저렴하고 설계하기 용이하며, 풍부한 기능을 갖고 있는 아이모드로 결정될 것이라고 생각했다. 하지만 분위기가 갑자기 WAP로 급선회했다. 머지않아 업계는 이러한 변화의 배후에 노키아가 있다는 사실을 깨닫게 되었다. 그런데 더욱 놀라운 사실은 노키아가 자신들의 뜻대로 상황을 반전시키는 데 활용한 카드가 영화 〈매트릭스〉였다는 점이다.

1999년에 개봉해 전 세계적으로 4억 6천만 달러의 흥행 수익을 올린 〈매트릭스〉는 영화의 주인공인 키아누 리브스와 감독 워쇼스키 남매를 스타로 만들었다. 그리고 영화 속에서 사용된 독특한 촬영 기법은 이후 다양한 매체를 통해 패러디될 정도로 파생 효과는 대단했다. 영화는 소품까지도 인기 스타로 만들었는데 매트릭스폰이라 불린 노키아 8110이 그 주인공이다. 그런데 실제 노키아 8110의 슬라이드 덮개는 영화 속에서처럼 버튼을 누르면 자동으로 열리도록 설계되어 있지 않았다. 그리고 수동으로 열게끔 되어 있던 기존의 슬라이드 덮개는 미래적인 느낌의 자동 슬라이딩 메커니즘으로 탈바꿈된 것이었다. 영화 속 노키아 8110은 영화적 극적 효과를 노린 제작진의 요청으로 특별 주문 제작된 것이다.

매트릭스폰에 대한 대중들의 열망과 자동 슬라이딩 메커니즘의 아이디어, 노키아는 자신들에게 찾아온 이 행운을 놓치지 않았다. 당시 WAP 무선 인터넷 시스템을 적용한 신제품을 개발 중이던 노키아는 발 빠르게 그들의 신제품에 매트릭스폰과 같은 스프링이 장착된 슬라이드 덮개를 추가했다. 그리고 제품을 홍보하는 텔레비전 광고에 〈매트릭스〉 장면을 함께 삽입했다. 미디어의 힘은 놀라웠다. 사람들은 점차 노키아의 신제품을 매트릭스폰이라고 믿기 시작했고, 영화 속에서 한 번도 등장한 적 없는 이 제품은 많은 사람들에게 매트릭스폰이라 불려졌다.

매트릭스폰을 소유하게 된 대중들은 인터넷 서비스에 접속하기 위해 WAP

무선 인터넷 시스템이 적용된 네트워크의 필요성을 느꼈다. 자연스럽게 WAP 무선 인터넷 시스템이 모바일 웹 표준으로 채택될 수밖에 없는 상황이 만들어진 것이다. 대중들이 인터넷 기능까지 추가된 매트릭스폰에 열광하는 사이 또 하나의 유력한 모바일 웹 표준의 후보였던 아이모드는 언제 그랬냐는 듯이 빠르게 사람들 기억 속에서 잊혀졌다.

모바일 웹 표준이라는 업계의 중대한 사안을 두고 〈매트릭스〉의 인기에 힘입어 혜성처럼 등장한 노키아의 멋진 전략의 주인공이 바로 노키아 7110이다. 1999년 2월 23일, 프랑스 칸에서 개최된 GSM 세계 회의에서 노키아는 무선 응용 프로토콜, 즉 WAP을 기반으로 하는 미디어폰 노키아 7110을 발표했다. 노키아 7110은 사용자가 WAP 브라우저를 통해 인터넷에 접속할 수 있는 최초의 모바일 장치였다.

재즈 드러머라는 이색 경력을 갖고 있는 노키아의 수석 디자이너 프랑크 누오보가 노키아 7110의 디자인을 맡았다. 핸드폰 외관은 카멜레온 그린퍼플이라 해 빛이 오는 방향에 따라 어두운 녹색에서 붉은 톤으로 달라져 보이는 진주광택의 페인트 마감이 되어 있었다. 세로 12.5센티미터, 가로 5.3센티미터, 두께 2.4센티미터에 무게가 141그램이 나갔는데, 오늘날의 스마트폰에 비해 다소 두툼한 편이지만 손바닥 위에 가볍게 올려놓을 수 있을 만큼 충분히 작고 가벼웠다. 96x65픽셀의 해상도를 가진 핸드폰 화면은 한낮의 태양 아래에서도 그 내용을 확인할 수 있을 만큼 고대비의 선명한 디스플레이를 가졌다. 그리고 당시 핸드폰들이 기껏해야 화면에 두세 줄의 텍스트를 표시할 수 있었던 것에 반해, 노키아의 대형 디스플레이 화면은 일곱 줄 혹은 동적 폰트 기능으로 설정한 글자의 크기에 따라 그 이상도 보여줄 수 있었다. 이렇게 노키아 7110이 커다란 화면을 갖게 된 데에는 인터넷 검색이라는 제품 자체만의 특수성이 한몫했다.

• 노키아 7110

이 제품을 디자인한 프랑크 누오보는 노키아 7110의 디자인이 〈매트릭스〉에 등장하는 오리지널 매트릭스폰에서 아이디어를 얻었다고 인정했다. 그는 핸드폰 슬라이드 덮개에 스프링을 장착하고, 핸드폰 뒷면에 슬라이드를 작동시키는 해체 버튼을 설치했다. 사용자가 은색의 조그만 버튼을 누르면, 마치 방아쇠가 당겨지듯 슬라이드 덮개가 핸드폰 아래로 미끄러지듯 빠르게 내려간다. 그리고 슬라이드 끝에 위치한 마이크가 통화하기 적합하도록 사용자의 입 가까이로 이동하게 되며, 동시에 슬라이드 덮개에 가려져 있던 키패드가 모습을 드러낸다.

물론 노키아 7110이 매트릭스폰을 닮았다는 이유로 유명해지긴 했지만, 내세울 게 오직 자동 슬라이딩 메커니즘만 있던 것은 아니었다. 프랑크 누오보는 핸드폰 화면 아래에 외계인 혹은 로봇 얼굴을 연상시키는 세 개의 버튼을 디자인했다. 두 눈에 해당하는 두 개의 숄더shoulder 버튼과 코와 입에 해당하는 나비 롤러navi roller 컨트롤러가 바로 그것이었다. 특히 나비 롤러는 이전 제품들에서 시도된 적 없는 스크롤 휠이 달린 독특한 컨트롤러였다. 사용자는 엄지손가락으로 스크롤 휠을 위아래로 회전시키거나 누름으로써 핸드폰 화면에서 원

• 나비 롤러 (출처: www.geek.com)

하는 정보에 자유롭게 접근할 수 있었다. 또한 몇 개의 글자 입력만으로 단어를 제안해주는 T9 자동 문자 완성 기능은 스크롤 휠로 자유자재로 움직일 수 있는 나비 롤러와 함께 메시지 작성에서 최고의 조합을 보여줬다.

그리고 핸드폰 상단에 위치한 적외선 센서는 케이블 연결 없이 데이터를 교환할 수 있도록 해줬는데, 오직 노키아 6100 시리즈와 IrDA(Infrared Data Association) 적외선 데이터 통신 규격을 따르는 휴대용 프린터에서만 작동하도록 설계되어 있었다. 이외에도 노키아 7110은 14.4kbps 내장형 모뎀과 대기 시간 10일, 통화 시간 네 시간 이상을 제공하는 리튬 이온 배터리를 갖고 있었다.

인터넷 접속이 가능한 최초의 미디어폰인 노키아 7110은 그에 걸맞는 모바일 인터페이스가 필요했다. 노키아는 제품 출시와 더불어 그들이 개발한 모바일 전용 플랫폼인 '시리즈 40'을 소개했다. 물론 오늘날 리눅스 기반의 미고 MeeGo나 윈도폰과는 비교 자체가 불가능하다. 기능도 뒤떨어질 뿐만 아니라 요즘 흔히 볼 수 있는 앱 스토어도 갖추지 않았다. 하지만 이 구식 인터페이스는 전 세계 피처폰(feature phone)에서 가장 널리 사용된 모바일 플랫폼 가운데 하나가 됐다. 시리즈 40의 응용프로그램과 웹 브라우저는 매우 기본적인 것에 불과했지만 빠른 속도를 자랑했다. 시스템을 작동시키는 데 약 12초의 부팅 시간이 소요되었으며, 응용프로그램 간의 충돌로 인한 어떤 지연도 발생하지 않았다. 이 플랫폼 안에서 사용자는 핸드폰 벨소리를 다운받거나 직접 벨소리를 제작할 수도 있었다. 당시 국민 게임이었던 〈스네이크〉의 후속작인 〈스네이크

• 노키아 7110 광고 (출처: www.filibeto.org)

2〉도 노키아 7110에서 플레이할 수 있었다.

타 제품과 구별되는 또 다른 특징은 전화번호부이다. 최고 1천 개의 이름과 번호를 저장할 수 있었는데, 이름마다 다섯 개의 전화번호와 두 개의 주소를 입력할 수 있었다. 하나의 연락처에 다양한 정보를 저장할 수 있는 것은 당시로는 매우 드문 일이었다.

하지만 노키아 7110이 핸드폰 역사에 한 페이지를 장식할 수 있었던 결정적 요인은 매트릭스폰의 자동 슬라이딩 메커니즘도, 스크롤 휠을 장착한 신개념 인터페이스인 나비 롤러도, 노키아 자체 모바일 전용 플랫폼인 시리즈 40 때문도 아니었다. 바로 모바일에서 인터넷에 접속할 수 있는 최초의 핸드폰이라는 사실 때문이었다. 노키아는 그들이 모바일 웹 표준으로 정한 WAP 시스템을 핸드폰에서 사용할 수 있도록 노키아 7110에 WAP 브라우저를 탑재했다. 이것은 오늘날 일반적으로 볼 수 있는 인터넷 브라우저와 다른 모습을 하고 있었다. WAP 브라우저는 오직 텍스트만 표시할 수 있었던 것이다. 따라서 일반 웹 사이트는 WAP 표준에 맞춰 최적화될 필요가 있었고, 사용자 역시 이 낯선 환경에 적응해야만 했다. 다행히도 wapdrive.com와 같이 WAP 관련 정보를 제공하는 사이트를 쉽게 찾을 수 있었다.

모바일 인터넷 사용자가 일정 비용을 지불하면 간단한 이메일 서비스 이외에도, 날씨, 교통, 여행 정보를 얻을 수 있었으며 최신 뉴스도 접할 수 있었다. 그러나 WAP 모바일 웹 서비스는 1998년부터 2000년 사이 유럽에서 발생한 인터넷 붐으로 인한 거품도 분명 존재했다. 실제로 WAP은 느리고 안정적이지 못했고, 결정적으로 비쌌다. 그리고 제한적인 활용으로 인해 고객들의 기대를 충족시키지 못했다. 일각에서 모바일 웹 표준의 선급한 결정으로 유럽에서 기대되었던 모바일 인터넷 혁명이 묻혀버렸다는 아쉬운 소리가 흘러나오기도 했다. 이런 비판이 나오게 된 배경에는, 한때 WAP의 경쟁자였던 아이모드가 일본에서 모바일 웹 표준으로 채택되어 빠르고, 저렴하고, 안정적으로 서비스를 제공하고 있었던 것도 있었다.

이처럼 아쉬움으로 남을 것 같던 WAP 모바일 웹 기술은 시간을 두고 점차 아이모드에 비견될 만큼 일정한 수준에 도달하게 됐다. 그리고 노키아뿐만 아니라 에릭슨, 모토로라도 자사의 제품에 WAP 표준을 적용해 발 빠르게 모바일 인터넷 서비스 경쟁에 뛰어들었다. 가장 먼저 노키아 7110이 출시된 이듬해에 에릭슨 R320이 출시됐고, 모토로라는 인터넷 상거래를 쉽게 할 수 있도록 설계된 타임포트 P7389e를 시장에 내놓았다. 이렇듯 노키아 7110은 모바일 웹 서비스라는 새로운 시장을 두고 이동통신 업계 간의 경쟁을 촉발시켰다.

1999년 초 프랑스 칸에서 개최된 GSM 세계 회의에서 노키아 7110의 프로모션 영상이 처음 공개되었을 때, 이를 지켜본 사람들의 입이 스프링 달린 슬라이드 덮개처럼 빠르게 벌어졌다고 한다. 어떤 이에게 노키아 7110은 당시 최고의 성능을 갖춘 핸드폰으로 기억되고, 또 다른 이에게는 과분한 하드웨어에 비해 형편없는 소프트웨어를 갖고 있는 핸드폰이라 기억될지도 모른다. 하지만 분명한 것은 노키아 7110은 모든 사람들에게 인터넷 시대에 핸드폰이 어떻게 활용될 수 있는지 보여준 하나의 지표가 됐다는 것이다.

한편 1990년대 중반 CD나 테이프 없이 음악을 즐길 수 있는 제2의 워크맨이 등장했다. 바로 MP3플레이어였다. 기껏해야 20곡을 담을 수 있던 테이프나 CD와 비교해, 저용량 오디오 파일 규격인 MP3$^{\text{MPEG Audio Layer-3}}$는 담뱃갑보다 작은 크기의 전자기기 안에 수천 곡의 음악을 담을 수 있게끔 해줬다. MP3의 등장은 더 이상 사람들은 무거운 워크맨을 들고 다닐 필요가 없게 되었다. 대중들은 이 조그만 전자기기를 좀 더 편하게 휴대할 수 있는 방법이 없을까 하는 욕심이 생겼다. 그리고 1990년대 후반 MP3플레이어를 핸드폰 안으로 집어넣으려는 움직임이 포착된다. 마침내 1999년, 아시아의 한 전기전자 업체에 의해 최초의 MP3폰이 발표됐다. 바로 삼성의 등장이다.

삼성의 등장, 최초의 MP3 폰
삼성 업로어 SPH-M100

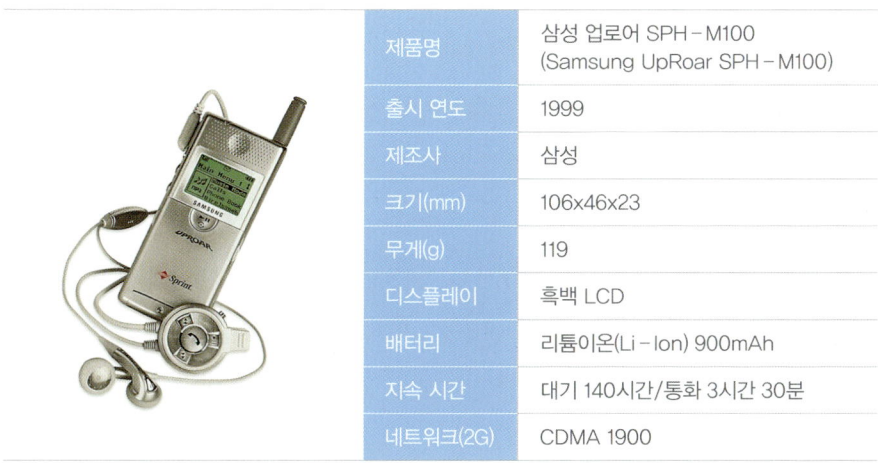

제품명	삼성 업로어 SPH-M100 (Samsung UpRoar SPH-M100)
출시 연도	1999
제조사	삼성
크기(mm)	106x46x23
무게(g)	119
디스플레이	흑백 LCD
배터리	리튬이온(Li-Ion) 900mAh
지속 시간	대기 140시간/통화 3시간 30분
네트워크(2G)	CDMA 1900

지금은 추억이 되었지만, 1990년대에 사람들은 길을 걸으며 워크맨과 CD플레이어로 음악을 듣곤 했었다. 그리고 좀 더 휴대하기 편한 음악 재생 플레이어를 갖고 싶어 하는 사람들의 바람은 1990년대 중반 저용량 오디오 파일 규격인 MP3의 개발로 그 실현을 눈앞에 두고 있었다.

1998년 3월, 독일의 하노버에서 열린 세빗 전시회에서 한국 업체인 '새한'이 세계 최초의 휴대 MP3 플레이어인 엠피맨^{MPMan}을 발표한다. 기껏해야 20곡을 담을 수 있던 테이프나 CD와 비교해 담뱃갑보다 작은 크기의 전자기기 안에 수백수천 곡의 음악을 담을 수 있어 주목을 받았다.

MP3플레이어의 탄생과 더불어 인터넷 음악 공유 서비스인 냅스터^{Napster}의

• 엠피맨

등장은 세상에 신선한 충격을 안겨줬고, 음반 업계는 새롭게 부각된 디지털 음반 시장에 적응해야만 했다. 급격한 디지털 음악 시장의 팽창은 필연적으로 업체 간의 주도권 경쟁을 야기했는데, 이는 2001년 말 애플이 아이팟을 발표할 때까지 계속됐다.

한편 MP3 기술을 앞세운 거대한 디지털 파도는 핸드폰 시장에도 영향을 미쳤다. 카메라폰, 내비게이션폰, 미디어폰과 같은 선례에서 볼 수 있듯이, 독립된 두 장치를 하나로 통합하려는 시도는 핸드폰 제조업체 사이에서 지속적으로 이어졌다. 마찬가지로 MP3플레이어의 등장은 핸드폰 신제품 개발에 좋은 아이디어를 제공했다. 바로 MP3플레이어와 핸드폰을 통합한 MP3폰의 개념이었다. 그리고 이 MP3폰에 대한 아이디어를 실제 제품으로 구현한 회사는 우연히도 최초의 MP3플레이어를 탄생시킨 한국이라는 나라에 위치하고 있었다. 바로 '삼성'이었다.

1999년, 핸드폰 시장에서 두각을 나타낸 적이 없던 한국의 한 전기전자 회사인 삼성은 삼성 SPH-M100이란 모델로 세계무대에 모습을 드러냈다. '삼

• 삼성 로고

성 업로어'라는 이름으로 더 잘 알려진 이 핸드폰은 MP3플레이어와 핸드폰이 결합된 최초의 MP3폰이었다. 그런데 어떻게 해서 업계의 강자인 노키아나 모토로라가 아닌, 당시 세계 핸드폰 시장에서 신입이나 다름없던 삼성이 최초로 MP3폰을 개발할 수 있었던 것일까.

당시 MP3 기술은 개발된 지 얼마 되지 않은 신기술이었고, MP3플레이어 역시 이제 막 인기를 얻기 시작할 무렵이었다. 따라서 MP3폰의 개발은 기존의 노키아나 모토로라와 같은 기득권뿐만 아니라 중소의 신세력에게도 충분히 도전할 만한 여지가 있었다. 그리고 마침 세계 최초의 MP3플레이어인 엠피맨을 개발한 업체가 한국의 새한 그룹이었고, 2001년 애플의 아이팟이 등장하기 전까지 MP3플레이어 시장을 주름잡고 있던 아이리버 역시 한국 제품이었다. MP3 기술로는 선구자라 할 수 있는 한국에 연고를 두고 있는 삼성이 발 빠르게 MP3폰을 시장에 내놓을 수 있었던 것은 어찌 보면 당연한 결과였다.

삼성 업로어의 북미 진출은 출시 1년 뒤인 2000년 11월, 유무선 네트워크 서비스를 제공하는 스프린트 PCS$^{Sprint\ PCS}$와 손을 잡고 미국에서 판매하기 시작하면서 이루어졌다. 그리고 또 다른 통신 서비스 업체인 텔러스^{Telus}를 통해 삼성 업로어를 캐나다에 출시하면서 북미 전역에서 사용할 수 있게 됐다.

흑백 LCD 디스플레이 상에 다섯 줄의 텍스트와 간단한 그래픽을 표시할 수 있는 삼성 업로어는 세로 10.6센티미터, 가로 4.6센티미터, 두께 2.3센티미터의 규격을 갖고 있었다. 그리고 무게가 120그램 가까이 나갔는데, 이는 MP3플레이어와 핸드폰이라는 독립된 두 장치가 하나의 제품 안에 결합된 것치고는 놀라울 정도로 작고 가벼운 것이었다.

하지만 이런 뛰어난 휴대성에도 불구하고 삼성 업로어의 디자인은 특별히 매력적이라고 할 수 없었다. 이 삼성 핸드폰은 은색의 전형적인 플립폰 디자인을 하고 있었다. 같은 해 출시된 자동 슬라이딩 메커니즘을 갖고 있는 미래적인 디자인의 노키아 7110을 굳이 언급하지 않더라도, 3년 전에 출시된 모토로라의 스타택과 비교해도 최신 핸드폰 디자인이라고 하기 무색할 정도였다. 일부는 고전 트랜지스터라디오를 닮았다거나 1세대 핸드폰 느낌이 난다 등 비아냥거렸다.

게다가 내구성도 뛰어나지 못해 실수로 떨어뜨리기라도 한다면 핸드폰 끝에 달려 있는 빈약한 플립 덮개는 쉽게 망가질 우려가 있었다. 핸드폰 키패드는 버튼들이 조밀하게 모여 있고 크기마저 작아서 실수로 의도하지 않는 작동을 하게 되기도 했다. 그리고 단말기와 함께 제공되는 USB 케이블은 길이가 짧아 컴퓨터와 연결하는 데 불편함이 따랐다. 이런 하드웨어 측면에서의 아쉬운 점에도 불구하고, 소비자들이 이 제품을 갖고 싶어 한 이유는 바로 '음악'이었다.

핸드폰으로 음악을 들을 수 있다는 삼성 업로어의 특유의 기능은 이 핸드폰이 갖고 있는 모든 열악한 점을 상쇄시키기 충분했다. 핸드폰에 음악을 담는 일은 어렵지 않았다. 핸드폰과 함께 제공된 리얼 주크박스 소프트웨어를 컴퓨터에 설치한 뒤, 음악 소스를 MP3로 변환하면 됐다. 이때 옵션에 따라 MP3 파일의 비트 전송률을 조정해줄 수 있는데, 전송률이 낮을수록 음질은 떨어지지만 파일 용량이 작아 더 많은 곡을 핸드폰에 담을 수 있었다. 굳이 옵션을 건드리지 않는다면 기본값으로 96kbps로 변환됐다. 이렇게 변환된 MP3는 제품 패키지에 포함된 USB 케이블을 통해 컴퓨터에서 핸드폰으로 빠르게 전송할 수 있었다.

이 파일들은 핸드폰 메모리 안에 저장되는데, 삼성 업로어는 최고 품질의 압축 수준에서 약 한 시간 정도 재생할 수 있는 64MB의 내장 플래시메모리를 갖고 있었다. 만일 사용자가 96kbs의 비트 전송률로 MP3를 생성했다면, 대략 22곡이 메모리 안에 저장될 것이다. 이 모든 과정을 마친 후 핸드폰 LCD 화면 아래의 커다란 재생 버튼을 누르면 음악이 시작된다. 사용자는 핸드폰 옆면에 위치한 사이드 컨트롤러로 볼륨을 조절할 수 있으며, 헤드폰 케이블과 연결된 벨트 클립 겸 원격 컨트롤러에서도 재생, 정지, 빨리 감기, 되감기 등의 제어를 할 수 있었다.

　다만 아쉬운 점은 음악을 듣는 동안 배터리가 빨리 소모된다는 것이다. 삼성 업로어의 표준 리튬이온 배터리는 단순히 전화 용도로 사용할 때 통화 시간 210분, 대기 시간 140시간을 지원한다. 그런데 MP3플레이어 용도로 사용할 경우 배터리는 겨우 11시간 동안 사용할 수 있을 뿐이다. 지속적으로 음악을 듣고 싶다면 여분의 배터리를 소지하고 다니는 것은 필수였다.

　삼성 업로어는 MP3플레이어 기능 외에도 눈에 띄는 몇 가지 특징을 갖고 있었다. 영리하게도 이 제품은 바로 사람의 음성을 인식해 반응할 줄 알았다. 바로 VAD 음성 다이얼 서비스라는 음성 인식 기술이었다. 사용자가 말한 단어는 '음성 태그'로 인식되어 전화를 걸거나, 때론 응용프로그램을 실행시키는 데 사용됐다. 예를 들어 사용자가 '집'이라고 말하면, 번호를 직접 누르지 않고도 자동으로 집으로 전화가 연결되는 식이다. 이 기능을 처음 접한 사람들은 신기해하며 재미 삼아 테스트해보곤 했는데, 그때마다 정확하게 반응할 만큼 음성 인식 시스템의 성능은 뛰어났다. 그리고 최대 5분 동안 목소리를 녹음할 수 있는 음성 메모 레코더 기능과 핌 기능, 즉 개인 정보 관리 기능 역시 시중에 나와 있는 어느 핸드폰과 비교해도 결코 뒤지지 않았다. 행사 일정 및 할일 목록 관리, 다양한 알람 서비스를 제공했으며, 데이터 케이블을 통해 컴퓨터 또는 PDA와 동기화할 수 있었다. 이외에도 컴퓨터에서 주소록을 핸드폰으로 가져오거나, 핸드폰에서 컴퓨터로 팩스나 문자 메시지를 전송할 수도 있었다.

이 제품의 또 다른 눈여겨볼 기능은 바로 전화번호부였다. 사용자는 전화번호부에 229개의 연락처를 저장할 수 있었는데, 각 연락처 별로 여섯 개의 다른 번호를 저장할 수 있었다. 이는 당시 타사 제품들이 일반적으로 연락처마다 하나의 번호를 지원하는 것과 차별화된 부분이었다.

보안 기능도 지나칠 수 없는 요소였다. 본인 외 사람이 핸드폰을 사용할 수 없도록 전체 잠금 설정을 할 수 있었으며, 가방 혹은 주머니 안에서 실수로 버튼이 눌러지는 것을 방지하기 위해 키패드만 잠글 수도 있었다. 그리고 통화 제한을 설정하거나 본인만의 비밀 장소에 전화번호를 저장할 수 있었다. 이렇듯 삼성 업로어는 투박하고 빈약해 보이는 외형과는 달리 핸드폰에서 사용할 수 있는 대부분의 기능들을 갖추고 있었으며 그 성능도 매우 뛰어났다.

한편 삼성 업로어는 모바일 웹 표준인 WAP 브라우저를 통해 인터넷에도 접속할 수 있었다. 일반 웹 브라우저와 달리 오직 텍스트로 이루어진 소형 브라우저에 불과했지만, 최신 뉴스, 금융, 스포츠, 날씨, 엔터테인먼트 정보를 얻을 수 있었으며, 아마존닷컴에 접속해 손쉽게 쇼핑카트에 책을 집어넣을 수 있었다.

여기서 한 가지 의문이 생길 수 있다. 핸드폰으로 인터넷에 접속할 수 있었다면 어째서 MP3를 핸드폰 모바일 웹 서비스를 통해 직접 다운받지 않았을까. 실제로 사용자는 MP3를 핸드폰에 저장하기 위해 USB 케이블을 이용해 컴퓨터와 연결하는 수고를 거쳐야만 했다. 여기에 대한 실마리는 유선과 무선의 차이, 즉 데이터 전송 속도의 차이에서 찾아볼 수 있다. 당시 핸드폰에는 일반적으로 무선 데이터 전송을 위해 14.4kb/s의 속도를 지원하는 내장 모뎀이 장착되어 있었다. 이는 4MB의 파일을 전송하는 데 대략 40분 정도의 시간을 소요

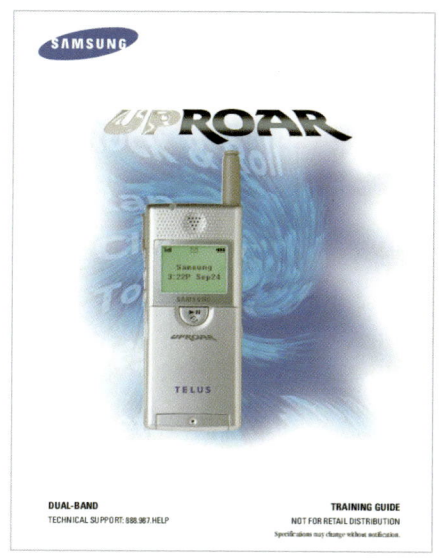

• 삼성 업로어 광고 (출처: idata.over-blog.com)

한다는 것을 의미했다. 무선으로 MP3를 받는다는 것은 엄두도 못 낼 일이었다. 만일 그보다 열 배인 144kb/s의 속도로 데이터 전송이 가능했다 하더라도 파일마다 4분 정도가 소요되는 것이었다. 수십 곡을 다운받기 원하는 사용자들에게는 부담스러운 일이었다. 이러한 당시의 기술적 한계로 인해 당연히 무선보다 유선이 선호되었음은 당연한 결과였다.

또 다른 의문점은 어떻게 한국 제품이 북미에서 자유롭게 사용될 수 있었느냐는 것이다. 삼성 업로어는 서로 다른 표준을 사용하는 지역에서 로밍을 지원해주는 듀얼 밴드, 듀얼 모드 CDMA를 지원했다. 이런 기술을 바탕으로 삼성 업로어는 이동통신 서비스 업체인 미국의 스프린트 PCS와 캐나다의 텔러스를 통해 북미 전역에서 이용할 수 있었던 것이다.

삼성은 음악이라는 요소가 핸드폰 시장에서 새로운 소비층을 모으는 데 중요한 역할을 할 것이라 믿었다. 그리고 그들의 예상은 적중했다. 최초 MP3폰의 주요 고객은 음악을 즐겨 듣고, MP3 기술에 능숙한 청소년층이었다. 그들에게 고전 트랜지스터라디오를 연상시키고, 1세대 핸드폰처럼 보이는 촌스런 디자인은 문제가 되지 않았다. 워크맨도, CD플레이어도, MP3플레이어도 없이 단지 핸드폰 하나만 있으면 어디서든지 음악을 들을 수 있다는 점은 MP3폰이 주는 최고의 매력이었다. 삼성 업로어의 가격은 청소년들이 구입하기에는 다소 부담스런 400달러였다. 하지만 핸드폰과 MP3플레이어를 따로 구입하는 것과 비교하면 오히려 저렴할 뿐만 아니라, 두 장치를 함께 들고 다니는 것보다 휴대하기 편하다는 점에서 합리적인 가격이었다. 굳이 청소년층에 한정하지 않더라도, 새로운 핸드폰이 필요하고 동시에 음악을 듣는 취미가 있는 사람이라면 삼성 업로어는 권해질만 했다.

1999년 출시 이후 삼성 업로어는 세계 MP3폰 시장에서 독보적인 존재였다. 이후 2001년 미국의 가전제품 업체인 오디오복스Audiovox에서 내장 MP3플레이어와 웹 브라우저를 탑재한 CMP-3를 출시했다. 그리고 같은 해 독일의 지멘스가 MP3플레이어 기능을 갖춘 지멘스 SL45를 발표했다. 이 제품은 플러그인 방식을 지원하는 32MB 외장 메모리카드라는 특징을 갖고 있었다. 노키아는 그들의 신제품인 노키아 5510에서 MP3플레이어 기능 외에도 FM 라디오, 게임, 그리고 고급 문자 메시지 서비스를 함께 제공하는 열의를 보였다.

분명 삼성 업로어는 디자인을 포함해 많은 부분에서 개선되어야 할 제품이었지만, 대중들에게 다른 어떤 핸드폰에서 겪을 수 없었던 새로운 경험을 선사했다. 정류장에서 버스를 기다리는 동안 핸드폰으로 문자 메시지를 보내고 이메일을 확인하면서 음악을 듣는다. 그 시대 그 어떤 핸드폰이 이와 같이 할 수 있었을까. 10년 뒤, 삼성 업로어는 『타임』에서 선정한 '1923년부터 2010년까지 세계에서 가장 영향력 있는 전자 제품 100선'에 한국 제품으로는 유일하게 이름을 올려놓게 된다.

삼성 업로어에서 처음으로 선보인 MP3플레이어 기능은 이후 개발되는 대다

수 핸드폰에 빠르게 도입되었다. 처음 MP3폰이 등장했을 때만 해도 핸드폰으로 음악을 듣는다는 행위는 생소한 일이었지만, 지금은 핸드폰에 헤드셋을 연결하고 길을 걷는 사람들의 모습은 흔한 일이 되었다.

 그런데 언제부터인가 핸드폰과 헤드셋을 이어주는 연결선이 보이지 않게 되었다. 무선 헤드셋이 생긴 것이다. 핸드폰과 헤드셋 사이의 단거리 무선 연결이 가능하게 된 것은 블루투스 기술 덕분이다. 오늘날 휴대 무선 기술의 표준이 되어버린 블루투스 기술은 발명 이전부터 이미 그 이름이 세상에 존재하고 있었다. 지금으로부터 1천여 년 전으로 돌아간다.

무선 기술의 통일, 최초의 블루투스폰
에릭슨 T36

제품명	에릭슨 T36(Ericsson T36)
출시 연도	2000
제조사	에릭슨
크기(mm)	105x49x24
무게(g)	88
디스플레이	흑백 LCD
배터리	리튬폴리머(Li-Po) 600mAh
지속 시간	대기 200시간/통화 7시간
네트워크(2G)	GSM 900, GSM 1800, GSM 1900

서기 920년경, 바이킹이자 덴마크의 왕인 고름과 티라 데인보드 여왕 사이에서 사내아이가 태어났다. 이 사내아이는 바이킹에는 드문 어두운 톤의 피부를 갖고 있었다. 하지만 겉모습과는 달리 소년은 영락없는 바이킹의 후예였다. 그의 형과 함께 바다로 나가 약탈과 노략질을 일삼고, 획득한 전리품을 갖고 돌아와 왕인 아버지 앞에서 의기양양해했다. 고름왕의 장손이자 소년의 형이 아일랜드 부근을 습격하다 목숨을 잃은 뒤, 소년은 덴마크 왕가의 유일한 후계자가 됐다.

서기 958년 고름왕의 죽음과 함께 성년이 된 사내는 덴마크의 새로운 왕이 되어 국내외 안팎에서 그의 지도력을 시험받게 된다. 그는 왕위에 오르자마자 강력한 왕권을 확립하고 발 빠르게 주위 부족들을 통합하기 시작했다. 그

- 하랄 블루투스 (출처: www.gutenberg.org)

리고 마침내 덴마크 전역과 노르웨이, 스웨덴 일부 지역을 통일해 자신의 통치하에 두게 된다.

젊은 왕은 광활한 영토를 정복한 뒤에도 독일과 같은 외세의 침략으로부터 백성들을 지켜냈으며, 자신부터 북유럽 이교도의 전통을 벗어던지고 그 시대 선진 문명이라 여겨지던 기독교를 받아들이는 데 앞장섰다. 그는 그 후 30년 동안 덴마크를 지배하게 되는데, 전설에 따르면 블루베리를 너무 좋아해 노년에는 그의 이가 마치 블루베리처럼 파랗게 물들었다고 한다. 훗날 이 10세기 덴마크 왕은 '하랄 1세'라는 명칭보다 '하랄 블루투스'라는 별칭으로 더욱 유명해졌다.

지금으로부터 1천여 년 전에 존재했던 '블루투스'라는 이름이 오늘날에도 여전히 사용되고 있는 것은 우연이 아니다. 전자 제품을 사용해본 사람이라면 누구나 한 번쯤 문어발처럼 얽히고설킨 케이블 때문에 골치 아픈 적이 있을 것이다. 케이블 없이 전자 제품을 사용할 수 없을까 하는 아이디어는 이미 1990

틈새 공략 기능의 특화 125

년대 초부터 다양한 무선 기술들이 세상에 나오면서 구체화됐다.

1994년 스웨덴의 통신장비 제조사인 에릭슨에서 근무하던 잽 하트슨Jaap Haartsen과 스벤 마티슨Sven Mattisson이 개발한 무선 기술 규격 역시 이런 기술 가운데 하나였다. 에릭슨은 난무하는 무선 규격들을 하나로 통합하는 통일된 표준을 개발하고자 했다. 그들은 자신들이 개발한 새로운 무선 규격에 어울리는 명칭을 찾던 가운데 개발자 중 한 명이었던 짐 카다크Jim Kardach가 흥미로운 제안을 내놓았다. 당시 짐 카다크는 바이킹과 하랄 블루투스 왕에 관한 역사 소설을 읽고 있었는데, 소설 속 왕의 이름에서 따온 '블루투스'를 그들의 새 무선 기술의 명칭으로 채택하자는 것이었다. '블루투스'라는 명칭 속에는 하랄 블루투스 왕이 수많은 덴마크 부족을 규합하고 마침내 노르웨이를 통일한 것처럼, 모든 전자 제품들을 하나의 무선 기술 규격으로 통일하고자하는 의도가 담겨 있었다. 블루투스 공식 로고에서도 마찬가지로 하랄 블루투스 왕의 흔적을 찾아볼 수 있다. 로고는 파란색의 타원 안에 하랄 블루투스Harald Blåtand 왕의 이니셜인 H와 B에 대한 초기 북유럽 룬문자의 결합으로 이루어져 있다.

'블루투스'라는 단어가 1천여 년 전에는 덴마크의 위대한 바이킹 왕 이름을 의미했다면, 오늘날에는 케이블이나 어댑터와 같은 물리적인 연결 없이 장치를 공유하고 정보를 동기화할 수 있도록 해주는 무선 기술 표준을 의미하는 단어로 널리 사용된다. 애초에 이 기술은 모뎀과 터미널 단말기를 연결하는 데 사용하는 데이터 케이블인 RS-232 직렬포트를 무선으로 대체하고자 구

• 하랄 블루투스에서 이름을 따온 블루투스

상된 것이었다. 블루투스는 고작 몇 센티미터에 불과한 조그만 모듈로 제작이 가능해 쉽게 전자 장치 안에 내장할 수 있었으며, 제작비가 저렴하고, 대략 십여 미터의 거리에서 최고 여덟 개까지 장치를 동시에 연결할 수 있었다. 또한 2400~2480MHz의 낮은 주파수대 전파를 사용하며, 높은 수준의 보안에서 개인 영역 네트워크PANs를 생성할 수 있는 특징을 갖고 있다.

컴퓨터와 노트북의 무선 연결에 최적화된 무선랜WLAN과 달리 블루투스는 개발 초기에 핸드폰 최적화에 중점을 두었다. 블루투스를 처음으로 개발한 회사가 에릭슨이라는 핸드폰 제조업체라는 점도 작용했지만, 그보다도 모듈의 크기가 작고 생산비가 저렴하고 배터리를 덜 사용하는 블루투스의 특징이 자연스럽게 핸드폰 적용으로 이어진 것으로 봐야 한다.

블루투스는 이후 1997년에 개발된 또 다른 무선 데이터 전송 시스템인 와이파이Wi-Fi가 초기에 갖고 있던 단점을 피하면서 그와 차별화를 시도했다. 블루투스의 등장으로 사람들은 문어발처럼 뒤죽박죽 얽힌 전선들로부터 해방되었으며, 핸드폰에서 시작된 블루투스의 응용 범위가 점차 PDA, 컴퓨터, 프린터 등 대부분의 전자 제품으로 확대됐다.

그렇다면 어떻게 블루투스가 수많은 무선 기술 규격을 하나로 통합해 세계적인 표준이 될 수 있었던 것일까. 앞서 언급했듯이 1994년 블루투스가 개발되기 이전에 이미 세상에는 다양한 무선 기술들이 난무하고 있었고, 후발 기술에 속하는 블루투스는 이들과 경쟁해야만 했다. 물론 어떤 장치에도 내장이 용이한 초소형의 모듈 크기, 저렴한 생산비, 그리고 낮은 전력 소비라는 블루투스만의 강점이 경쟁에 우위를 점하는 요소로 작용했을 것이다.

하지만 1993년에 출시된 최초의 스마트폰 IBM 사이먼의 실패에서 볼 수 있듯이 기술이 혁신적이라고 해서 반드시 성공을 보장하는 것은 아니다. 블루투스를 개발한 에릭슨은 자신들이 만든 무선 규격을 더욱 발전시키고 널리 보급

・에릭슨 로고

하기 위한 방편으로 여러 공급업체 및 제조업체들과 협력하기로 결정했다. 이것이 바로 블루투스 SIG$^{Special\ Interest\ Group}$였다.

1997년 블루투스라는 특정 기술을 연구하기 위해 마련된 이 특별 관심 그룹에 노키아, 도시바, 인텔, IBM이 회원으로 가입했으며, 2000년엔 그 규모가 더욱 커져 마이크로소프트, 모토로라, 3COM, 루슨트^{Lucent}가 추가로 참여했다. 1만 7천 이상의 회원 기업을 확보한 블루투스 SIG는 단순히 기술을 연구하는 데 그치지 않고, 블루투스 기술을 적용한 제품들이 제대로 규격에 따르는지 검증·관리하고 상표를 보호하는 일을 맡았다. 따라서 블루투스 SIG에서 마련한 기준에 부합한 제품만이 라이센싱^{licensing}을 사용할 자격을 획득했다. 2000년, 마침내 블루투스 기술의 첫 번째 우대를 받게 되는 최초의 핸드폰인 에릭슨 T36을 세상에 선보이게 된다.

2000년 6월 싱가포르에서 열린 정보통신 전시회인 커뮤닉아시아^{CommunicAsia}에서 스웨덴의 핸드폰 제조업체인 에릭슨이 그들의 신 모델인 에릭슨 T36을 발표했다. 세로 10.5센티미터, 가로 4.9센티미터, 두께 2.4센티미터 규격에 88그램의 무게를 가진 이 핸드폰은 옅은 노란색과 어두운 파란색 두 가지 모델로 제공됐다. 다섯 줄의 텍스트를 표시할 수 있는 흑백 디스플레이를 가진 에릭슨의 신제품은 대기 상태일 때조차도 푸른색의 백라이트로 키패드와 화면을 밝혀줬다. 에릭슨은 제품의 구조와 구성 요소를 미세 조정함으로써 핸드폰의 지속 시간을 크게 향상시켰다. 에릭슨 T36은 울트라 슬림 배터리를 장착한 상태에서 통화 7시간, 대기 200시간 동안 지속됐다.

여기까지 살펴보면 에릭슨 T36은 경쟁 회사들의 제품과 비교해볼 때 별다른 점이 없어보인다. 하지만 단말기와 함께 제공된 헤드셋은 이 핸드폰을 한순간에 미래적인 장치로 만들어버렸다. 에릭슨 T36의 헤드셋에는 단말기와 연결되는 케이블이 없었던 것이다. 헤드셋 내부에 블루투스 무선 칩이 내장되어 있어 핸드폰과 헤드셋 사이의 커넥터 역할을 했다. 게다가 이 모델에는 블루투스 헤드셋의 기능을 배가시키는 음성 인식 기능이 제공됐다. 전화가 울리거나 또는 전화를 걸고 싶을 때, 간단히 헤드셋에 위치한 버튼을 눌러 음성 명령을 핸드폰에 전달했다. 그리고 음성 인식 기능을 사용해 메뉴를 탐색하거나 메모리 안에 음성 메모를 기록하고 저장할 수 있었다. 또한 에릭슨 T36은 블루투스 기술을 통해 노트북과 핸드폰 사이를 무선으로 연결할 수 있었으며, 비즈니스 e 카드를 주고받거나 핸드폰 간의 상호작용 게임을 즐길 수 있었다.

단지 블루투스만 내세울 만한 것은 아니다. 이 모델은 트리플 밴드(GSM 900/1800/1900)를 지원하는 최초의 핸드폰이기도 했다. 따라서 유럽, 아시아 태평양 지역, 미국 등 120여국의 GSM 주파수대에서 어떤 제약 없이도 핸드폰을 사용할 수 있었다. 이는 해외로 자주 출장을 다니는 비즈니스맨이나 여행자들에게 충분히 매력적인 것이었다.

2000년대 초 핸드폰 시장의 핫이슈는 당연 모바일 인터넷이었다. 에릭슨 T36에도 핸드폰에서 인터넷을 사용할 수 있도록 최적화된 모바일 웹 규격인 WAP 브라우저가 탑재되어 있었는데, 특히 핸드폰에서 모바일 전자 상거래가 가능하도록 보안이 강화된 WAP 1.2.1 버전이 지원됐다. 에릭슨 T36은 단순히 핸드폰에서 인터넷에 접속할 수 있는 WAP 브라우저 기능을 제공하는 것을 넘어서, 그동안 모바일 인터넷에서 지적되던 느린 데이터 전송 속도를 개선시켰다. HSCSD(고속회선교환데이터)라 불리는 데이터 전송 기술은 9.6Kbps의 속도를 허용하는 기존의 GSM 네트워크에 비해, 28.8Kbps의 지상 통신선으로 빠르게 데이터를 주고받을 수 있도록 설계됐다. 빠른 데이터 전송을 위해 개발된 2.5세대 이동전화 기술인 GPRS(일반 패킷 무선 서비스)와 더불어 HSCSD 고속 데이터 기술의 등장은 점차 모바일 인터넷 환경이 대용량 파일 전송에 적합하도록 변화하리라는 것을 의미했다. 그리고 사용자는 속도와 보안이 개선된 모바일 웹서비스를 이용해 핸드폰으로 물건을 주문하고 회사 인트라넷에 접속할 수 있게 됐다. 게다가 에릭슨 T36은 블루투스와는 별로도 무선 연결을 위해 적외선 포트를 함께 지원했다.

에릭슨 T36에 내장된 PIM, 즉 고급 개인정보 관리 응용프로그램은 몇 가지 지능형 기능을 제공했다. 사용자는 선택한 프로필에 따라 전화번호부를 체계화할 수 있었으며, 메일이 도착했을 때 핸드폰은 알람을 울려 사용자에게 알렸다. 그리고 이 제품은 처음으로 '에어캘린더'를 도입한 핸드폰이기도 했다. '에어캘린더'란 오픈형 표준 광역 네트워크 동기화 서비스를 사용해 캘린더를 실시간으로 업데이트하는 기능을 말한다.

또한 타 제품과 마찬가지로 에릭슨 T36에도 문자 메시지를 손쉽게 작성할 수 있도록 자동 완성 문자 입력 소프트웨어가 제공됐다. 그런데 에릭슨의 자동 완성 문자 입력 소프트웨어는 단어를 선택하기 위해 여러 번 키를 누르는 일반적인 방식이 아닌, 단어를 사전에서 선택해 사용자가 쓰고 있는 단어를 예측하는 방식을 채택했다. 에릭슨 T36은 T36m과 T36mc 두 가지 버전으로 제작되었는데, T36mc의 경우 중국어 인터페이스를 제공했다. 따라서 중국어로 작성된 문자 메시지를 주고받을 수 있었을 뿐만 아니라, 전화번호부에 한자로 이름을 저장할 수도 있었다.

싱가포르 커뮤닉아시아에서 에릭슨 T36이 처음 공개되었을 때만 해도 사람들은 블루투스 핸드폰을 바로 손에 넣을 수 있을 것이라고 기대에 부풀어 있

• 블루투스 사용 추이 (출처: cdn.gsmarena.com)

었다. 그 자리에서 제품의 가격 정보를 제공하지는 않았지만, 에릭슨 T36의 연말 출시는 기정사실로 받아들여졌다. 그러나 안타깝게도 첫 발표 후 네 달이 지난 2000년 10월, 에릭슨으로부터 비보가 전해졌다. 에릭슨의 잔 웨어비^{Jan Wareby} 회장이 공식성명을 통해 에릭슨 T36을 시장에 내놓지 않기로 결정했다고 발표한 것이다. 대신 그들은 다음 모델인 에릭슨 R520 개발에 집중하기로 했다고 덧붙였다. 블루투스폰 자체가 사라진 것은 아니었다. 이듬해 에릭슨은 T36과 거의 동일한 에릭슨 T39를 출시했다. 이 모델은 블루투스 무선 기술 이외에도 빠른 데이터 전송을 제공하는 GPRS 기술이 적용되어 출시와 동시에 베스트셀러가 됐다.

블루투스폰에 대한 시장의 경쟁은 점점 치열해져 노키아는 2001년 노키아 6310과 이듬해 이어지는 노키아 7650에 블루투스 무선 기술을 적용했다. 이후 삼성이 블루투스 2.0이 지원되는 삼성 SGH-E500을 발표하더니 갤럭시 S와 S8500 웨이브를 통해 블루투스 3.0을 등장시키는 주역으로 우뚝 서게 된다.

2001년 이후 블루투스 표준에 따르는 제품이 빠른 속도로 증가했고, 2005년엔 이미 블루투스를 지원하는 핸드폰이 시장에 나와 있는 제품의 절반을 차지하게 됐다. 그리고 2010년 블루투스의 지원 비중은 99퍼센트에 달해 이미 핸드폰의 필수 구성요소로 자리 잡게 됐다. 1천여 년 전, 하랄 블루투스 왕이 덴마크와 노르웨이를 통일한 것처럼, 마침내 블루투스가 무선 세계를 평정한 것이다.

이처럼 유럽에서 개발된 근거리 무선 기술 표준인 블루투스가 핸드폰에서 없어서는 안 될 필수 요소로 자리 잡았다면, 아시아에서 등장한 이 기술도 그에 비견될 만한 가치를 지니고 있다. 아니, 이것은 단순히 기술적 성과를 넘어서 하나의 문화적 현상으로까지 파생되었다는 점에서 블루투스를 뛰어넘는다. 셀카폰의 등장이다. 핸드폰으로 사진을 찍는 카메라폰의 등장은 그 기술적 성과와 함께 상업적 성공 가능성을 보여주었는데, 여기서 한걸음 더 진화한 셀카폰의 등장은 카메라폰의 상업성에 대한 의문을 한 방에 날려버렸다. 핸드폰으로 자신의 얼굴을 촬영할 수 있는 셀프 카메라 기능은 젊은 세대 사이에서 자신을 표현하는 새로운 문화로 받아들여지며 '셀카' 신드롬을 일으켰다. 그리고 이 신드롬의 근원지는 일본의 한 전자기기 제조업체인 샤프였다.

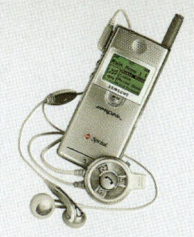

PART
06

카메라폰 시대

카메라폰 시대의 개막, 최초의 셀카폰
샤프 J-SH04

제품명	J-SH04
출시 연도	2000
제조사	샤프
크기(mm)	127x39x17
무게(g)	74
디스플레이	컬러 STN-LCD
배터리	리튬이온(Li-Ion)
지속 시간	대기 310시간/통화 2시간
네트워크(2G)	GSM 900, GSM 1800

세계 최초의 디지털카메라는 1975년 코닥Kodak에 의해 탄생된다. 오늘날의 작고 날렵한 디지털카메라와는 달리 양철로 둘러싸인 거대하고 원시적인 이것은 이미지를 저장하기 위해 메모리칩이 아닌 자기테이프를 사용했다. 뿐만 아니라 한 장의 이미지를 테이프에 기록하는 데만 23~25초의 시간이 소요됐다. 이후 디지털카메라는 빠른 속도로 진화한다. 그리고 디지털카메라가 등장한 지 20년 뒤 핸드폰과의 통합이 시도된다.

이 시도는 크게 두 가지 흐름으로 나뉜다. 먼저 핸드폰을 카메라 안에 통합하려는 '폰카메라'였다. 1990년대 코닥과 올림푸스Olympus는 핸드폰 전송 기능을 갖춘 디지털카메라 모델을 개발했으며, 1997년 5월 캐논Canon에서 근무하던 가와시마 쇼사쿠川島昭作는 핸드폰이 장착된 디지털카메라를 설계했다.

• 코닥의 최초 디지털카메라

한편 반대로 카메라를 핸드폰 안에 집어넣으려는 시도, 즉 '카메라폰'에 대한 실험도 시작됐다. 1997년 6월 11일, 미국의 한 산부인과 병동에서 필립 칸은 소형 카메라를 자신의 모토로라 핸드폰에 연결해 갓 태어난 딸 소피의 사진을 세계 각지에 있는 2천여 명의 사람들에게 전송하는 데 성공했다. 이때 얻은 카메라폰의 아이디어로 그는 라이트서프LightSurf라는 회사를 설립하기에 이른다. 그리고 같은 해 일본에서는 유명 전기전자 업체인 샤프와 교세라가 각각 카메라폰 개발을 두고 경쟁하고 있었다. 두 회사 모두 카메라를 핸드폰 안에 통합시키려는 것은 같았다. 하지만 교세라가 상호 간의 영상 통화에 중점을 둔 반면, 샤프는 핸드폰을 이용한 인스턴스 사진 촬영에 초점을 맞췄다. 그렇다면 최초의 카메라폰은 무엇이었을까.

혹자는 1994년 출시된 올림푸스의 델티스 VC-1100이 최초의 카메라폰이라고 주장한다. 분명 촬영한 이미지를 핸드폰 네트워크로 전송하는 기능을 처음으로 지원했다. 그러나 엄밀히 말하면 부가적으로 핸드폰 전송 기능을 추가한 것일 뿐 '카메라폰'이라기보다 오히려 '폰카메라'에 가까웠다. 갓 태어난 딸의 사진을 세상 사람들과 공유하기 위해 임기응변으로 만들어진 필립 칸의 카메라폰 역시 강력한 '최초의 카메라폰' 후보이다. 감동적이기까지 한 이 에피

소드는 카메라폰 역사를 언급할 때 빠지지 않고 등장할 뿐만 아니라, 실제로 이때 촬영된 아기 사진은 핸드폰으로 전송되어 공유된 최초의 사진으로 인정받았다. 하지만 필립 칸의 카메라폰은 카메라와 핸드폰이라는 독립된 두 장치를 케이블로 연결해 임시로 작동시킨 것에 불과했다. 상업적 용도로 이용할 수 있을 정도의 '완성된 제품'이 아니었던 것이다.

최초의 상용 카메라폰으로 알려진 제품은 1999년 일본에서 출시된 교세라 VP-210이다. 카메라 렌즈가 핸드폰 화면 상단에 설치되어 있었다. 이는 영상 통화 시 상대방을 화면으로 보면서 동시에 상대방에게 자신의 모습을 전달하기 위해서였다. 하지만 일반적으로 카메라폰이라고 하면 영상 통화보다 사진 촬영이 떠오르기 때문에, 교세라 VP-210은 최초의 '비디오폰'이라는 타이틀이 더 어울린다.

한편 교세라 VP-210과 더불어 최초의 카메라폰으로 자주 언급되는 제품이 있다. 1997년부터 교세라와 함께 카메라폰 개발에 경쟁을 벌였던 샤프가 2000년 느지막이 선보인 제품이었다. 이 모델은 교세라의 제품과 달리 카메라 렌즈가 핸드폰 뒷면에 위치했으며, 애초에 사진 촬영을 목적으로 개발된 것이었다. 이 핸드폰은 샤프의 첫 상용 카메라폰인 J-SH04이다.

디지털카메라가 등장한지 25년이 되던 해인 2000년 11월, 연말 특수를 노린 핸드폰 제조업체들은 그들의 신제품들을 쏟아내기 바빴다. 그 가운데에서도 업계 최초로 카메라를 내장했다는 샤프의 J-SH04는 그해 겨울 소비자들의 시선을 사로잡기에 충분했다. 샤프는 이제 막 형성된 카메라폰 시장의 주도권을 잡기 위해 핸드폰 판매에 뛰어난 노하우를 갖고 있던 이동통신 서비스 업체인 J-폰과 손을 잡는다. 소프트뱅크 전신이기도 한 J-폰은 단순히 '사용하는 장치'에 불과한 핸드폰을 '즐기는 장난감'으로 탈바꿈시킨 장본인으로 유명했다. J-폰은 핸드폰 디자인과 같은 외형적인 면 못지않게 내용물에

• 카메라폰 관련 카툰 (출처: www.91mobiles.com)

도 심혈을 기울였는데, 지역별 위치 정보 서비스인 '스테이션'도 그러한 J-폰의 노력 가운데 하나였다.

간혹 아무리 혁신적인 제품일지라도 취약한 기반 환경으로 실패를 맛보기도 하지만, 당시 일본은 카메라폰의 출현이 낯설지 않은 사회적 분위기가 조성되어 있었다. 이미 많은 회사에서 소형 카메라가 장착된 메일 전용 단말기를 사용하고 있었고, 소니의 디지털카메라 사이버샷 DSC-P1은 대기 화면을 쉽게 만들 수 있는 환경을 제공했다. 핸드폰과 카메라의 간격이 빠르게 좁혀지고 있었던 것이다.

카메라와 핸드폰의 결합으로 제품의 크기가 커졌을 것이란 사람들의 예상은 샤프 J-SH04가 대중 앞에 처음 공개되었을 때 보기 좋게 빗나갔다. 높이 12.7센티미터, 폭 3.9센티미터, 두께 1.7센티미터의 J-SH04는 온전히 핸드폰 기능만 갖고 있던 이전 모델인 J-SH02, J-SH03과 나란히 놓고 비교해도 크기에 별 차이가 없었다. 오히려 변경된 버튼 디자인으로 인해 J-SH04가 좀 더 슬림하게 보이기까지 했다. 또한 무게도 74그램으로 이전 모델에 비해 겨우 6그램 증가했을 뿐이다.

핸드폰의 화면 크기는 25x34밀리미터로, 바로 전 모델인 J-SH03이 25x30.5밀리미터인 것과 비교해 세로로 다소 길어졌다. 덕분에 모바일 웹 서비스인 J-스카이를 사용할 때, 보다 큰 화면으로 웹서핑을 즐길 수 있었다. 뿐만 아니라 STN 컬러 액정 디스플레이를 채택해 96x130픽셀에 256색을 표현할 수 있었으며, 기존 모델보다 디스플레이의 밝기가 개선되고 발색도 좋아져 선명도가 한층 향상됐다.

J-SH04의 전체적인 인터페이스 구성은 이전 모델들과 동일했다. 액정 화면 바로 밑의 커다란 [F]키를 중심으로 그 주위에 4방향의 멀티가이드 키가 둘러싸고 있다. 그리고 4방향 멀티가이드 키 좌측으로 모바일 웹에 접속할 수 있는 J-스카이 버튼, 우측에는 메일 버튼이 있다. 인터페이스 디자인은 멀티가이드 키가 물결처럼 구부러진 형태를 갖고, 버튼들이 이전의 가지런한 배치에서 비스듬히 기울어진 배치로 바뀌면서 전체적인 인상이 달라졌다. 이런 디자인의 변화는 제품을 보다 세련되고 맵시 있게 만들어줬지만 아쉬운 점도 있었다. 중앙에 위치한 [F]키는 카메라 셔터로 사용되었는데, 물결처럼 구부러진 멀티가이드 키와 인접해 있어 사용자가 셔터를 누르려다 실수로 방향키를 누르기도 했다.

무엇보다 다른 핸드폰과 차별화된 특징은 카메라 기능이다. 샤프 J-SH04는 CMOS 이미지 센서를 채용한 11만 화소의 내장 카메라를 탑재하고 있었다. CMOS 이미지 센서는 휴대 계산기, 전자시계, 소형 컴퓨터 등에 널리 사용되는 반도체 소자로서 기존의 카메라에 사용되고 있던 CCD 센서에 비해 소비 전력이 매우 적다는 이점을 갖고 있었다. 이는 핸드폰과 카메라가 한 장치 안에 결합해 많은 전력 소비가 예상되던 카메라폰이 핸드폰 배터리만으로도 충분히 기능을 다할 수 있도록 해줬다.

카메라 렌즈가 핸드폰 뒷면에 자리 잡고 있었던 탓에 간혹 핸드폰을 쥐다가

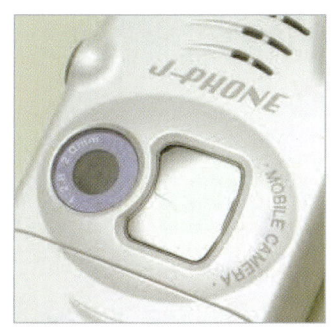
• 렌즈와 거울 (출처: www.photoblog.hk)

손가락 지문이 카메라 렌즈에 묻는 경우가 발생하기도 했다. 하지만 렌즈가 핸드폰 전면부에 위치해 사진 촬영을 위해 핸드폰 자체를 피사체로 돌려야 하는 교세라폰에 비하면 이 정도 불편함은 감수할 만했다. 또한 렌즈 옆에 거울이 있어, 반사되는 자신의 모습을 보면서 사진을 촬영할 수 있는 '셀카(셀프 카메라의 줄임말)' 촬영이 가능했다.

J-SH04가 처음 출시되었을 당시만 해도 스스로 자기 모습을 찍거나 이성과 얼굴을 맞대고 사진을 찍을 수 있다는 점은 매우 참신하게 받아들여졌다. 이렇게 촬영된 사진은 JPEG 또는 PNG 형식으로 저장되었는데, 96x128의 해상도에 파일 크기는 4KB 미만으로 작았다. 그리고 이렇게 촬영된 사진들은 사진메일 서비스인 샤-메일 Sha-Mail 을 통해 다른 사람과 공유할 수 있었다. 샤-메일 서비스는 필립 칸이 설립한 라이트서프와 샤프가 공동 개발한 데이터 공유 인프라로, 오늘날의 MMS, 즉 멀티미디어 메시지 서비스의 시초이다.

단순히 '사용하는' 핸드폰이 아닌 '즐기는' 핸드폰을 표방해온 J-폰답게 J-SH04는 사용자가 장난감처럼 갖고 놀 수 있는 다양한 기능을 제공했다. 핸드폰을 이용한 사진 촬영은 셀카 문화라고 불려도 좋을 만큼 젊은 세대에게 큰 인기를 누렸다. 이렇게 촬영된 사진은 사용자 자신의 핸드폰 배경화면으로 대체할 수 있어 핸드폰을 꾸미는 요소로 자리 잡았다. 뿐만 아니라 핸드폰과 동시에 발매된 '컬러 모바일 프린터'로 사진을 출력해 스티커 사진처럼 쓸 수 있었다.

J-SH04는 카메라 기능 외에도 당시 대세로 자리 잡은 16화음 멜로디를 지원했다. 〈호두까기 인형〉, 〈캐논〉 등 열 곡의 벨소리와 열다섯 종류의 효과음이 내장되어 있었다. 이는 기존 모노톤의 단선율이 아닌 풍부한 사운드로 들을 수 있다는 점이 사람들의 이목을 끌었다. 사용자 스스로 작곡을 할 수 있는 자작 멜로디 기능 역시 16화음으로 제작 가능했으며, 피아노에서 드럼에 이르기까지 128종류의 악기와 다양한 사운드가 지원됐다. 음표 입력 작업은 초보자도 쉽게 이용할 수 있도록 되어 있었지만, 소리의 길이에 상관없이 음표가 정렬되기 때문에 곡이 길어지면 마디를 구분하기가 힘들었다. 그래도 단순히 매개 변수를 설정해주는 것만으로 좋은 느낌의 변형된 사운드를 재현할 수 있다는 점은 자작 멜로디 기능의 장점이었다. 16화음 사운드는 가라오케 기능에서도 빛을 발했다. 가라오케는 카메라 기능과 더불어 J-SH04의 인기 요소였다. 사용자가 가라오케 콘텐츠를 다운로드해 재생하면 16화음의 반주가 시작된다. 이런 사운드 파일들은 사진 파일과 함께 '라이브러리'라 부르는 공유 메모리에 저장됐다.

또한 J-SH04는 이미지 파일과 사운드 파일이 같은 메모리 영역을 공유하도록 되어 있었는데, 모두 합쳐 200KB까지 이용 가능했다. 이는 JPEG 이미지를 약 40매 정도 저장할 수 있는 공간이다. 이외에도 지역별 위치 정보를 알려주는 'J-스카이 스테이션'과 이미지나 음악 데이터를 첨부할 수 있는 'J-스카이 워커' 인터넷 메일 서비스를 제공했다. '찍고, 보고, 보내기'라는 표현만큼 샤프 J-SH04를 잘 표현하는 말도 없을 것이다.

J-SH04는 업계 최초의 카메라폰이라는 사실만으로도 큰 화제를 불러일으켰다. 전문 사진작가가 아니더라도 평소 사진 찍는 취미를 갖고 있는 일반인이

• J-SH04 앞뒤

나 재미 삼아 친구들과 스티커 사진을 찍는 학생들에게 카메라폰의 출시는 분명 큰 사건이었을 것이다. 하지만 겨우 11만 화소였기 때문에 저해상도의 사진밖에 얻을 수 없었고, 따라서 디지털카메라를 대체한다는 건 생각조차 못할 일이었다. 그럼에도 불구하고 별도의 카메라 없이 핸드폰만으로 사진을 찍을 수 있다는 편의성은 J-SH04의 단점을 충분히 보완해주고도 남았다. 그리고 당시 일본에서 사용된 2G 통신망인 PDC 네트워크가 느린 데이터 전송 속도를 갖고 있었다는 점을 상기해볼 때, 작은 용량과 저해상도의 사진은 오히려 열악한 네트워크 환경에서 빠르게 데이터를 전송하는 데 합리적이었다.

1만 5천 엔, 당시 J-SH04의 가격이다. 한 장치에서 카메라와 핸드폰의 두 가지 용도를 사용할 수 있다는 점을 살려 높은 가격이 책정될 만했지만 비교적 저렴한 가격에 판매했다. J-SH04는 2002년까지 J-폰 사용자의 40퍼센트에 해당하는 500만 대가 팔려나갔다. 그리고 2003년 6월, 샤프의 J-SH04가 출시된 지 대략 2년 7개월 만에 사진 전송 서비스인 샤-메일 이용자 수가 1천만 명을 돌파했다. 이는 J-폰 전체 가입자의 70퍼센트에 해당하는 수치였다.

일본에 이어 전 세계 카메라폰의 판매가 2003년을 기점으로 디지털카메라를 넘어섰으며, 카메라폰의 인기에 직격탄을 맞은 거대 카메라 생산 업체인 미놀타Minolta와 코니카Konica가 카메라 사업을 중단하기에 이르렀다. 샤프 J-SH04의 등장 이후 핸드폰에 카메라가 있느냐 없느냐의 차이는 과거 핸드폰 화면이 컬러인지 흑백인지의 차이 그 이상이 되어버렸다. 그리고 '찍고, 보고, 보내기'라는 카메라폰 작동법은 핸드폰의 새로운 트렌드를 넘어서 핸드폰 그 자체가 됐다.

카메라와 핸드폰의 결합으로 탄생한 카메라폰 외에도 핸드폰이 다른 장치와 접목해 출시된 경우는 얼마든지 있다. MP3플레이어를 내장한 최초의 MP3폰 '삼성 업로어', 내비게이션 기능을 갖춘 최초의 GPS폰 '베네폰 Esc!', 인터넷 웹 브라우저를 탑재한 최초의 미디어폰 '노키아 7110' 등이 대표적인 예이다. 하지만 카메라폰만큼 대중들이 열광하고, 하나의 트렌드가 되어 대세가 되어버린 경우도 드물 것이다.

그런데 근래에 이와 유사한 경향을 갖은 핸드폰이 등장했다. 바로 스마트폰이다. 2007년 아이폰의 등장으로 시작된 스마트폰 열풍은 찻잔 속 태풍에 그치지 않았다. 스마트폰 시장은 카메라폰이 그려왔던 증가세보다 빠르고 무섭게 성장했다. 그리고 스마트폰 열기를 대수롭지 않게 여긴 당시 핸드폰 시장의 일인자였던 노키아마저 결국 굴복시키고 만다. 아이폰을 계기로 '스마트폰'이라는 단어가 핸드폰의 또 다른 이름이 되어버린 것만 봐도 얼마나 무서운 추세였는지 짐작할 수 있을 것이다.

하지만 실제로 이 단어가 처음으로 등장한 때는 7년 전인 2000년이었다. 스웨덴의 핸드폰 제조업체인 에릭슨은 PDA에서 아이디어를 얻어 새로운 핸드폰 모델을 시장에 내놓는다. 그리고 카메라 기능을 갖고 있는 핸드폰을 통틀어 '카메라폰'라 부르던 것처럼, 그들은 PDA 기능을 가진 핸드폰을 이렇게 부르기 시작했다.

스마트폰.

스마트폰이라 불린 최초의 핸드폰
에릭슨 R380

제품명	에릭슨 R380(Ericsson R380)
출시 연도	2000
제조사	에릭슨
크기(mm)	130x50x26
무게(g)	164
디스플레이	흑백 STN-LCD 터치스크린
배터리	리튬이온(Li-Ion) 960mAh
지속 시간	대기 150시간/통화 4시간
네트워크(2G)	GSM 900, GSM 1800

적진에 침투한 제임스 본드 앞에 커다란 문이 가로막는다. 그가 핸드폰의 안테나를 뽑아 열쇠 구멍에 꽂자 잠긴 문이 열린다. 그다음으로 만난 장애물은 장금장치가 되어 있는 문이다. 다시 한 번 핸드폰을 꺼내 가까이 대자 단말기 끝에서 분출된 전기 충격으로 장금장치가 무용지물이 되고 만다. 그는 문을 열고 들어간 방에서 그림 뒤에 숨겨진 금고를 발견한다. 그런데 금고는 지문 인식으로 열 수 있도록 되어 있다. 또다시 핸드폰을 꺼내 지문 인식기에 갖다 대자 단말기에서 뻗어 나온 레이저빔이 장치에 묻어 있던 지문을 채취해 금고를 여는 데 성공한다. 조개껍질 열듯 핸드폰 덮개를 잡아당기자 그 안에 스크린과 터치패드가 보인다. 그가 핸드폰에 설치된 스크린을 보며 터치패드 위에서 손가락을 움직이자 아무도 타고 있지 않은 본드카 BMW가 그가 조종하는

• 〈007 네버다이〉에 나온 에릭슨 R300

데로 움직인다.

이렇듯 영화 〈007 네버다이〉에서 핸드폰은 잠금 해제 장치, 전기 충격기, 지문 스캐너, 자동차 리모컨으로 쓰인다. 지금도 꾸준히 발전하고 있는 스마트폰은 아마도 미래에 영화보다 더 멋진 일들을 수행하게 될 것이다. 그렇다면 이 놀라운 스마트폰은 어떻게 탄생하게 된 것일까. 스마트폰의 역사를 추적하다 보면 가장 앞에 PDA가 놓여 있음을 발견할 수 있다.

Personal Digital Assistant의 약자인 PDA는 직역하면 '개인 디지털 비서' 정도로 해석될 수 있다. 이 디지털 개인 비서는 실제 회사의 비서 못지않은 다양한 일을 수행한다. 전화, 팩스, 인터넷, 그리고 개인 일정 관리에 이르기까지 손바닥 크기의 장치에서 웬만한 업무를 처리할 수 있게 됐다. PDA는 다른 말로 팜탑palmtop, 즉 손바닥 컴퓨터 또는 포켓 컴퓨터라 불리기도 한다. 일반 컴퓨터가 키보드로 데이터를 입력하는 것과 달리 PDA는 스타일러스라는 펜 기반의 도구를 사용해 터치스크린에 정보를 입력하는 식이었다. 전자펜을 이용한 필기 인식 기능 이외에도 일부 PDA에서는 사람의 음성에 반응하도록 하는 음성 인식 기술을 도입했다.

• 애플 뉴턴

최초의 PDA라 알려진 제품은 1984년 영국 사이언^(Psion)에서 개발한 오거나이저II^(Organizer II)였다. PDA의 시초가 된 이 원시적인 장치는 1991년 사이언 시리즈 3을 거치면서 오늘날의 PDA에 가까운 형식을 갖추기 시작했다. 하지만 이 때만 해도 이런 제품들을 가리켜 PDA라 부르지 않았다. 'PDA'란 단어가 처음 등장하게 된 것은 1992년 1월 7일 미국 라스베이거스에서 열린 세계 가전 전시회에서였다. 당시 애플의 CEO인 존 스컬리^(John Sculley)는 그들이 개발한 애플 뉴턴^(Apple Newton)을 언급하면서 'PDA'라는 단어를 처음 사용했다. 애플은 1993년 뉴턴 메시지패드^(Newton MessagePad)를 출시하면서 PDA 시장에 진출했으며, 오늘날 팜의 팜 파일럿^(Palm Pilot) 시리즈는 PDA의 가장 유명한 브랜드가 됐다.

한편 PDA 시장은 PDA와 핸드폰 간의 결합, 즉 PDA폰이 등장하면서 변화를 맞이하게 된다. 1992년 세계적인 컴퓨터 제조업체인 IBM은 핸드폰 기능을 갖춘 최초의 PDA폰 'IBM 사이먼 퍼스널 커뮤니케이터'를 발표한다. 이 제품은 개발에 참여한 벨사우스^(BellSouth)가 판매를 맡게 되면서 이듬해 소비자와 만나게 된다.

출시 소비가가 899달러에 달하는 이 고가 핸드폰은 당시 시장에 판매되고 있던 핸드폰들과 외형부터 달랐다. 물리적 버튼이 배열된 키패드 대신 터치스크린을 채용하고, 스크린 상의 가상 키보드에서 손가락 혹은 전자펜으로 번호를 입력해 전화를 걸 수 있도록 했다. IBM 사이먼은 전화 통화라는 핸드폰 본연의 기능 외에도 PDA 용도로 활용할 수 있었다. 캘린더, 계산기, 주소록, 세계시계, 메모장과 같은 기본 기능과 이메일, 팩스, 호출, 그리고 개인 정보를 관리해주는 PIM 기능을 갖추고 있었다. 이런 특징으로 인해 IBM 사이먼은 오늘날 스마트폰의 시초로 받아들여지고 있다.

뒤이어 1996년에 발표된 노키아 9000 커뮤니케이터는 노키아의 핸드폰에 PDA를 접목시킨 첫 번째 사례가 됐다. 얼핏 봤을 때 겉모습이 일반 핸드폰과 별 차이가 없어 보인다. 오히려 동시대의 타사 제품보다 크고 무거웠으며 디자인마저 투박했다. 하지만 핸드폰 케이스를 열면 그 안에 반전이 숨어 있었다. 대형 흑백 LCD 디스플레이와 실제 컴퓨터 키보드를 축소시켜 놓은 듯한 쿼티 키보드가 자리 잡고 있던 것이다. 그리고 지오스^{GEOS}라 불리는 운영체제가 설치되어 있으며, 전체 8MB의 메모리는 각각 응용프로그램, 프로그램 메모리, 그리고 사용자 데이터에 할당됐다. 평소에는 일반 핸드폰처럼 사용하다 필요할 경우 뚜껑을 열어 전자수첩으로 변신하는 노키아 9000은 그해의 베스트셀러로 자리잡으며 비즈니스 시장에서 각광받았다.

핸드폰 시장에 PDA폰이라는 새로운 카테고리를 탄생시킨 IBM 사이먼과 노키아 9000은 오늘날 '최초의 스마트폰', 그리고 '노키아 최초의 스마트폰'으로 언급된다. 그런데 당시에는 '스마트폰'이라는 용어가 등장하기 이전이었으므로, '커뮤니케이터'라는 명칭이 모델명 뒤에 붙었다. 그렇다면 언제부터 '스마트폰'이라는 단어가 사용되기 시작했던 것일까.

2000년, 스웨덴의 핸드폰 제조업체인 에릭슨은 IBM이 개척하고, 노키아가 활성화시킨 PDA폰 시장에 뛰어들었다. 그해 11월, 미국에서 열린 컴덱스에서 에릭슨은 신형 PDA폰을 발표했다. 공식 명칭은 '에릭슨 R380 월드 스마트폰'이다. 컴덱스 전시회에서 에릭슨 R380을 체험한 관객들은 '스포크^{spork}'라는 별명을 붙여줬는데, 이는 포크 겸용 스푼의 의미로 PDA와 핸드폰이 한 장치에 담겨 있는 점에서 착안한 재치 있는 표현이었다. 에릭슨 역시 그들의 새로운 통합 장치에 붙은 애칭에 만족스러워하는 듯 보였다.

• 에릭슨 GS88

그런데 사실 에릭슨 R380이 발표되기 전인 1997년에 이미 에릭슨은 그들이 제작한 GS88 커뮤니케이터를 선보이는 자리에서 '스마트폰'이라는 단어를 사용한 적이 있었다. 그러나 노키아 9000 커뮤니케이터를 연상시키는 이 단말기는 단순한 콘셉트 제품에 불과했고 실제 판매로 이어지지는 않았다. 따라서 공식적으로 시장에서 출시된 에릭슨 R380이 '스마트폰'이라는 이름으로 판매된 최초의 핸드폰이 됐다.

핸드폰 상단에 돌출된 스터비 안테나, 흑백의 조그만 액정 화면, 그 아래로 보이는 키패드. 에릭슨 R380은 언뜻 보면 평범한 핸드폰처럼 생겼다. 크기도 세로 13센티미터, 가로 5센티미터, 두께 2.6센티미터로 일반 핸드폰과 비교해 특별히 크거나 작지도 않았고, 무게도 164그램으로 적당했다. 그런데 이 제품이 핸드폰에 더해 PDA를 내장했다면 이야기는 달라진다.

에릭슨 R380은 다른 제품에서 찾아볼 수 없는 키패드가 장착된 전면 플립 커버를 갖고 있었다. 평소 번호를 누르는 용도로 사용하던 키패드를 플립 커버 열듯 잡아당기면 감춰져 있던 3.5인치 대형 터치스크린이 눈앞에 모습을 드러낸다. 이 흑백 STN 터치스크린은 120x360픽셀의 해상도를 갖으며, 녹색 백라이트로 밝게 빛났다. 그리고 펜처럼 생긴 스타일러스를 사용해 터치스크린 상

· 심비안 OS

에 쉽게 정보를 입력할 수 있었다. 장치에 내장되어 있는 2MB의 메모리는 오늘날 기준으로는 부족해보이지만, 당시 연락처, 일정, 문자 메시지, 그리고 이메일 등의 데이터를 저장하는 데는 무리가 없었다. 다만 다양한 응용프로그램을 실행하는 PDA폰의 특성상 전화 기능만 갖고 있는 일반 핸드폰에 비해 배터리 소진이 빠른 편이었다.

에릭슨 R380은 스마트폰이라 불린 최초의 핸드폰인 동시에 심비안 OS를 채택한 최초의 장치이기도 했다. 시간이 지날수록 핸드폰이 지능화됨에 따라 그에 걸맞는 모바일 환경이 요구됐는데, 1996년 마이크로소프트는 윈도 CE를 발표했고, 3COM은 팜OS라는 모바일 전용 운영체제를 선보였다. 심비안OS는 노키아, 에릭슨, 지멘스 등의 유럽의 이동통신 업체들이 마이크로소프트의 응용 시스템에 의존하지 않기 위해 1998년부터 개발한 모바일용 운영체제였다. 이 새로운 운영체제는 쉽고 빠르게 작동했고, 소비 전력도 적었다. 모바일에서 작동하는 응용프로그램에 최적화되도록 설계된 것이다.

2000년 당시 에릭슨 R380은 심비안 기반의 유일한 장치였지만, 이 모바일 전용 운영체제는 빠르게 시장에 침투했다. 곧바로 노키아가 그들의 9000 커뮤니케이터 시리즈에 심비안 OS를 채택하더니 이후 출시된 모든 노키아 스마트폰에서 심비안 OS는 기본 플랫폼이 됐다.

심비안 OS를 탑재한 에릭슨 R380은 일반 핸드폰으로는 상상도 못할 다양한 기능을 구현했다. 널찍한 터치스크린 상에 주소록, 캘린더, 메모장, 계산기,

알람과 같은 전자수첩 기능이 세련된 인터페이스로 시각화되었으며, 특히 스타일러스를 이용해 단순히 버튼을 클릭하는 행위를 넘어서 직접 펜으로 글을 쓰는 듯한 필기 인식이 가능했다. 그리고 음성 인식 기능은 굳이 장치에 손을 대지 않고도 간단한 음성 명령으로 전화를 걸거나 응답할 수 있도록 해줬으며, 사용자는 음성 메모 레코더 기능을 이용해 짧은 음성 메시지를 남길 수 있었다.

핸드폰으로 인터넷에 접속하기 위해 에릭슨 R380은 WAP 브라우저를 지원했다. 보안 기능이 강화된 최신 WAP 버전을 제공해 이메일은 물론이고 모바일에서 결제하거나 쇼핑을 즐길 수 있게 됐다. 뿐만 아니라 PC 동기화 기능도 제공해 마이크로소프트의 MS 오피스나 아웃룩 익스프레스와 같은 응용프로그램과 호환이 가능했으며, 전자 명함의 표준 포맷인 V카드를 지원하는 PDA와 교류할 수 있었다. 이외에도 전화기로서의 역할에도 충실해 스피커폰 기능과 더불어 호출기와 매우 유사한 진동 알람 시스템인 사일런트바이브^{SilentVibe}를 제공했다.

에릭슨 R380에 아쉬운 점이 없었던 것은 아니었다. 당시 심비안 OS는 확장

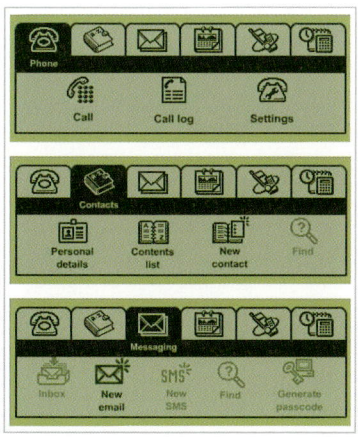

• 에릭슨 R380의 디스플레이 (출처: cdn2.web4africa.net)

이 제한적이어서 추가적으로 소프트웨어를 업데이트하거나 서드파티[third party] 응용프로그램을 설치할 수 없었다. 기존의 응용프로그램만으로도 웬만한 작업이 가능했기 때문에 내장된 기능만으로 만족하는 사용자라면 불편함을 느끼지 못할 테지만, 수많은 앱을 다운로드해 사용하는 오늘날의 스마트폰과 비교하면 답답할 수 있다. 또한 에릭슨 R380이 출시되기 직전, 에릭슨은 무선 기술 표준인 블루투스가 지원되는 에릭슨 T36을 개발했지만, 에릭슨 R380에는 무선 연결을 위해 적외선 포트만 제공되었을 뿐이었다. 하드웨어적인 면에서도 프로그램을 추가로 설치하기 위한 여분의 메모리가 없다는 점과 단말기와 함께 제공되는 스타일러스 전자펜의 굵기가 가늘어 손에 쥐기 불편하다는 점도 흠이라면 흠이었다. 당시 이 제품의 소비자 가격은 900유로, 달러로는 875달러 정도였는데, 비슷한 시기에 출시된 노키아 8210의 가격이 230유로였다는 점을 놓고 볼 때 상당히 비싼 편이었다. 하지만 이와 같은 아쉬움에도 불구하고 일반 핸드폰들 사이에서 스마트폰이라 불린 최초의 핸드폰을 소유하고 있다는 것은 충분히 희소성이 있었다.

에릭슨 R380은 120여국에서 국제 로밍과 인터넷 접속을 위한 WAP 모바일 웹 서비스가 제공되었는데, 특히 아프리카의 나이지리아 현지에서 인터넷이 되는 이 핸드폰은 마치 마법과도 같은 존재였다. 1999년 12월, 미국의 유명 과학 잡지인 『파퓰러사이언스』는 과학 기술의 가장 중요한 발전 중 하나로 에릭슨 R380을 지목해 그 명성과 의의를 지목했다.

스마트폰이라 불린 최초의 핸드폰 '에릭슨 R380'과 최초의 블루투스폰 '에릭슨 T36'을 개발해내며 핸드폰 시장에서 두각을 나타낸 에릭슨은 마침내 노키아, 모토로라에 이어 세계 휴대폰 점유율 3위에 올라 세계적인 핸드폰 제조업체로 부상하게 된다. 그리고 당시 혁신적으로 256색상을 지원하는 디스플레이를 탑재한 최초의 풀컬러폰을 세상에 선보이면서, 핸드폰 시장을 흑백에서 컬러로 재편시키는 데 결정적인 영향력을 행사한다.

  그런데 연이은 성공으로 승승장구하는 에릭슨의 운명을 송두리째 바꿔버리는 사건이 발생한다. 그 누구도 예상하지 못한 이 불길한 소식은 에릭슨이 위치한 유럽에서 수백 마일 떨어진 미국의 뉴멕시코주에서 들려왔다. 2000년 3월의 일이었다.

소니와 에릭슨의 동맹, 최초의 풀컬러폰
소니 에릭슨 T68

제품명	소니 에릭슨 T68(Sony Ericsson T68)
출시 연도	2001
제조사	소니 에릭슨
크기(mm)	101x48x19.5
무게(g)	84
디스플레이	256컬러 STN-LCD
배터리	리튬이온(Li-Ion) 700mAh
지속 시간	대기 300시간/통화 11시간
네트워크(2G)	GSM 900, GSM 1800, GSM 1900

1876년 라스 매그너스Lars Magnus Ericsson가 설립한 조그만 전신 장비 수리 가게에서 출발한 에릭슨은 1918년 8월 18일 정식 출범하게 된다. 1993년까지만 해도 고작 80만 대의 핸드폰을 판매하던 이 중소 핸드폰 제조업체는 1990년대 중반 이후 핸드폰 사용 급증에 힘입어 1999년 3200만 대를 판매하는 놀라운 실적을 발표한다. 그리고 전체 핸드폰 시장의 17%를 차지하는 세계적인 기업으로 발돋움한다. 하지만 성공의 기쁨도 잠시, 얼마 지나지 않아 그들의 성공은 일시적인 것에 불과할지도 모른다는 불안함이 여러 곳에서 감지되기 시작했다.

1998년 여름, 당시 CEO인 스벤 크리스터 닐슨Sven Christer Nilsson은 회사 내부에서 작성된 반기 보고서를 통해 송장 발부 지연 문제와 제품 가격 인하 압력

· 라스 매그너스 (출처: wikimedia.org)

을 보고받는다. 그리고 노키아와의 경쟁이 치열해지고, 시장은 갈수록 저렴하고 대중적인 모델로 수요가 옮겨져 제작 여건은 더욱 악화되어 갔다. 더욱이 발표 예정이었던 신 모델이 갑작스레 출시가 미뤄지고, 기존 제품의 회로에서 기술적인 결함이 발견되는 등 얼마 전까지 승승장구하던 분위기는 온데간데없이 사라지고 여기저기 불길한 기운이 고개를 내밀었다. 이런 돌발적인 악재들은 에릭슨이 맞닥뜨리게 되는 대재앙의 전주곡에 불과했다.

쿠르릉 쾅. 밤하늘을 가로질러 섬광이 번쩍하더니 땅에 내리꽂힌다. 그 뒤로 사람들의 고함 소리가 들려온다. "불이다, 불이야!" 2000년 3월 17일 오후 8시, 뉴멕시코주 중부 도시인 앨버커키에서 한 줄기의 번개가 고전압 케이블을 강타했다. 이로 인한 전압이 급작스럽게 변동했고 도시는 아수라장이 되었으며, 도심에 위치한 필립스 Royal Philips Electronics N.V. 공장에서 불길이 치솟았다. 필립스 공장은 핸드폰 제작에 필요한 전자 칩을 생산하는 곳으로, 여기서 출하된 전자 칩의 40%가 북유럽의 양대 핸드폰 제조업체인 노키아와 에릭슨에 공급됐다.

불행 중 다행으로 로얄 필립스 공장의 화재는 공장 직원들의 신속한 대처로 금방 진화됐지만 피해는 예상보다 심각했다. 화재가 발생한 지역이 다름 아닌 전자 칩 생산 라인이었던 것이다. 조금의 먼지 입자도 허용되지 않는 무균실 상태를 유지해야 하는 전자 칩 제작 공정에서 불은 연기를 일으켰고 스프링클러를 작동시켰다. 쏟아지는 물은 10여 분만에 불과 연기를 진압하며 시설을 보호했지만 선적을 위해 보관 중이던 수백만 개의 전자 칩을 오염시키는 결과를 낳았다. 이는 단순히 피해 수준이 아닌 명백한 재앙이었다. 일주일 예상했던 피해 복구는 한 달이 지나도록 계속되었고 어떤 전자 칩도 생산되지 못했다.

한편 필립스의 주 고객 중 하나인 노키아는 화재로 인한 핸드폰 생산 차질에 발 빠르게 대응했다. 하지만 또 다른 주 고객인 에릭슨은 화재가 발생한지 2주가 지나도록 이 사실에 대해 알지 못했을 뿐더러 소식을 전해들은 뒤에도 상황의 심각성을 인지하지 못했다. 그리고 유럽에서 수백 마일 떨어진 곳에서 발생한 번개로 인한 화재가 노키아, 모토로라에 이은 업계 3위의 핸드폰 제조업체인 에릭슨의 운명을 좌우하게 될 것이라고는 그 누구도 생각지 못했다.

대중들 기억 속에서 화재가 잊힐 즈음인 2000년 7월 20일, 에릭슨은 핸드폰 사업부의 2분기 영업 손실이 2억 달러에 이른다고 발표했다. 6개월 뒤, 핸드폰사업부의 연간 손실이 1680억 달러에 이르렀으며, 에릭슨은 전체 시장에서 3%의 시장 점유율을 잃게 된다. 결국 구조조정을 단행하기로 한 에릭슨은 수천 명의 직원을 해고하고, 핸드폰 생산을 외주에 맡기는 악수를 놓게 된다. 심지어 외주를 맡아온 싱가포르의 전기전자 업체인 플렉트로닉스Plextronics에 브라질, 말레이시아, 스웨덴, 영국에 있는 자사 공장을 팔게 되는 지경에 이른다. 이렇게 자존심에 상처를 입으면서까지 구조조정을 단행한 에릭슨이지만 좀처럼 회생의 기운이 보이지 않았다.

핸드폰사업부가 매각될지도 모른다는 흉흉한 소문이 돌 무렵, 에릭슨은 일본의 한 기업을 상대로 물밑 접촉을 벌이고 있었다. 상대는 바로 세계적인 전기전자 회사이자 다국적 엔터테인먼트사인 소니였다. 서로 관련 없어 보이는 북유럽의 에릭슨과 동아시아의 소니가 첫 인연을 맺게 된 것은 1998년으로 거슬러 올라간다. 당시 에릭슨의 CEO인 스벤 크리스터 닐슨이 새로운 인터넷 사업의 가능성을 논의하던 중에 잠재 파트너로서 소니를 언급한 적이 있었다. 하지만 2년 전과 달리 두 회사의 입장은 완전히 역전되어 있었다. 생존의 갈림길에 서 있던 에릭슨에 소니의 도움은 절실했다. 그렇다면 어째서 소니는 몰락해가는 에릭슨에게 손을 내민 것일까. 여기서 먼저 소니의 이력을 살펴보는 것이 그 배경을 이해하는 데 도움이 될 것이다.

소니는 1946년 마사루 이부카(井深大)와 아키오 모리타(盛田昭夫)에 의해 설립됐다. 1950년 마사루와 아키오는 일종의 테이프 재생 플레이어인 G-타입 레코더를 처음으로 개발했고, 1957년 워크맨의 기원이 되는 최초의 포켓 트랜지스터 라디오를 세상에 선보인다. 라디오 기술에서 보여준 그들의 도전 정신은 비디오 기술에서도 이어진다. 1967년 소니의 엔지니어들은 당시로는 혁신적인 영상 품질을 제공하는 브라운관을 개발하는 데 성공했다. 그리고 이듬해 그들이 개발한 단전자총 컬러 수상관인 트리니트론(trinitron) 텔레비전을 세상에 공개하며 세계 시장 공략에 나선다. 일본의 조그만 라디오 회사에서 시작되어 전자제품의 선두 기업으로 떠오르게 된 것이다. 그것도 일본뿐만 아니라 전 세계적인 다국적 기업으로 말이다.

이후 소니는 오디오, 비디오, 게임, 엔터테인먼트 시장까지 그 영역을 빠르게 확장한다. 통신 분야, 즉 핸드폰 시장까지 확장하려는 야심도 갖고 있었는데 소니는 당시 핸드폰 시장에서의 세계 시장 점유율은 기껏해야 1% 미만이었다. 그에 반해 에릭슨은 당당히 세계 시장 점유율 3위에 위치했으며, 다양한 핸드폰 개발 노하우를 축적한 상태였다. 필립스 공장 화재에서 촉발된 에릭슨

• 소니 에릭슨 로고

의 위기는 곧 소니에게 기회로 다가온 셈이었다. 2000년 7월, 에릭슨의 위기가 팽배한 시점에서 처음으로 교섭이 시작됐다.

그리고 2001년 4월 24일, 몇 차례 난항 끝에 에릭슨이 그들의 핸드폰사업부를 소니와 합병해 각각 지분 50%씩 보유한다는 양해 각서(MOU)를 체결한다. 2001년 10월 1일 소니와 에릭슨의 동맹으로 맺어진 합작 회사, 바로 소니 에릭슨이 탄생한다. 정식 명칭은 소니 에릭슨 모바일 커뮤니케이션스(Sony Mobile Communications)로 런던에 본사를 두고 있다. 가전제품과 디자인에 대한 소니의 노하우와 핸드폰 개발에 대한 에릭슨의 기술력을 한데 응집시켜 시너지를 발휘하는 것이 합작 회사의 목적이었다.

회사 설립 직후 자사의 브랜드로 출시한 첫 번째 핸드폰이 바로 소니 에릭슨 T68i(이하 소니 에릭슨 T68)이다. 이 모델은 영롱한 연둣빛 구슬을 연상시키는 소니 에릭슨 특유의 로고를 하고 있지만, 실은 에릭슨이 소니와 합작하기 이전에 출시된 에릭슨 T68m에 기반을 두고 있다. 핸드폰의 패널이 좀 더 세련되게 교체되고, 업그레이드된 소프트웨어가 설치되었지만 근본적으로는 동일한 제품이나 마찬가지였다. 이렇듯 완벽한 새로운 제품이 아님에도 불구하고 소니 에릭슨의 첫 번째 작품은 기대 이상으로 뜨거운 호응을 받게 된다.

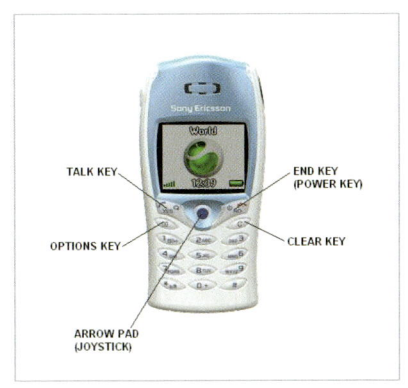

• 소니 에릭슨 T68 구조 (출처: www.wireless.att.com)

무게 84그램, 세로 10센티미터, 가로 4.8센티미터, 두께 2센티미터로, 당시 최고의 기술력을 자랑하던 노키아의 제품과 견주어도 결코 뒤지지 않는 작고 가벼운 규격을 갖고 있었다. 게다가 에릭슨 제품 가운데 처음으로 내장 안테나를 채택해 거추장스러운 안테나를 핸드폰 외부에서 제거했으며, 단말기 허리 부분이 콜라병처럼 잘록하게 들어가 있어 손에 쥐기 편하도록 디자인됐다. 독특하게 액정 아래에 조그만 조이스틱이 돌출되어 메뉴를 탐색하고 게임을 플레이하는 등의 장치를 제어하는 데 유용했다. 또한 핸드폰 뒷면에 고무패딩이 부착되어 있어 미끄러짐을 방지해줄 뿐만 아니라, 핸드폰을 떨어뜨리더라도 충돌로 인한 충격을 완화시켜줬다.

하지만 이 정도의 외형적인 면만 가지고는 사람들의 이목을 끌 수 없었다. 이미 내장 안테나는 3년 전 노키아의 제품을 통해 선보였고, 손에 쥐기 편한 잘록한 디자인도 전혀 새로운 것이 아니었다. 참신한 인터페이스와 인체공학적인 제품 구성도 제품을 선택하는 결정적인 이유가 되기엔 부족하다. 그렇다면 무엇이 사람들의 호응을 이끌어냈던 것일까.

소니 에릭슨의 첫 작품이 세상 사람들을 열광시킨 데에는 '컬러'가 있었다. 오늘날 컬러 스크린은 너무나 당연하고 기본적인 핸드폰 구성 요소가 되어버렸지만, 소니 에릭슨 T68이 출시되던 당시만 해도 대다수 핸드폰에는 흑백의 모노 화면이 주를 이루고 있었다. 하물며 당시 첨단을 달린다던 노키아 역시 흑백 화면을 고집하고 있던 터였다. 오늘날 컬러 화면이 당연시되는 것처럼 흑백 화면을 제외하고는 생각해본 적 없던 것이다. 그래서 컬러 화면의 등장은 가히 혁명과도 같았다.

물론 컬러 화면에 대한 시도가 없었던 것은 아니다. 1998년 독일에서 최초로 컬러 스크린을 장착한 지멘스 S10이 출시됐다. 하지만 이 모델의 디스플레이는 오직 빨강, 파랑, 초록, 하양, 이 네 가지 색상만을 지원할 뿐이었다. 이마저도 색이 바래 보인다는 혹평을 받으며 지멘스 S10은 사람들의 기억 속에서 잊히고 말았다. 하지만 101x80픽셀의 해상도를 가진 소니 에릭슨 T68은 무려 256가지 색상을 구현해냈다. 그 이상을 표현하는 오늘날의 핸드폰과는 비교할 수 없지만, 흑백 화면이 대세이던 시대에 이 제품은 풀컬러를 지원한 유일한 핸드폰이나 다름없었다. 게다가 화면의 선명도 역시 타사 제품에 비해 월등히 뛰어나, 가장 작은 폰트 설정에서조차 가독성이 뛰어난 텍스트를 제공했다. 소니 에릭슨은 컬러 디스플레이가 가진 이점을 극대화해 다양한 색상의 아이콘과 배경 테마를 지원했으며, 사용자가 직접 사진을 활용한 핸드폰 배경화면을 꾸밀 수 있는 옵션을 제공했다.

컬러 디스플레이가 이제 막 탄생한 소니 에릭슨의 성공적인 데뷔에 크게 기여한 것은 사실이지만, 그들의 첫 작품인 소니 에릭슨 T68에는 이외에도 다양한 재주가 내포되어 있었다. 일반적으로 GSM폰은 동일한 주파수대에서만 사용할 수 있다. 따라서 주파수대가 다른 국가에서 핸드폰은 무용지물이나 다름없다. 그런데 소니 에릭슨 T68의 경우에는 900MHz, 1800MHz, 1900MHz 세 가지 다른 주파수대에서 사용할 수 있는 트리플 밴드를 지원했다. 따라서 유럽, 미국, 아시아 등 세계 각지를 돌아다니는 여행자나 출장자에게 매번 핸드폰을 교체하지 않고도 자유롭게 통화할 수 있다는 점은 매력적으로 다가왔을 것이다.

데이터 전송에서도 이 모델은 한층 더 개선된 기술을 선보였다. 기존의 GSM에서 데이터 전송 속도는 9600bps로, 음성과 텍스트 전송에 적합했다. 하지만 이 정도로는 이미지나 동영상 등의 대용량 데이터를 전송하는 데 무리였다. 반면 소니 에릭슨 T68에서 지원하는 GPRS 기술은 기존의 GSM 이동통신 기술보다 두 배 이상 빠른 14400bps의 속도를 자랑한다. 이로 인해 문자 메시지에 포함될 정보가 단순히 텍스트에 한정될 필요가 없게 됐다. 텍스트와 더불어 간단한 그래픽 이미지 및 멜로디를 메시지 안에 삽입할 수 있는 MMS^{Multimedia Message Service}가 지원됐다. 핸드폰에 내장된 간단한 그래픽 편집기로 자신만의 이미지를 만들 수 있었으며, 내장 멜로디 편집기를 사용해 벨소리를 작곡할 수 있었다. 이렇게 만들어진 이미지와 벨소리는 언제든지 MMS를 이용해 상대방에게 전송할 수 있었다.

무엇보다도 이 제품이 자신 있게 내세울 수 있는 또 하나의 기술은 바로 블루투스이다. 케이블 없이 무선으로 장치를 연결할 수 없을까 하는 아이디어는 에릭슨에 의해 실현됐고, 소니 에릭슨 T68의 헤드셋에서 바로 블루투스 기술이 적용됐다. 이제 사용자는 케이블이 없는 헤드셋을 귀에 쓰고, 선의 제약 없이 자유롭게 전화 통화를 즐길 수 있게 됐다.

앞에서 언급했듯이 2001년 크리스마스 시즌에 맞춰 출시된 에릭슨 T68m은 에릭슨에 의해 개발된 최초의 풀컬러 핸드폰이었다. 이후 에릭슨이 소니에 합병되고 나서, 약간의 디자인 변경과 소프트웨어 업그레이드를 거쳐 소니 에릭슨 T68i로 재출시된다. 전혀 새로운 모델이 아님에도 불구하고 이 제품은 시장에서 큰 히트를 친다. 소니 에릭슨 T68의 상업적 성공을 계기로 핸드폰 시장은 흑백 화면에서 컬러 화면으로 빠르게 이동한다. 바야흐로 컬러 시대가 도

• 소니 에릭슨 T68 광고(출처: behance.vo.llnwd.net)

래한 것이다.

그런데 뉴멕시코에서 일어난 로얄 필립스 공장 화재로 결정적 타격을 입고 소니에게 회사 지분의 절반을 넘긴 에릭슨은 자사의 제품이 다른 브랜드로 재출시되는 상황을 목격하면서 어떤 심정이었을까. 소니와 손을 잡으면서 기사회생한 데에 안도의 한숨을 내쉬면서도, 한때 세계 시장 점유율 3위였던 자신들의 현재 초라해진 모습에 쓴웃음 짓지는 않았을까. 반대로 소니의 경우 에릭슨의 지분을 손에 넣으면서 미미했던 자신들의 영향력을 확장할 수 있는 절호의 기회라 생각했을 게 분명하다.

양 회사의 입장이야 어쨌든 2001년 10월 합작회사인 소니 에릭슨은 런던에 본사를 두고 4천 명의 작업자들과 함께 운영을 시작한다. 그리고 2003년 소니 에릭슨 T610, 2005년 소니 에릭슨 W800i, 2007년 소니 에릭슨 W910i과 같은 다양한 핸드폰 모델을 차례로 선보인다.

2008년이 되어서는 전 세계적으로 직원 수가 9400명에 이르게 될 만큼 외적인 성장을 이루게 된다. 그러나 2009년 시장 점유율이 5%대로 추락하더니

2010년 세계 6위로 밀려나게 된다. 결국 2012년 2월, 소니는 에릭슨으로부터 나머지 지분 50%을 인수했고, 회사명이 소니 에릭슨에서 소니 모바일 커뮤니케이션스로 변경된다.

한때 세계 핸드폰 점유율 3위 업체였던 에릭슨의 갑작스런 몰락은 회사에는 불행한 일이었지만, 시장 진입을 노리던 후발주자들에 있어서는 절호의 기회나 다름없었다. 소니는 별다른 힘을 들이지 않고 에릭슨의 지분 절반을 획득하며 세계 핸드폰 시장에서 그들의 영향력을 확장할 수 있는 동력을 마련했다. 소니 이외에도 2000년대 초 급격한 시장 변동 속에서 두각을 나타내기 시작한 업체에는 RIM, 바로 리서치인모션이 있었다. 소니가 에릭슨의 무선 기술과 하드웨어 제조법을 손에 넣었다면, RIM은 에릭슨 R380에서 처음으로 도입된 '스마트폰'의 개념을 계승했다. 그리고 RIM은 그들만의 독자적인 스마트폰인 블랙베리를 개발해내며 후발주자로서 핸드폰 시장에 도전장을 내밀었다. 2000년대 중후반 세계 스마트폰 시장에서 독자적인 세력을 형성했던 블랙베리의 신화는 캐나다의 워털루대학교University of Waterloo를 다니던 한 공학도에 의해 탄생한다.

림 최초의 스마트폰
블랙베리 5810

제품명	블랙베리 5810(BlackBerry 5810)
출시 연도	2002
제조사	블랙베리
크기(mm)	117x79x18
무게(g)	133
디스플레이	흑백 LCD
배터리	리튬이온(Li-Ion)
지속 시간	대기 240시간/통화 4시간
네트워크(2G)	GSM 1900

1980년 가을, 청년 마이크 라자리디스Mike Lazaridis는 캐나다 온타리오주에 위치한 워털루대학교에 등록한다. 그는 전기공학 및 컴퓨터 과학 수업을 수강하며 완전한 공학도로 변신한다. 4년 뒤, 라자리디스는 절친한 친구인 더그 프레긴Doug Fregin과 함께 '벗지Budgie'라 이름 붙인 장치를 개발하는 데 열중했다. 그들의 첫 작품이자 야심작인 '벗지'는 텔레비전 화면에 무선으로 정보를 표시하기 위한 시스템이었다.

그들은 벗지를 발판으로 새롭게 사업을 시작하려 했다. 워털루대학교 캠퍼스에서 가까운 곳에 조그마한 사무실을 차린 그들은 회사의 공동 설립자가 됐다. 이제 필요한 것은 회사에 걸맞는 이름이었다. 그들이 첫 번째로 준비한 회사명은 '패러다임 리서치'이었다. 하지만 이미 사용 중인 이름이었다. 라자리

- 마이크 라자리디스(좌)와 그의 동료들 (출처: www.blogcdn.com)

디스는 '리서치Research'라는 단어와 결합하는 몇 가지 이름들을 생각해냈지만 등록을 신청할 때마다 거절당했다.

회사의 이름이 정해지기도 전에 자금은 줄어갔다. 그 이유는 등록 지원서를 제출하는 데만 160달러를 매번 지불해야 했기 때문이다. 웃지도 울지도 못할 상황 속에서 어느 날, 라자리디스는 텔레비전 채널을 돌리다가 한 TV쇼에 시선이 고정된다. 화면 속에는 건장한 축구 선수들이 우스꽝스럽게도 발레 동작을 취하며 춤을 추고 있었다. 그리고 TV 화면 하단의 재치 있는 자막이 눈에 들어왔다. '포트리 인 모션Poetry in Motion' 그의 머릿속에 번쩍이는 영감이 떠올랐다. 그리고 바로 다음과 같은 이름으로 회사를 등록한다.

'리서치 인 모션Research In Motion' 1984년 3월 7일, 훗날 블랙베리폰으로 유명해지는 림이 탄생하는 순간이었다.

림이란 멋진 회사명과 함께 야심차게 첫 포문을 열었지만, 결론부터 말하자면 회사의 첫 번째 제품인 벗지는 실패한다. 상품으로 내놓은 100대 가운데 절반 이하가 팔렸을 뿐이다. 그렇다고 해서 그들의 수고가 전혀 헛된 것만은 아니었다. 이 프로젝트로 자신의 존재를 알린 RIM은 비록 중요도나 규모 면에

카메라폰 시대

• 라자리디스와 짐 발실리 (출처: crackberry.com)

서는 대단하지는 않지만 여러 회사들과 함께 일을 할 수 있는 기회를 얻는다.

미국의 자동차 회사인 제너럴 모터스^{General Motors Corporation}는 조립 라인에서 쓰일 LED 알람 시스템을 의뢰했으며, IBM은 회사의 로컬 네트워크의 설계 및 구축을 맡겼다. 캐나다 국립영화위원회는 영화 편집을 동기화하기 위한 새로운 시스템을 요구했으며, 심지어 어느 한 치과 의사는 사람들이 얼마나 이를 열심히 닦는지 알 수 있는 칫솔을 원했다.

소소한 프로젝트를 진행하며 회사를 유지해오던 RIM에게 도약의 발판을 마련해주는 사건이 발생한다. 1989년, 캐나다의 통신 회사인 로저스^{Rogers}의 무선 네트워크가 마비된 것이다. 로저스는 에릭슨이 개발한 모비텍스^{Mobitex}라는 무선 데이터 통신 시스템에 의존하고 있었는데, 문제는 이 시스템을 사용하는 회사가 당시 북미에서 로저스가 유일했다는 것이다. 신속히 무선 네트워크를 정상화시켜야만 했던 그들은 이 문제를 해결할 만한 업체를 찾던 중 RIM을 발견한다.

RIM은 신속하게 마비된 무선 네트워크를 정상화시키면서 기술력을 세계적으로 인정받게 된다. 심지어 모비텍스를 개발한 에릭슨보다도 더욱 시스템을 잘 이해하고 있다고 전해질 정도였다. 그리고 이듬해 1990년, RIM의 총매출이

• 인터액티브 페이저 900

100만 달러를 찍는다.

  회사가 성장할수록 라자리디스는 사업적으로 그를 도와줄 파트너가 필요하다고 느끼게 된다. 1992년, RIM의 잠재력을 높게 평가한 캐나다의 거대 무역 업체인 서덜랜드 슐츠 Sutherland-Schultz가 RIM의 인수를 시도했는데, 짐 발실리 James L. Balsillie가 서덜랜드 슐츠에 고용되어 협상을 진행했다. 이때 상대방에 매료된 라자리디스는 오히려 짐 발실리에게 함께 일할 것을 제안한다. 그렇게 RIM의 재무 담당 부사장으로 깜짝 발탁된 짐 발실리는 사람들의 충격이 채 가시기도 전에 라자리디스와 더불어 회사의 공동 CEO가 된다.

  짐 발실리라는 든든한 후원자를 얻게 된 라자리디스는 그동안 그가 구상해 오던 새로운 프로젝트를 착수하기 시작한다. 바로 손바닥 안의 이메일을 구현하는 일이었다. 오늘날에는 대부분 최소한 하나씩의 이메일 주소를 갖고 있지만, 1994년까지만 해도 이메일은 일부 회사, 대학교, 그리고 정부 부서와 같은 소수만이 가질 수 있는 희귀한 것이었다. 이런 인터넷 시대의 초장기에 이미 라자리디스는 의사소통 기구로서 이메일의 잠재력을 인식하고 있었던 것이다. 그리고 마침내 회사의 첫 번째 모바일 메시징 장치인 인터액티브 페이저 900 Inter@ctive Pager 900이 탄생한다. 황소개구리라는 별명으로 불린 이 장치는

카메라폰 시대   165

• 림 850

AA 건전지 두 개로 작동했는데, 별명에서 알 수 있듯이 사용자가 손에 놓고 사용하기에는 거대했다.

이에 라자리디스는 보다 작고 경쟁력 있는 제품을 개발하기 위해 연구에 몰두했다. 그리고 1999년, 회사는 새로운 유형의 무선 휴대 장치인 림 850을 발표한다. 이 제품은 조그만 흑백 화면에 컴퓨터 키보드를 축소한 듯한 쿼티 키보드를 갖고 있었다. 그 모양새가 특정 과일을 연상시킨다고 해 사람들은 '블랙베리'란 별명을 붙여줬다. 블랙베리 850이라고도 불린 이 장치는 메시지, 이메일뿐만 아니라 달력, 주소록, 계산기, 알람 기능을 사용할 수 있었다. 그런데 아쉽게도 이 제품에는 한 가지 주요 기능이 빠져 있었다. 바로 음성 통화 기능이었다. 소비자들은 그로부터 3년 뒤에서야 비로소 전화 기능이 포함된 최초의 블랙베리폰을 만날 수 있었다.

2002년 3월 4일, 컴덱스에서 RIM은 그들의 첫 번째 블랙베리폰을 발표한다. 바로 블랙베리 5810이었다. 이 RIM의 새로운 휴대 장치는 세로 11.7센티미터, 가로 7.9센티미터, 두께 1.8센티미터의 규격을 갖고 있으며, 무선 모뎀과 내장 안테나를 장착하고 있음에도 무게가 133그램에 불과했다. 정면에 커다란 대형 흑백 화면, 측면에 메뉴 이동과 선택을 위한 조작 도구로서 트랙 휠이 달려 있

· 블랙베리 구조

었다. 무엇보다도 오늘날 블랙베리하면 떠오르는 쿼티 키보드의 축소판인 엄지 입력thumb-typing 키패드가 화면 바로 아래에 자리 잡고 있었다.

그런데 막상 제품이 공개되자 기대에 한껏 부풀어 있던 사람들 눈에서 실망의 기색이 역력했다. 새로울 것이라 예상했던 제품의 디자인이 기존에 시판 중이던 림의 무선 호출 장치인 블랙베리 957와 차이가 없었기 때문이다. 비록 겉모습은 구별하기 힘들 정도로 유사했으나, 정작 내부를 살펴보면 분명 블랙베리 5810은 전혀 다른 새로운 장치였다.

가장 큰 변화는 과감히 무선 호출 기능을 빼버리고, 음성 통화 서비스를 위한 GSM/GPRS 기능을 추가한 것이다. GSM은 유럽뿐만 아니라 전 세계적으로 광범위하게 사용되고 있는 디지털 방식의 이동통신 시스템, GPRS는 기존의 데이터 전송 방식보다 두 배 이상 빠른 2.5세대 기술이었다. 특이한 점은 핸드폰이라면 갖추고 있을 스피커와 마이크를 찾아볼 수 없었다는 것이다. 대신 장치의 상단에 헤드셋을 꽂기 위한 2.5밀리미터 잭이 있을 뿐이었다. 이렇게 스피커폰이 내장되어 있지는 않았지만, 단말기와 함께 제공된 이어버드 헤드셋을 장치에 연결해 전화 통화를 할 수 있었다.

블랙베리 5810은 림에서 최초로 출시한 블랙베리폰이었지만, 그 용도나 내용적인 면을 살펴볼 때 음성 통화 기능은 부수적이라 느껴질 만큼 다양한 기능들로 채워져 있었다. 먼저 블랙베리의 기원이 '손 안의 이메일'이라는 점을 잊어서는 안 된다. 무선 이메일 기능은 타사 제품과 비교해 독보적이었다. 특히 이 기능은 보안에 철두철미함이 요구되는 회사 이메일에 강점을 갖고 있어 기업 고객으로부터 인기가 높았다. 사용자는 블랙베리폰을 이용해 안전하게 회사 이메일에 접근할 수 있을 뿐만 아니라 읽기, 쓰기, 전달, 답장, 파일 보내기, 삭제와 같이 일반 메일을 작성하듯 그 자유도가 높았다.

한편 블랙베리 5810은 림이 강조하던 '항상 켜져 있고Always on, 항상 연결된Always Connected' 인터넷 브라우저를 실현한 제품이었다. 데이터를 불러올 때마다 매번 전화를 걸어야 했던 과거의 방식과 달리, 사용자는 언제 어디서나 인터넷에 연결된 상태에 놓여 있게 된 것이다. 이렇게 되면 자연스럽게 온라인상의 정보와 핸드폰 내부의 정보를 손수 동기화할 필요가 없게 된다. 본인이 의식하지 못하는 사이 이메일을 수신받을 수 있었고, 웹상의 이메일함과 단말기 안의 이메일함이 불일치할 위험도 없었다.

그 밖에도 핸드폰 겸 PDA라 할 정도로 전자수첩으로서의 역할도 톡톡히 해냈다. 특히 무선 캘린더 동기화 기능은 온라인상의 캘린더와 단말기 내부의 캘린더를 외부 프로그램 도움 없이 쉽게, 그리고 자동으로 연동할 수 있도록 해줬다. 무엇보다도 이 장치만의 이점이라면 다양한 기능들을 동시에 사용할 수 있다는 것이다. 예를 들어, 이메일에 적힌 전화번호를 선택해 상대방에서 곧바로 전화를 건다거나, URL을 클릭해 인터넷으로 바로 이동할 수 있는 식이다. 이렇듯 자유롭게 각 기능을 통합해 연결할 수 있는 것은 강력한 모바일 개발 플랫폼이자 자바Java 기반의 운영체제인 자바2 마이크로 에디션J2ME 덕분이었다.

그렇다면 무선 이메일 휴대 장치로 유명하던 림이 스마트폰을 출시하게 된

• 리서치 인 모션 로고

배경은 무엇일까. 림이 자신들의 블랙베리 장치에서 미련 없이 호출 기능을 제거하고, 대신 핸드폰 기능을 추가한 것은 당시 시대적인 흐름과 무관하지 않다. 2000년 대 초, 이동통신 업체들은 침체된 산업의 새로운 원동력으로 보다 빠른 데이터 네트워크를 출시하는 데 열을 올리고 있었다. 이에 발맞추기라도 하듯 하드웨어 업체들은 음성 통화, PDA, 이메일 등을 하나의 휴대 장치 안에 결합한 네트워크 관련 제품들을 쏟아냈다. 대표적인 제품으로는 림의 블랙베리 5810 이외에도 T모바일(T-Mobile)의 포켓 PC폰 에디션, 그리고 핸드스프링의 트레오 270이 있었다. 블랙베리폰의 강력한 경쟁자인 포켓 PC폰 에디션은 마이크로소프트에서 개발한 윈도 모바일 클래식(Windows Mobies Classic) 운영체제를 탑재한 첫 번째 제품이었다. 이 제품은 블랙베리 5810과 마찬가지로 장치 안에 음성 통화 기능을 내장했으며, 이메일에 적힌 전화번호를 클릭해 전화 통화를 할 수 있다는 점도 블랙베리와 닮았다.

그런데 블랙베리가 문자 입력에 유용한 엄지 입력 쿼티 키패드를 갖고 있던 반면, 포켓 PC폰 에디션은 필기 입력 방식의 터치스크린을 제공했다. 또한 블랙베리폰과 마찬가지로 고속 데이터 전송을 지원하는 GPRS 기술을 도입했지만, '항상 켜져 있고, 항상 연결된' 블랙베리 브라우저와 달리 데이터를 주고받을 때마다 매번 인터넷 접속을 설정하고 전화를 걸며 로그인을 기다리는 절차를 감수해야만 했다.

또 다른 경쟁 제품인 트레오 270은 흑백 화면을 갖고 있던 블랙베리 5810과 달리 산뜻한 컬러 화면을 자랑했다. 블랙베리폰과 포켓 PC폰이 2.5세대 데이터 전송 기술인 GPRS를 도입한 반면, 트레오 270은 속도가 빠르진 않지만 안정적으로 데이터를 전송하는 기존의 전화 접속 무선 데이터 기술을 사용했다.

이렇듯 고속 네트워크 시대에 대비해 관련 무선 휴대 장치들이 속속 등장하면서 치열한 경쟁을 예고했다. 림의 행보도 더욱 빨라졌다. 미국의 이동통신 업체인 AT&T 와이어리스와 보이스스트림이 블랙베리 5810에 대한 주문 접수에 들어갔으며, 캐나다의 로저스 역시 림의 새로운 휴대 장치에 대한 계약을 체결했다.

한편 블랙베리 5810이 북미에서 출시되기 1년 전, 이미 유럽에서는 현지의 GSM/GPRS 네트워크 주파수대에 맞게 변형된 블랙베리 5820이 판매되고 있었다. 영국의 이동통신 업체인 BT 셀넷^{British Telecom}을 필두로 디지폰^{Digi Phone}, 텔레콤 이탈리아^{Telecom Italia}, 텔포트 모비엘, T모바일, 그리고 비아그 인터콤^{Viag Interkom}을 포함한 다른 주요 유럽의 통신사들이 림과의 협력 관계를 연이어 발표했다. 마치 블랙베리 시대가 눈앞에 펼쳐질 듯 보였다.

그러나 현실은 녹록지 않았다. 여전히 그 시대의 핸드폰 시장은 거대 핸드폰 제조업체인 노키아와 모토로라가 양분하고 있었으며, 스마트폰이 아닌 피처폰^{feature phone}이라 불리는 일반 핸드폰이 대세를 이루던 시기였다. 또한 1993년 최초의 스마트폰 IBM 사이먼을 시작으로 1996년 노키아 9000 시리즈를 거쳐, 2000년 심비안 기반의 에릭슨 R380에 이르기까지 스마트폰 시장이 형성되고 있었지만 아직까지 스마트폰의 존재는 미미했다. PDA 시장 진출도 만만치 않았다. 이미 PDA의 대명사가 돼 버린 팜이 시장을 독식하다시피 한 상태였다.

블랙베리 5810의 어설픈 전화 기능과 투박한 디자인은 산화 피막 알루미늄으로 마감처리 된 팜V의 세련미와 상대가 될 수 없었다. 핸드폰 시장과 PDA 시장이 완전히 분리되어 별개로 인식되던 시대였다. 그리고 대중들은 여전히 한 손에 핸드폰을, 다른 한 손엔 PDA를 지니는 것을 불편하게 여기지 않았다. 블랙베리폰으로 새롭게 스마트폰 시장에 뛰어든 림은 시장에서 살아남기 위해 새로운 돌파구를 찾아야만 했다.

2000년대에 들어서기 무섭게 블랙베리라는 독창적인 스마트폰을 앞세우고 혜성처럼 등장한 RIM, 풀컬러 디스플레이를 선보이며 컬러 시대를 연 소니 에릭슨, 그리고 셀카 신드롬과 함께 카메라폰 열풍을 몰고 온 샤프 등 후발주자들의 눈부신 활약으로 핸드폰 시장은 뜨겁게 달아올랐다.

한편 선두주자이자 세계 핸드폰 시장 점유율 1위인 노키아 역시 시간을 허투루 보내고 있지 않았다. 모토로라에게서 모바일 세계의 왕좌를 빼앗은 후에도 안주하지 않고 끊임없이 성장을 거듭해온 노키아다. 최초의 GSM폰, 최초의 캔디바폰, 최초의 내장 안테나폰, 최초의 미디어폰 등 노키아는 언제나 새로운 트렌드의 중심에 있었다. 그리고 이번에는 게임기와 핸드폰의 결합, 즉 '게임폰'이라는 새 장르에 도전하려고 했다. 이 경우 노키아가 상대해야 할 대상은 기존의 핸드폰 제조업체가 아닌 게임 시장에 있었다. 바로 당시 세계 콘솔 게임 시장을 호령하고 있던 닌텐도. 핸드폰 시장의 일인자인 노키아와 게임 시장의 절대자 닌텐도 사이의 한판 승부가 기다리고 있었다.

노키아와 닌텐도의 대결, 게임폰
노키아 엔게이지

제품명	엔게이지(N-Gage)
출시 연도	2003
제조사	노키아
크기(mm)	134x70x20
무게(g)	137
디스플레이	4096 컬러 TFT-LCD
배터리	리튬이온(Li-Ion) 850mAh
지속 시간	대기 200시간/통화 4시간
네트워크(2G)	GSM 900, GSM 1800, GSM 1900

영국 런던, 유유히 흐르고 있는 템스강 위로 호화로운 유람선이 떠 있다. 신 모델 발표 때마다 요란하게 행사를 치르기로 유명한 노키아가 이번엔 호화 유람선을 택했다. 유별난 호화 유람선 기자회견에 전 세계 모든 미디어의 기자들을 초청했다. 동시에 런던의 상징이자 세계에서 가장 큰 대관람차로 유명한 런던 아이London Eye에서도 노키아의 신제품 출시 이벤트가 착착 준비되고 있었다. 관람객들은 한 바퀴에 30분이나 걸리는 거대 회전 관람차 안에서 노키아 신제품을 직접 체험해볼 수 있는 기회를 갖게 된 것이다.

1990년대 후반, 청소년층 사이에서 휴대용 게임기가 인기를 끌자 노키아는 휴대용 게임기를 핸드폰과 결합할 수 있는 방법에 대해 논의하기 시작한다. 그리고 마침내 2003년 10월 7일, 노키아는 처음부터 철저하게 핸드폰과 휴대용

• 야마우치 후사지로(출처: brooklynking.com)

게임 콘솔의 결합을 목표로 설계한 '게임폰' 엔게이지를 세상에 선보인다. 신제품은 확실히 겉모습부터 기존의 핸드폰과 확연히 달랐다. 핸드폰이라기보다 오히려 휴대용 게임 콘솔에 가까웠다.

엔게이지는 단순히 핸드폰과 게임기의 결합이 아니었다. 노키아는 엔게이지를 필두로 휴대용 게임 콘솔 시장을 겨냥하고 있었다. 당시의 휴대용 게임 콘솔 시장의 점령자는 세계적인 게임 회사인 닌텐도였고, 그들이 개발한 휴대용 게임 콘솔인 게임보이 어드밴스^{GBA}가 시장을 휩쓸고 있었다. 노키아는 엔게이지를 발표하는 기자회견 자리에서 공식적으로 닌텐도에 선전포고를 했다. 핸드폰 업계의 거대한 N^{Nokia}과 게임 업계의 거대한 N^{Nintendo}이 맞붙는 순간이었다. 그 자리에 있던 대다수 사람들은 의심의 여지없이 노키아의 승리를 장담했지만, 일부는 이번 대결이 힘겨운 싸움이 될 것이라 예상했다. 닌텐도는 결코 만만한 상대가 아니라는 사실을 알고 있던 것이다.

닌텐도는 120여 년 전인 1889년 일본 교토에서 야마우치 후사지로^{山内房治郎}가 세운 조그만 게임 카드 회사에 그 기원을 두고 있다. 일본의 전통 게임 카드인 〈화투〉를 제작하던 소규모 업체에서 1933년 '합명회사 야마우치 닌텐도^{合名会社山内任天堂}'란 회사로 확장했고, 1949년 후사지로의 손자인 야마우치 히로시^{山内溥}가 회사를 물려받는다. 이후 월트 디즈니와 계약을 체결한 히로시는

• 세계적인 게임 회사 닌텐도

1959년 디즈니 캐릭터들을 자신들의 게임 카드에 인쇄한 어린이용 게임 카드를 출시하면서 큰 성공을 거둔다.

1963년부터 닌텐도는 비디오게임 산업에 눈을 돌린다. 1977년 미쓰비시 전자와 협력해 처음으로 가정용 비디오게임을 개발했고, 이후 동전 투입식 게임기를 생산해 전 세계적으로 히트시킨다. 그리고 1985년 9비트 비디오게임 콘솔인 NES$^{Nintendo\ Entertainment\ System}$를 개발하면서 닌텐도의 진화가 시작된다. 닌텐도 가정용 게임기는 1988년 미국에서 가장 많이 팔린 장난감 1위로 선정되었고, 〈젤다의 전설〉은 100만 카피가 넘게 판매되는 경이적인 기록을 세웠다. 1989년에는 휴대용 게임 콘솔인 게임보이를 선보였으며, 1990년에는 유명한 비디오게임인 〈슈퍼마리오 브라더스〉와 함께 닌텐도의 16비트 비디오게임 콘솔인 SNES$^{Super\ Nintendo\ Entertainment\ System}$가 출시됐다.

1996년은 닌텐도에게 위기와 동시에 기회의 해였다. 닌텐도의 경쟁자인 세가^{Sega}는 비디오게임기인 새턴^{Saturn}으로 게임 콘솔 시장에 출사표를 던졌고, 또 다른 라이벌 소니는 32비트 게임 시스템인 플레이스테이션으로 닌텐도와 정면승부를 펼쳤다. 이에 닌텐도는 64비트 비디오게임 시스템인 닌텐도 64를 출시함으로써 이들의 공격에 응수했다. 닌텐도 64는 일본에서 출시 첫 날 50만대 이상이 팔렸으며, 북미에서 단 3일 만에 전체 재고였던 35만 대가 모두 팔렸다.

한편 1998년 게임보이에 이은 휴대용 게임 콘솔인 게임보이 컬러^{Game Boy Color}가 출시됐다. 이로써 닌텐도는 가정용 게임 콘솔뿐만 아니라 휴대용 게임 콘솔까지 평정하기에 이른다. 마땅한 경쟁자도 없는 비디오게임 시장에서 더 이상 새로운 게임 콘솔은 불필요해보였다. 하지만 닌텐도의 열정은 식을 줄 몰랐다. 마침내 몇 년 후 노키아의 엔게이지와 자웅을 겨루게 될 32비트 휴대용 게임 콘솔인 게임보이 어드밴스^{Game Boy Advance}를 세상에 선보인다.

2001년 닌텐도의 게임보이 어드밴스 출시 2년 후인 2003년에 노키아 엔게이지가 발표된다. 출시 시점으로만 보면 당연히 게임보이 어드밴스 오래된 제품이다. 비교해봐도 게임보이 어드밴스는 무겁고 육중한 플라스틱 덩어리 같은 느낌이다. 이에 반해 엔게이지는 세련된 금속 재질에 매끄러운 곡선으로 형태가 이루어져 있으며, 장치를 돋보이도록 하는 투광조명 버튼으로 그 안이 채워져 있다. 과연 소비자가 어떤 제품을 원하는지 오랜 시간 동안 핸드폰 제작

• 게임보이 어드밴스

을 통해 터득한 노키아의 디자인다웠다.

엔게이지의 화면은 독특하게도 가로보다 세로가 더 기다란 종횡비를 갖고 있으며, 176x208픽셀 해상도에 4096가지 색상을 표현할 수 있었다. 게임보이 어드밴스가 배터리를 절약하기 위해 화면에 백라이트가 설치되어 있지 않은 반면 엔게이지는 어두운 곳에서도 게임을 플레이할 수 있도록 밝은 백라이트를 제공했다. 뿐만 아니라 노키아는 일반 비디오게임 콘솔이 갖고 있지 않은 무선통신 기술을 엔게이지에 접목시켰다. 블루투스 링크를 통해 가까이에 있는 상대방과 멀티 플레이어 게임을 즐길 수 있었고, GSM 모바일 네트워크나 보다 빠른 데이터 전송 기술인 GPRS를 사용해 온라인 멀티 플레이어 게임을 할 수 있었다.

노키아 엔게이지는 기능 면에서 오늘날의 스마트폰에 가까웠다. 기본적인 음성 통화와 게임 플레이는 물론, FM 라디오, MP3플레이어, 웹 브라우징, 이메일 기능을 내장하고 있었으며, 개인 정보를 관리하는 PDA용으로도 활용할 수 있었다. 그리고 노키아는 하드웨어 못지않게 소프트웨어 개발에도 공을 들였다. 세가, 타이토TAITO, 액티비전Activision, 그리고 에이도스Eidos 등의 유명 게임 회사와 손을 잡고 게임 콘텐츠 확보에 나선 것이다. 그 결과 〈소닉〉, 〈툼레이더〉, 〈슈퍼 몽키볼〉 같은 멀티 플레이어 게임을 엔게이지에서 즐길 수 있게 됐다.

이렇듯 노키아는 그들의 첫 번째 게임폰을 개발하는 데 심혈을 기울였지만, 아쉽게도 몇 가지 결함이 발견된다. 엔게이지의 별명은 '타코폰'이었다. 그 생김새가 밀가루 반죽 안에 야채 고기 등을 싸서 먹는 멕시코 음식인 타코를 닮았다 해서 붙은 별명이었다. 문제는 스피커와 마이크가 장치 옆면에 설치되어 있어, 전화 통화를 위해서는 엔게이지를 얼굴과 직각으로 세워 대야 한다는 것이었다. 이는 마치 거대한 타코를 얼굴에 갖다 대고 통화하는 것처럼 보였는데, 멀리서 보면 통화하는 사람의 모습이 마치 한쪽 귀가 커다란 몬스터처럼

• 엔게이지 GD

보이는 우스꽝스러운 상황이 연출되기도 했다.

또 다른 결함은 바로 버튼이었다. 키패드 위의 수많은 버튼들은 게임을 조작하는 동안 방해 요소로 작용했다. 버튼이 많다 보니 잘못된 버튼을 누르기 쉬웠고, 실수로 게임을 정지시키거나 심할 때는 종료시키는 우발적인 상황도 벌어졌다. 또한 화면의 비율이 가로보다 세로가 긴 엔게이지만의 독특한 종횡비도 게임을 하는 데 제약을 가져왔다. 대다수 게임 화면은 일반적으로 세로보다 가로가 긴 종횡비를 갖고 있기 때문이다.

그런데 결정적인 노키아의 실수는 바로 MMC 메모리를 채택한 것이었다. 당시 업계에서는 우표 크기의 SD 메모리가 널리 사용되고 있었지만, 노키아는 그들의 게임을 저장하는 데 외장형 플래시메모리의 일종인 MMC를 사용하기로 결정했다. 하지만 MMC는 쉽게 망가지고, 고가였다. 반면 닌텐도의 게임보이 어드밴스는 게임 카트리지라는 견고한 플라스틱 케이스 안에 게임을 저장했다.

MMC의 문제는 사용자가 다른 게임을 플레이하려면 게임이 저장된 MMC 메모리카드를 교체해야 했는데 이를 위해 먼저 제품의 전원을 꺼야 했다. 그다음으로 장치의 후면 플라스틱 덮개를 분리시킨 후, 배터리를 뺀다. 그리고 그 아

카메라폰 시대 177

래 메모리 슬롯 안에 기존의 MMC 메모리카드를 빼고 새로운 것으로 교체해 준다. 이후 다시 배터리와 플라스틱 덮개를 원래대로 돌려놓는 과정을 반복한다. 이는 간단히 게임을 교체한다고 하기에는 너무나 많은 단계를 거치는 것이었다. 그래서 노키아는 후속 모델인 엔게이지 GD에서 메모리카드 대신 다운로드를 통해 해결하려 했지만, 느린 네트워크에서 게임을 다운로드하는 데는 상당한 인내가 요구됐다.

핸드폰 업계의 일인자인 노키아였지만 게임 시스템을 구축한 경험이 없었기 때문인 것일까. 장치적 결함이 발견된 데 이어 승부를 결정 짓는 마케팅 전략에서 노키아의 미숙함이 여실히 드러났다. 면도기와 면도날과 같이 서로 의존적인 제품을 판매할 때, 면도기는 사실상 무료에 제공하는 반면 교체 면도날에는 비싼 가격을 매겨 판매한다. 이와 같은 방식의 비즈니스 모델을 가리켜 '면도기-면도기날 모델Razor-Razor blade Model'라고 부르는데, 비디오게임 산업도 이 비즈니스 모델을 기초로 작동한다. 회사는 손해를 보고 낮은 가격에 게임 콘솔을 판매하고, 차후 게임 소프트웨어 판매에서 벌어들인 라이선싱 비용으로 수익을 창출하는 형식이다.

그런데 노키아의 경우 그들의 제품을 판매할 때 단말기에 대한 보조금을 지원하지 않은 것이 그들의 기업 정책이었다. 그리고 비디오게임 시장에 진출하는 예외적인 상황에서조차 노키아는 게임계의 면도기-면도기날 모델을 따르지 않고 기업 정책을 적용했다. 소비자에게 전액 콘솔 비용을 부과한 것이다. 엔게이지의 소비자 가격은 299달러, 이는 경쟁자 게임보이 어드밴스의 거의 두 배에 해당하는 가격이었다. 야심차게 출항한 노키아 엔게이지의 미래에 불길한 먹구름이 드리워졌다.

우려는 곧 현실이 됐다. 비디오게임의 인기에 편승해 엔게이지의 성공을 확신하던 노키아의 예상은 완전히 빗나갔다. 미국 판매를 시작한 첫 주에 엔게이지의 판매량은 게임보이 어드밴스 판매량의 100분의 1에 불과했다. 그리고 출시 17일 만에 게임스탑과 일렉트로닉스부티크와 같은 미국의 대형 비디오게임 소매점에서 엔게이지를 100달러 할인 판매했다. 노키아는 엔게이지 출시 2주 만에 40만 대가 팔려나갔다고 주장했지만, 독립적인 시장조사 기관인 차트트랙과 아르카디아 리서치의 조사 결과, 해당 기간 동안의 엔게이지 미국 내 판매량은 겨우 5천 대, 그리고 영국에서 800대라는 사실을 밝혀냈다. 진실이 드러나자 노키아는 어쩔 수 없이 그들이 언급한 숫자가 실제 판매량이 아닌 소매점에 납품한 제품의 수량이라고 털어놓았다. 2005년 1월, 영국에서 판매되는 비디오게임의 판매 차트를 제공하는 ELSPA는 그들의 게임 차트에서 엔게이지를 취급하지 않기로 결정했다. 이는 영국에만 해당되는 것이었지만, 게임 차트에서의 누락은 엔게이지의 존립에 의구심을 품는 시발점이 됐다.

그렇다고 노키아가 엔게이지의 침몰을 그대로 보고만 있었던 것은 아니다. 비디오게임 시장 진출에 대한 의지를 재확인한 노키아는 후속 모델인 엔게이지 QD를 출시하면서 오리지널 엔게이지가 갖고 있던 문제를 개선했다. 게임을 교체할 때 번거로운 MMC 메모리를 사용하는 대신 다운로드 방식으로 바꾼 것이 대표적인 예다.

또 다른 해결책으로, 유명 비디오게임 회사인 세가 유럽의 제라드 위너Gerard Wiener를 영입해 노키아 게임 부서의 총책임 감독을 맡긴 것이다. 하지만 이런 노키아의 변화에도 불구하고 상황은 더욱 그들에게 불리한 방향으로 흘러갔다. 닌텐도 DS와 소니의 PSP의 폭발적인 인기로 엔게이지가 끼어들 틈이 없게 된 것이다. 결국 노키아는 비디오게임 시장 진출을 단념하기로 한다. 2006년 3월, 미국에서 오리지널 엔게이지에 대한 마지막 게임인 〈문명〉이 발매되었고, 그해 11월 엔게이지 QD용 마지막 게임인 〈전투 레이서 페이로드〉가 출시됐다. 비록 새로운 게임은 더 이상 개발되지 않았지만, 노키아는 엔게이지

카메라폰 시대 179

• 엑스페리아 플레이(출처: brutalgamer.com)

관련 서비스를 지속하기로 약속했다. 그러나 2010년 말, 이마저 지켜지지 못하고 결국 노키아는 엔게이지 서비스 종료를 발표했다. 출시된 지 7년 만에 맞는 쓸쓸한 퇴장이었다.

엔게이지는 실패작이라는 멍에를 안게 되었지만, 전혀 성과가 없었던 것은 아니다. 우선 엔게이지는 블루투스를 이용한 무선 멀티 플레이어 기능을 갖춘 최초의 휴대용 게임 시스템이었다. 그리고 잠금 해제가 가능했는데, 이는 GSM 표준을 지원하는 어떤 통신사에서도 사용 가능하다는 의미였다. 실제로 미국에서 스프린트와 버라이즌 통신사를 제외한 대부분 통신업체에서 엔게이지를 개통할 수 있었다.

게임 개발 측면에서도 몇 가지 성공 사례를 남겼다. 게임 〈포켓 킹덤: 자신의 세계〉는 비평가들로부터 호평을 받았으며, 〈영광을 향한 여정〉은 노키아가 자체 제작한 게임으로서 첫 성공을 안겨주었다. 하지만 이런 성과에도 불구하고, 이미 돌아서버린 엔게이지에 대한 소비자들의 인식을 바꾸기에는 너무 늦은 시점이었다.

물론 노키아 엔게이지로 시작된 게임폰에 대한 시도는 이후에도 계속 이어졌고, 오늘날 엑스페리아 플레이Xperia Play와 같은 꽤 인상적인 모바일 게임 플랫폼이 등장하기에 이른다.

일반적으로 사업에 실패했을 경우 그 기업은 안전한 길을 찾기 마련이다. 하지만 엔게이지가 좌초하고 게임폰이라는 새로운 시장을 개척하는 데 실패했을 때 노키아는 달랐다. 그 와중에도 또 다른 새로운 시장을 개척할 준비를 하고 있었던 것이다. 노키아는 이미 기존의 핸드폰 시장이 포화되었다고 판단하고, 그동안 그 누구도 관심을 기울이지 않던 개발도상국으로 눈을 돌렸다. 누군가 가장 기본적인 것이 가장 뛰어나다고 했다. 노키아는 현란하고 불필요한 기능들을 모두 배제하고 오직 핸드폰 기본 기능에 충실한 제품을 개발했고, 보란 듯이 성공했다. 그런데 그 성공이라는 것이 단순히 엔게이지로 인한 손실을 메꾸는 정도가 아니었다.

2003년 인류는 지구상에서 가장 많이 팔린 핸드폰을 목격하게 된다.

세상에서 가장 많이 팔린 핸드폰
노키아 1100

제품명	노키아 1100(Nokia 1100)
출시 연도	2003
제조사	노키아
크기(mm)	106x46x20
무게(g)	86
디스플레이	흑백 LCD
배터리	리튬이온(Li-Ion) 850mAh
지속 시간	대기 400시간/통화 4시간 30분
네트워크(2G)	GSM 900, GSM 1800

1983년 세계 최초의 핸드폰 모토로라 다이나택이 출시되었을 당시, 이 제품의 가격은 무려 3995달러였다. 당시 핸드폰은 재력을 과시하기 좋아하는 사람들을 위한 사치품과도 같았다. 그로부터 30년이 지난 오늘날, 하루가 다르게 쏟아지는 신제품들 사이에서 마음만 먹으면 100달러 이하의 핸드폰도 쉽게 구입할 수 있게 됐다. 가격이 저렴해지고 장치가 대중화되면서 핸드폰은 더 이상 소수를 위한 사치품이 아닌 누구나 당연히 갖고 있는 필수품으로 자리 잡게 된 것이다. IT 리서치 회사인 가트너Gartner에 따르면, 2011년 한 해 동안만 15억 1천만 대의 핸드폰이 전 세계적으로 판매됐다고 한다. 지구상 인구의 5분의 1이 2011년에 핸드폰을 구입했다는 의미이다. 이처럼 엄청난 수요에 비례해 다양한 종류의 브랜드가 탄생하고, 수많은 모델들이 등장했다가 사라지는 것은 전

혀 놀라운 일이 아니다.

그렇다면 이들 가운데 세상에서 가장 많이 팔린 핸드폰 모델은 무엇일까. 터치스크린 기술 혁명과 함께 스마트폰 열풍을 일으킨 애플의 아이폰일까? 아니면 한류 열풍과 더불어 아시아 국가에서 엄청난 인기를 끌고 있는 삼성의 갤럭시? 한때 핸드폰 시장을 군림하던 모토로라의 스타택도 과거의 영광을 떠올린다면 무시하지 못할 후보이다. 또한 애플과 삼성에 밀려 주춤하고 있지만 과거 피처폰 시대의 일인자였던 노키아의 제품들도 생각해볼 수 있다. 우선 세계에서 가장 많이 팔린 10대의 핸드폰을 알아보자.

10위 노키아 5800 익스프레스 뮤직

노키아 5800 익스프레스 뮤직은 이름에서 짐작되듯이 음악 재생을 위해 최적화된 이른바 '뮤직폰'이었다. 그리고 이 제품은 아이폰이 스마트폰 열풍을 일으킨 직후, 노키아 핸드폰으로는 처음으로 터치스크린이 장착된 스마트폰이기도 했다. 당시 세련된 디자인으로 많은 팬을 확보했으며, 1300만 대 이상 판매됐다.

9위 블랙베리 펄 8100

림이 발표한 블랙베리 펄은 그들이 출시한 블랙베리폰들 가운데 가장 높은 판매고를 올린 제품이었다. 블랙베리폰으로서는 처음으로 고해상도 카메라와 미디어 플레이어를 도입했으며, 이외에도 인터넷 접속, 착탈식 메모리카드를 지원했다. 물론 블랙베리폰만의 고유의 특징인 엄지 입력 쿼티 키패드를 잊지 않았다. 전 세계적으로 1500만대가 판매됐다.

8위 LG 초콜릿

정식 모델명은 VX8500이지만, LG 초콜릿이란 이름으로 더욱 친숙한 이 제품은 2006년 7월에 출시됐다. 그 별명이 말해주듯 초콜릿 바를 닮은 세련되고 독특한 디자인으로 유명하며, 슬라이드폰이면서 MP3플레이어의 특색을 갖고 있었다. 본래 검정 바탕의 이 제품은 이후 민트 초콜릿, 화이트 초콜릿, 스트로베리 초콜릿, 체리 초콜릿이라 불린 다양한 색상을 선보였다. 1500만 대 이상의 매출을 기록하며 LG란 브랜드를 세상에 알렸다. 자세한 설명은 「LG전자의 등장, 세계를 사로잡은 달콤함 'LG 초콜릿'」에 있다.

7위 노키아 2100

2003년 당시 노키아는 세상 사람들이 가장 선호하는 핸드폰 브랜드였다. 그해 출시된 노키아 2100은 사람들을 깜짝 놀래킬 만한 특별한 요소를 갖고 있지 않았지만, 사용하기 쉬운 인터페이스와 노키아라는 브랜드가 주는 신뢰감으로 2천만 대가 훌쩍 넘는 판매고를 올렸다. 기초적인 그래픽에 고전적인 노키아 디자인을 갖고 있었으며, 무게는 85.7그램으로 매우 가벼웠다.

6위 아이폰 3GS

2008년 아이폰 3G가 발표되었고, 이듬해 2009년 6월 3세대 아이폰인 아이폰 3GS가 출시됐다. 아이폰은 세계 핸드폰 시장에 스마트폰 열풍을 몰고 왔으며, 핸드폰 시장을 아이폰 이전과 이후로 나눌 만큼 그 의미와 파급효과가 컸다. 터치스크린, 고해상도 카메라, 빠른 사양 등 애플의 스마트폰은 피처폰이라 불린 이전의 핸드폰이 구현할 수 없는 다양한 기능들을 제공했다.

이 제품은 미국, 캐나다, 일본, 오스레일리아, 유럽 주요 6개국을 포함한 전 세계로 출시되었으며 3500만 대가 팔렸다.

5위 아이폰 4S

아이폰의 인기는 아이폰 4S로 이어졌다. 아이폰 4S는 아이폰5의 발표를 기다리던 대중들의 심리와 맞물린 2011년 10월에 출시됐다. 아이폰의 전체적인 아이디어는 핸드폰을 가지고 사진을 찍고 동영상을 촬영하며 다양한 앱을 즐기는 것이었다. 아이폰 4S는 여기에 디지털 개인 비서인 '시리Siri'를 추가로 내장했고, 또 한 번의 혁신으로 받아들여졌다. 출시 첫 주 만에 400만 대 판매라는 대기록을 세운 아이폰 4S의 최종 스코어는 3700만 대이다.

4위 노키아 3310

4위와 5위의 차이가 크다. 여기서부터 핸드폰 판매 단위가 1억 대를 넘어선다. 2000년에 출시된 노키아 3310은 듀얼밴드 GSM 핸드폰이었다. 이는 이중 대역의 주파수를 지원한다는 의미로, 한 핸드폰을 가지고 2개국 이상의 국가에서 사용할 수 있다. 당시만 해도 혁신적인 기술이었다. 노키아 3310은 역대 판매 2위를 차지하고 있는 노키아 3210의 후속 모델이기도 한데, 후속 모델이 1억 대 이상이 팔렸으니 이 핸드폰 시리즈의 인기가 얼마나 대단했는지 실감할 수 있다. 총 1억 2600만 대가 판매됐다.

3위 모토로라 레이저 V3

축구 선수 데이비드 베컴이 선전한 바로 그 핸드폰, 모토로라 레이저는 모로토라가 중산층을 겨냥해 개발한 폴더형 핸드폰이었다. 스타택에 이은 또 한 번의 혁신적인 디자인으로 대중의 시선을 사로잡는 데 성공했다. 세련된 외관에 매우 얇고 날렵하게 빠진 측면, 게다가 그 안에 카메라까지 내장되어 있었다. 모토로라 레이저는 출시 4년 만에 1억 3천만 대라는 대기록을 세우면서 모토로라의 건재함을 과시했다. 또한 유력 IT 매거진인 『PC월드』에서 주관한 '지난 50년간 50가지 위대한 가전제품'에서 12위에 선정됐다. 「스타택에 이은 또 하

나의 명작 '모토로라 레이저 V3'」를 참고하자.

2위 노키아 3210

핸드폰 역대 판매 2위는 1억 6천만 대의 실적을 올린 노키아 3210이다. 이 모델은 1999년에 출시되었는데, 당시 대다수 핸드폰들은 윗부분에 기다란 외장 안테나를 달고 있었다. 이에 반에 노키아 3210은 안테나를 핸드폰 안에 집어넣는 내장 안테나 개념을 도입해 핸드폰 외관에서 안테나를 제거했다. 안테나가 사라진 핸드폰 디자인은 당시 대중들에게 참신하고 멋지게 받아들여졌다. 특히 이 제품은 젊은 세대 사이에서 인기가 높았다. 노키아 3210에 대한 자세한 설명은 「핸드폰 역대 판매 2위 '노키아 5110'」을 보자.

그렇다면 과연 1위를 차지한 핸드폰은 어떤 제품일까?

'세상에서 가장 많이 팔린 핸드폰'이라는 타이틀의 주인공은 바로 노키아 1100이다. 그런데 이 제품을 처음 마주친 사람이라면 누구나 이런 생각이 들지도 모르겠다. 과연 이 제품이 세계에서 가장 많이 팔린 핸드폰이 맞는가 하고 말이다. 노키아 1100은 모토로라 레이저처럼 누구나 현혹시킬 만큼 세련되고 빼어난 디자인을 갖고 있지 않다. 그렇다고 해서 아이폰처럼 세상을 놀라게 할 만큼 혁신적이지도, 수백 가지의 다양한 기능을 제공하는 것도 아니다.

노키아 1100이 출시되었을 당시의 시장 반응도 크게 다르지 않았다. 아무리 잘나가는 노키아였지만, 이미 컬러 화면과 내장 카메라가 대중화된 시기였다. 그런데 노키아가 신제품이라고 내놓은 것은 구식 흑백 화면과 단순 문자 메시지 기능만 갖고 있는 저렴한 단말기였다. 모두가 이 제품의 성공 여부에 의심의 눈초리를 보낸 것은 어찌 보면 당연한 일이었다.

하지만 결과를 본다면 그들의 예상은 완전히 빗나갔다. 사람들이 싸구려 핸드폰이라 치부한 노키아 1100은 단순 대박이 아닌 2억 5천만 대라는 경이적인 판매 기록을 세운다. 이는 아이폰 4S의 전체 판매량의 일곱 배에 해당하는 수치이며, 쉽게 깨지지 않을 것이라 여겨졌던 노키아 3210이 세운 1억 6천만 대와도 무려 9천만 대 차이가 나는 것이다. 그로부터 10년이 지난 스마트폰 시대에도 여전히 노키아의 구식 피처폰이 부동의 1위 자리를 지키고 있는 것을 보면 얼마나 대단한 것인지 알 수 있다. 노키아 1100이 2억 대가 넘는 대기록을 세울 수 있었던 비결은 크게 두 가지로 압축된다.

첫째, '단순함'이다. 노키아 1100은 세로 10.6센티미터, 가로 4.6센티미터, 두께 2센티미터로 크기가 작고, 무게는 86그램으로 매우 가벼워 마치 장난감처럼 느껴졌다. 색상은 기본적으로 파란색이었지만, 케이스를 교체할 수 있는 익스프레스온 커버로 되어 있어 사용자가 원하는 색상으로 바꿀 수 있었다. 키패드의 버튼들은 개별적으로 분리돼 있지 않고, 일체형처럼 하나의 플라스틱 막 위에 돌출되어 있는 형식이라 장난감처럼 보이는 외형이 더욱더 단순해보였다. 그리고 이 제품에는 다른 핸드폰이라면 으레 있을 카메라, MP3플레이어, 웹 브라우저, 이메일, GPS, 블루투스, 메모리카드 슬롯, 심지어 적외선 포트조차 존재하지 않았다. 화면도 컬러가 아닌 흑백이었으며, 지원하는 기능도 SMS 문자 메시지, 알람, 스톱워치, 계산기 등으로 극도로 제한적이었다.

이런 단순한 설계는 다분히 의도된 것이었다. 노키아 1100은 모든 불필요한 기능을 배제시킨 오직 음성 통화만을 위한 핸드폰이었으며 실제로도 복잡하게 여러 기능을 이용하지 않고, 주로 음성 통화를 위해 핸드폰을 사용하는 소비자들이 주요 고객이었다.

기본적인 기능만 지원하다 보니 전력 소비에서도 이점이 있었다. 노키아 1100은 타사 고급 제품과 동일한 대용량 리튬 이온 배터리를 사용했지만, 열 시간 이상의 통화 시간, 그리고 2주라는 놀라운 대기 시간을 보여줬다. 하루가 멀다 하고 충전을 해야 하는 오늘날의 스마트폰이라면 상상할 수 없는 일이다.

둘째, '개발도상국'이다. 노키아는 그들이 새롭게 내놓은 핸드폰의 주요 타깃을 인도, 중국, 브라질과 같은 개발도상국으로 했다. 공통적으로 인구가 많고

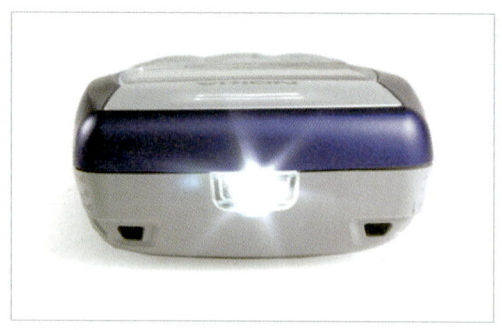
• 노키아 1100의 손전등 기능 (출처: www.pcmag.com)

성장 가능성이 풍부한 국가라는 특징을 갖고 있었다. 게다가 당시만 해도 세계 핸드폰 시장의 미개척지나 다름없었다. 때마침 '커뮤니케이션 붐'이라 해 전 세계로 핸드폰 사용 인구가 급속하게 팽창하는 호재가 겹쳤다. 노키아는 핸드폰을 접해본 적이 없는 사람들도 쉽게 사용할 수 있는 단순한 핸드폰, 바로 노키아 1100을 적시에 시장에 내놓음으로써 해외 시장을 손에 넣는 데 성공했다.

개발도상국을 목표로 특별히 개발된 만큼 노키아 1100에는 일반 핸드폰이 갖고 있지 않은 몇 가지 특징이 있었다. 핸드폰 키패드와 전면부는 먼지를 방지할 수 있도록 설계되었으며, 습한 날씨나 젖은 손에 미끄러지지 않도록 핸드폰 옆면이 특수 처리가 됐다. 그리고 핸드폰을 떨어뜨리거나 어딘가에 부딪히더라도 쉽게 망가지지 않을 정도로 내구성이 뛰어났다. 또한 노키아 1100은 가로등이 없는 곳에서 어둠을 밝힐 수 있도록 핸드폰 내부에 손전등 기능이 내장되어 있었다. 사용자는 키패드에서 'C'키를 눌러 손전등 기능을 활성화시킬 수 있었으며, 'C'키를 연속으로 두 번 누르면 전등이 켜져 있는 상태로 고정됐다. 이 손전등 기능은 굳이 개발도상국 예를 들지 않더라도 실생활에서 상당히 유용했다. 가구 밑으로 동전이 굴러 들어갔을 때나 극장에서 떨어뜨린 열쇠를 찾을 때 주머니에 노키아 1100이 있다면 충분했다.

핸드폰계의 최고의 베스트셀러, 노키아 1100. 출시 후 6년 만인 2003년 2억

5천만 대라는 전무후무한 대기록을 세웠다. 노키아 1100은 '세상에서 가장 많이 팔린 핸드폰'이라는 타이틀 외에도, 1억 2500만 대의 소니 플레이스테이션 2와 1억 7천만 대의 애플 아이팟을 제치고 '세계에서 가장 많이 팔린 가전제품'이라는 타이틀마저 획득한다. 그리고 세계 최고의 베스트셀러 핸드폰을 탄생시킨 노키아는 명실상부 핸드폰 대표 브랜드로 거듭난다. 세계에서 가장 많이 팔린 핸드폰 10위권을 보면 절반이 노키아 제품인데, 노키아의 영광이 어느 정도였는지 짐작할 수 있다.

노키아 1100은 제품 디자이너들에게 좋은 디자인이란 어떤 것인지 말해주는 훌륭한 본보기가 되어줬다. 당시 핸드폰들은 화려한 디자인과 많은 기능들로 소비자의 눈을 현혹하려 했다. 오늘날 우리의 모습과 다르지 않다. 좋은 스마트폰이란 얼마나 많은 앱을 안에 담을 수 있는지, 얼마나 다양한 기능들을 구현할 수 있는지가 중요한 척도가 된다. 하지만 노키아 1100의 경우는 정반대였다. 그 안에 더 많이 담으려 하는 것이 아닌 덜어내려 했다. 군더더기 없이 단순한 캔디바 형태의 디자인, 잡다한 기능들로 골머리 앓을 필요 없이 누구나 쉽게 사용할 수 있는 핸드폰. 노키아 1100은 이른바 '뺄셈의 미학'을 실현한 제품이었다. 노키아 1100은 마치 이렇게 말하는 듯하다. 기본적인 것이 가장 뛰어난 것이라고 말이다.

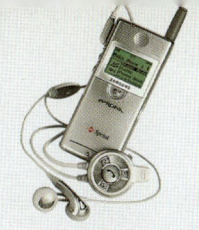

PART
07

패션폰 시대

스타택에 이은 또 하나의 명작
모토로라 레이저 V3

제품명	모토로라 레이저 V3 (Motorola RAZR V3)
출시 연도	2004
제조사	모토로라
크기(mm)	98x53x13.9
무게(g)	95
디스플레이	256 컬러 TFT-LCD
배터리	리튬이온(Li-Ion) 680mAh
지속 시간	대기 280시간/통화 7시간
네트워크(2G)	GSM 850, GSM 900, GSM 1800, GSM 1900

1998년부터 2009년까지 영국 축구대표팀의 주장이었으며, FIFA 월드컵에 세 차례 출전한 관록을 자랑한 선수. 맨체스터 유나이티드, 레알 마드리드, AC 밀란과 같은 유명 구단에 소속되어 미드필드를 휘저었던 영국이 내놓은 세계적인 축구 스타. 이 모든 수식은 바로 데이비드 베컴을 이르는 말이다. 그는 뛰어난 축구 실력만큼 잘생긴 외모로 전 세계 수많은 팬을 보유하고 있으며, '데이비드 베컴'이란 그의 이름은 글로벌 광고 시장의 가장 뜨거운 브랜드 가운데 하나이다. 남자들은 베컴의 빼어난 축구 실력을 동경했고, 여성들은 그의 잘생긴 외모에 매력을 느꼈다. 남녀불문하고 사랑받는 그의 이미지를 기업들은 자사 제품의 홍보에 활용하려고 필사적이었다.

• 데이비드 베컴의 모토로라 광고(출처: i289.photobucket.com)

　모토로라가 그중 하나였다. 2006년 모토로라는 일본 시장에서 레이저폰을 홍보하는 데 베컴을 모델로 기용했다. 그리고 2007년 레이저 2가 출시되자 이번엔 아시아 시장의 홍보 타깃으로 대한민국을 선택했다. 당시 LA 갤럭시 구단에 몸을 담고 있던 데이비드 베컴은 모토로라 레이저 2를 홍보하기 위해 한국을 방문했다. 광고 속의 베컴은 상의를 탈의한 채 잘 다져진 근육을 과시하고 있다. 그리고 베컴의 목에는 몸매만큼 날렵하게 잘 빠진 모토로라 폴더폰이 매달려 있다. 광고는 마치 모토로라의 신형 핸드폰을 구입하면 베컴처럼 될 수 있다고 말하는 듯했다. 이 TV 광고는 다른 모토로라의 광고와 마찬가지로 이렇게 끝을 맺고 있다. '헬로 모토 Hello Moto'

　핸드폰 시장의 일인자 자리를 굳건하게 지키던 모토로라가 인기에 너무나 도취되었던 것일까. 1990년대 중반 이후 경쟁자들의 도전을 받으며 조금씩 핸드폰 시장에서 그 위상을 잃어갔다. 게다가 그 자리를 노키아가 차지하면서 세계에서 가장 큰 핸드폰 제조업체로 성장했고, 결국 모토로라를 뛰어넘게 된다. 1999년, 모토로라는 그들의 첫 번째 트라이밴드 GSM폰인 타임포트를 발표하고, 2003년 자바 기술과 리눅스 운영 시스템을 도입한 모토로라 A760으로 스마트폰 시장에 뛰어들지만 상황을 뒤엎기엔 역부족이었다. 마치 다시는 과거의 영광을 재현할 수 없을 것만 같은 위기감이 팽배했다. 2004년 그들의 첫 번째 패션폰인 모토로라 레이저 V3를 발표하기 전까지 말이다.

모토로라 레이저 V3는 2003년 7월에 개발되어, 2004년 중반에 시장에 출시됐다. 이 모델은 향후 지속되는 레이저 시리즈의 첫 번째 주자이기도 했다. 모토로라 레이저가 출시될 당시, 이 모델은 모토로라의 기술력과 디자인을 과시할 목적으로 설계된 고급 제품이었다. 2005년 미국 아카데미 시상식에서 모토로라는 한정판 블랙 레이저폰을 손님들에게 증정하며 고급 핸드폰으로서의 이미지를 각인시켰다.

가격 역시 대중화를 목적으로 한 핸드폰이라고 하기엔 다소 비싼 600달러 정도였다. 하지만 모토로라 레이저를 목격한 사람이라면 누구나 이 매력적이고 독특한 핸드폰을 갖고 싶어 했다. 이내 모토로라의 신형 폴더폰은 유행을 선도하게 되었고 핸드폰 카테고리에 '패션폰'이라는 새로운 장르를 탄생시키기에 이른다. 이렇듯 모토로라 레이저가 사람들의 이목을 끄는 데 성공할 수 있었던 비결은 바로 그들만의 독보적인 '스타일' 때문이었다.

모토로라 레이저를 처음 대면했을 때 가장 먼저 들어오는 것은 은빛으로 빛나는 세련된 핸드폰 외관이다. 애초에 이 제품이 고급 모델로 설계되었던 점을 상기하자. 아노다이즈드(anodized) 알루미늄으로 둘러싸인 핸드폰 본체는 제품을 더욱 얇고 가볍게 만들어줬으며, 제품은 더욱 화려하고 고품격의 인상을 풍겼다. 게다가 당시의 슬림화 풍조에 따라 모토로라 레이저는 시장에 나와 있던 어떤 제품보다도 얇은 외형을 뽐냈다. 핸드폰 폴더가 닫혀 있을 때 두께가 1.39센티미터에 불과했다. 크기 역시 세로 9.8센티미터, 가로 5.3센티미터로 작았으며, 무게는 겨우 95그램밖에 나가지 않아 핸드폰을 목에 걸고 다녀도 전혀 무겁지도, 이상해보이지도 않았다.

• 전자 발광 키패드 (출처: www.handcellphone.com)

또 다른 레이저만의 특색은 바로 미래적인 느낌의 키패드였다. 전자 발광 키패드라 불린 키패드는 버튼이 분리되어 있는 일반 핸드폰의 키패드와 달리 모든 숫자와 기호가 단일 금속판 위에 새겨져 있었다. 그리고 파란색 백라이트는 어둠 속에서 쉽게 문자를 입력할 수 있도록 도와줬으며, 더불어 키패드의 미래적인 느낌을 한층 더 돋보이게 해줬다.

한편 모토로라 레이저는 패션폰인 동시에 폴더형 카메라폰이기도 했다. 세 배 디지털 줌이 가능한 0.3메가픽셀 VGA 카메라를 내장했으며, 줌 옵션은 두 배와 네 배 가운데 선택이 가능했다. 그리고 단순하긴 하지만 저조도 영역에서 노출을 조정할 수 있는 옵션을 제공했다. 또한 128x96 혹은 176x144 해상도의 짧은 비디오 클립을 촬영할 수 있었는데, 이렇게 촬영된 사진과 비디오 클립은 MMS를 통해 상대방에게 전송됐다. 오늘날 기준에서 보면 1메가픽셀도 안 되는 카메라 사양은 실망스러울지도 모른다. 하지만 당시 이 핸드폰의 내장 메모리 크기가 겨우 5MB에 불과했기 때문에 작은 크기의 저해상도 이미지가 오히려 한정된 공간에 더 많이 저장될 수 있다는 점에서 합리적이었다. 이 밖에도 모토로라 레이저는 모바일 웹 표준인 WAP 2.0을 지원해 핸드폰에서 보다 편리한 웹 검색과 음성 인식, 22화음 벨소리와 같은 다양한 기능을 제공했다.

지금까지의 특징은 어디까지나 시리즈의 첫 번째 모델인 모토로라 레이저

V3에 관한 것이다. 이렇게 한정짓는 데에는 너무나도 다양한 레이저폰이 존재하기 때문이다.

2004년 모토로라 레이저 V3가 첫 스타트를 끊은 이후, 2011년 드로이드 레이저가 출시되기까지 수많은 모토로라 레이저 시리즈가 세상에 쏟아졌다. 먼저 선택의 폭을 넓힐 수 있는 다양한 색상의 레이저폰이었다. 소비자들은 기존의 은빛 메탈 재질 이외에도 검정, 빨강, 파랑, 분홍, 심지어 금빛으로 빛나는 레이저폰을 구입할 수 있었다. 단순히 색상에 변화를 줬을 뿐만 아니라 새로운 기능도 추가됐다. 모토로라는 레이저폰에 음악 재생을 위한 오디오 플레이어를 지원한 데 이어 아이튠즈 버전도 개발했다. 비록 아이튠즈 버전은 많은 가능성을 내포하고 있었지만 오직 50곡만을 재생할 수 있어 오리지널 아이팟과 경쟁이 되지는 못했다.

레이저 V3x 모델은 레이저 고유의 디자인에 처음으로 변화를 시도한 버전이었다. 오리지널인 모토로라 레이저 V3 모델보다 부피가 커 날카로운 레이저 특유의 라인을 잃었지만, 대신 2메가픽셀의 내장 카메라가 있었으며, 3G 연결과 영상 통화 기능이 추가됐다.

처음 레이저폰이 출시되었을 당시에는 얇은 두께와 세련된 디자인이 부각된 반면, 2007년 출시된 모토로라 레이저 2는 기능적인 면을 강조했다. 더욱 다양한 기능, 개선된 음성 품질, 그리고 터치스크린 화면이 레이저 2가 내세우는 바였다. 2011년 레이저폰의 스마트폰 버전인 드로이드 레이저가 나왔을 때, 더 이상 폴더형 카메라폰이 아니었다. 단지 레이저라는 브랜드 이름만 가져왔을 뿐이다. 이렇듯 다양한 버전의 레이저폰은 그만큼 레이저폰의 인기를 반영하는 것이었다.

모토로라 레이저가 새롭게 핸드폰 시장의 뜨거운 아이콘으로 부상하자 모토로라는 시장 점유율을 높이기 위한 공격적인 마케팅 전략을 구사한다. 출시

될 당시 고급 모델을 표방하며 600달러에 달하던 가격이 모토로라의 저가 정책 이후 200달러 아래로 떨어지면서 누구나 부담 없이 구입할 수 있게 됐다. 제품의 가격이 낮아진 만큼 수익이 줄었을 것이라 예상됐지만, 오히려 판매량이 증가하면서 모토로라의 핸드폰 사업은 호황을 맞게 된다.

레이저폰은 2006년 여름까지 5천만 대 이상이 판매되었으며, 출시 후 4년 만에 1억 3천만 대라는 경이적인 판매고를 올린다. 이는 지금껏 모토로라가 출시한 핸드폰 가운데 최고의 성적이었으며, 오늘날까지 가장 많이 팔린 폴더폰으로 남아 있다. 만일 핸드폰을 위한 명예의 전당이 존재한다면, 모토로라 레이저는 그 자리에 있을 자격이 충분하다. 실제로 모토로라 레이저는 『PC월드』에서 주관한 '지난 50년간 50가지 위대한 가전제품'에서 12위에 선정됐다. 이처럼 모토로라는 잘 만든 핸드폰 하나로 명예와 실리 양쪽 모두를 얻게 된다. 하지만 그 누가 예상이나 했을까. 모토로라 레이저의 성공이 앞으로 다가올 모토로라의 추락의 빌미가 될 줄 말이다.

패션폰의 첫 주자인 모토로라 레이저 V3가 소위 대박을 터뜨리자, 모토로라는 오직 레이저폰의 인기를 지속하는 데 그들의 역량을 집중한다. 블랙 매트 버전, 핫 핑크 버전, V3i 버전, V3c 버전, MS500버전 maxx 버전 등 일일이 나열하기 힘들 만큼 수많은 레이저폰 시리즈를 하루가 멀다 하고 세상에 선보였다.

디스플레이 화질이 개선되고, 카메라 성능이 보다 향상되었으며, 다양하고 새로운 기술이 도입되며 하드웨어적으로 진화했지만, 단 한 가지 디자인만은 크게 달라지지 않았다. 레이저폰의 핵심이 디자인에 있었던 만큼 어찌 보면 당연한 결과다. 하지만 맛있는 음식도 계속 먹다 보면 물리는 것처럼 소비자들은 조금씩 레이저 특유의 디자인에 질리기 시작했다. 아무리 뛰어난 기능을 갖춘 새로운 버전이 등장하더라도 그들의 눈엔 그저 기존과 똑같은 레이저처럼 보였다.

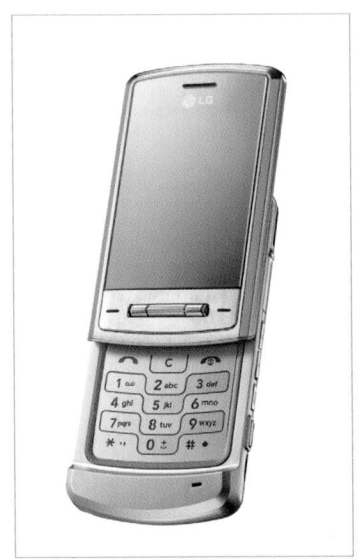
・LG 샤인

    게다가 모토로라가 오래된 레이저 디자인을 고집하는 사이, 그들이 개척한 패션폰 영역에 새로운 도전자가 나타났다. 바로 한국의 전기전자 업체인 LG였다. LG는 초콜릿과 샤인 같은 심플하면서도 세련된 패션폰으로 핸드폰 시장에 새로운 바람을 불러 일으켰다. 더 이상 레이저 시리즈가 대중들의 관심을 끌지 못하자 모토로라는 당장 위기에 부딪힌다. 저렴한 가격으로 핸드폰을 판매함으로써 시장 점유율을 올리려던 전략이 부메랑이 되어 핸드폰사업부에 큰 적자를 가져온 것이다. 설상가상으로 모바일 생태계가 기존의 방식으로는 살아남기 힘든 방향으로 빠르게 변하고 있었다.

    2007년 아이폰을 필두로 스마트폰 시대가 열렸다. 대중들의 시선은 온통 터치스크린과 3G폰이라는 새로운 기술에 쏠렸고, 기존 피처폰의 매력은 감소했다. 모토로라는 오랫동안 레이저와 그와 관련된 파생 제품들에 의존하고 있었기 때문에 새롭게 대두된 스마트폰 시장에 빠르게 대응하지 못했다.

    이에 반해 애플, 삼성 같은 경쟁 회사들은 스마트폰이라는 새로운 시장의 주도권을 잡기 위해 발 빠르게 움직였다. 2008년 미국 유력 시장조사 기관인 JD파워JD Power and Associates에 따르면 미국의 아이폰 사용자의 24퍼센트가 모토로라의 레이저폰에서 넘어온 것으로 집계됐다. 모토로라는 빠르게 고객을 잃었고, 한때 노키아와 더불어 핸드폰 시장의 양대 산맥으로 불렸던 모토로라의 시장 점유율은 후발주자인 삼성과 LG에도 못 미치게 됐다.

반전을 노린 모토로라는 2009년 야심차게 터치스크린과 5메가픽셀의 카메라를 장착한 모토로라 레이저 V13을 출시하며 레이저 브랜드의 부활을 꿈꿨지만, 이미 폴더폰에 대한 수요는 떠나버린 후였다. 결국 2011년 8월, 모토로라의 핸드폰사업부인 모토로라 모빌리티가 구글에 의해 인수됐다. 모토로라 레이저는 화려하게 타올랐던 모토로라의 마지막 불꽃으로 남게 된다.

LG 전자의 등장, 세계를 사로잡은 달콤함
LG 초콜릿

제품명	LG 초콜릿(LG-KV5900)
출시 연도	2006
제조사	LG
크기(mm)	93.5x43.8x14.4
무게(g)	81
디스플레이	256K 컬러 TFT-LCD
배터리	리튬이온(Li-Ion) 600mAh
지속 시간	대기 100시간/통화 100분
네트워크(2G)	CDMA

햇살이 드리운 침대 위로 아름다운 여인이 누워 있다. 그녀는 호기심 어린 표정으로 곁에 놓여 있는 핸드폰을 바라보고 있다. 검정색의 작고 빛나는 핸드폰이다. 그녀는 마치 애인을 대하듯 사랑스러운 얼굴로 핸드폰에게 말을 건넨다. "빨리 말해. 나 삐진다. 너 정말 이럴래?"라며 핸드폰에게 투정부리는 그녀. 기다란 손가락으로 그녀의 조그만 친구를 살짝 건들이자 핸드폰에 빨갛게 불이 들어온다. "얼굴 빨개졌네. 너 나 좋아하는구나? 뭘 그런 거 가지고 부끄러워하고 그래" 새침한 그녀는 핸드폰의 반응에 얼굴이 빨개졌다고 놀리며 웃음을 터뜨린다. 그리고 애인을 껴안듯, 그녀는 손 안에 감싸 쥐고 있던 핸드폰을 가슴에 꼭 안는다.

2005년 선보인 한 TV 광고에서 한국의 대표 미녀 배우란 수식어에 걸맞게

• 초콜릿 광고(출처: blog.joins.com)

김태희는 매력을 한껏 발산하고 있다. 광고 속의 그녀는 앙증맞게 투정부리는 사랑스러운 여인으로 변신해 남성들의 마음을 설레게 했다. 그런데 독특하게도 TV 광고 속의 핸드폰은 더 이상 단순히 전화 통화만을 위한 기계가 아니었다. 핸드폰과 인터넷만 있으면 얼마든지 혼자서도 잘 지내는 젊은 세대의 모습을 반영이라도 하듯이 광고 속의 핸드폰은 대화 상대 혹은 교감의 대상으로 표현되고 있다. 그렇기 때문에 광고를 보고 있는 남성들은 자신이 좋아하는 여배우의 손에 있는 핸드폰에 쉽게 감정 이입되었을지도 모른다. 김태희를 앞세운 LG전자의 새로운 핸드폰 광고는 사람들의 시선을 사로잡는 데 성공했지만, 당시 LG전자의 핸드폰 사업은 화려한 TV 광고와는 달리 고전을 면치 못했다.

LG는 럭키금성Lucky Goldstar의 줄임말로, 1947년에 설립된 한국 최초의 화학 법인 락희화학 공업사에 기원을 두고 있다. 1958년에 가전제품으로 사업을 확장하며 금성전자가 탄생하게 된다. 럭키화학과 금성전자라는 강력한 브랜드를 갖게 된 럭키금성은 1995년 회사명을 럭키Lucky와 금성Goldstar의 이니셜에서 따온 LG로 변경했고, 자연스럽게 금성전자도 LG전자가 됐다.

LG전자는 크게 네 개의 사업부로 나눠진다. 에어컨, 냉장고와 같은 가전제품을 생산하는 '디지털 가전', LCD 모니터와 프로젝터를 제작하는 '디지털 디스

· LG 로고

플레이', 비디오와 홈시어터 시스템을 만드는 '디지털 미디어', 그리고 마지막으로 핸드폰과 PC태블릿을 생산하는 '모바일 커뮤니케이션'이다.

2000년이 되어서야 비로소 핸드폰을 생산하기 시작한 LG전자는 2002년 그들의 첫 번째 WCDMA 기술을 선보인다. 이는 디지털 이동통신 기술 가운데 하나인 코드분할 다중접속인 CDMA 방식을 3G로 업그레이드한 기술로, 음성통화는 물론 화상 통화까지 지원했다. 이후 LG전자는 핸드폰 시장에서 조금씩 자신들의 영역을 확장해갔다.

하지만 모바일 사업 초기, LG 핸드폰은 매력적인 디자인과 뛰어난 기능을 갖췄다는 평가에도 불구하고 시장으로부터 철저히 외면받았다. 대중들에게 LG폰이란 고작 사은품으로 받아 사용하거나 핸드폰을 잃어버렸을 때 급하게 대체하는 용도로 인식될 뿐이었다. 세계무대에서도 LG전자는 핸드폰 제조업체로서의 명성보다 TV와 냉장고 같은 가전제품을 생산하는 기업으로 더 알려져 있었다. 2005년 2분기, LG전자는 핸드폰사업 부문에서 40억 원의 손실을 입은 데 이어 3분기에 309억 원의 적자를 기록했다. 위기에 빠진 LG전자를 구해줄 구원투수가 절실히 필요해보였다.

2004년 지속적으로 경쟁 업체에 밀리던 LG전자는 시장에서 살아남기 위한 생존책을 모색하고 있었다. 당시 핸드폰 산업은 업체 간의 시장 점유율이 큰 변동 없이 고착화된 성숙기에 접어들어, 웬만한 이슈로는 변화를 일으키기 어려운 상황이었다. 게다가 제품의 수명 주기가 짧아져 수익 구조는 갈수록 악화되었다. 또한 기술 경쟁 역시 치열해져, 얼마나 신속하게 기술을 개발해 누가 먼저 시장을 선점하느냐가 성공 여부를 판가름 지었다.

그러나 시장이 성숙기에 접어들면서 더 이상 기술만으로는 차별화가 힘들어졌다. 즉 기술 개발을 게을리할 수도, 기술만으로는 차별화할 수도 없는 진퇴양난의 상황에 빠진 것이다. 당시 핸드폰 제조업체들은 가격과 기능 가운데 무엇을 우선할 것인가를 놓고 고민했다. 그런데 한 시장조사에서 소비자의 67%는 제품을 구입할 때 기능과 가격보다 디자인을 먼저 본다는 결과가 나왔다. 이런 조사 결과를 토대로 LG전자의 개발팀은 과감히 모험을 시도하기로 한다. 제품 개발의 최우선 기치로 디자인을 선택한 것이다.

이 말은 곧 기능이 조금 떨어지고, 가격이 오르더라도 디자인을 위해서라면 나머지 요소를 희생할 수 있다는 의미이기도 했다. 일차적으로 기능과 가격을 정한 다음에, 허용되는 범주 안에서 디자인 요소를 가미하던 기존의 접근법과는 완전히 상반된 것이었다. 이런 디자인 우선 정책으로 디자이너는 과감하고 혁신적인 아이디어를 쏟아낼 수 있었다. 개발팀은 차별화된 디자인 개발을 위해 핸드폰 부피와 두께의 한계에 정면으로 도전한다. 바로 핸드폰의 슬림화, 마의 장벽 14밀리미터 두께를 뛰어넘는 것이었다.

이를 위한 해법으로 기술진은 기존의 복층 구조였던 단말기 구조를 단일층으로 전환하기로 했다. 그런데 이 경우 기존의 플랫폼을 전혀 사용할 수 없게 되어 모든 부품을 처음부터 새로 개발해야만 했다. 부품 개발 단계에서부터 본사 개발팀과 협력 업체까지 모두 회의에 참여하는 파격적인 행보가 이어졌다. 그리고 새 프로젝트의 보안을 위해 회사는 관련 부서조차 진행 과정을 알리지 않았으며, 마치 자금 결제가 이뤄지지 않아 제품 개발이 미뤄지고 있는 것처럼 소문을 퍼뜨려 경쟁사들의 감시망을 피했다. 마침내 2005년 11월 22일,

서울 W호텔에서 LG전자는 그들의 고급 브랜드인 블랙라벨 시리즈의 첫 번째 모델을 공개한다.

'초콜릿'. LG전자의 새로운 슬림폰 이름이었다. 모델이 발표되자 출시 기념 행사에 모여 있던 사람들은 "핸드폰의 이름이 초콜릿이라고?"라며 웅성거렸고 자신의 귀를 의심했다. 물론 이효리폰, 권상우폰과 같이 모델의 이름을 따 핸드폰을 부르는 경우는 있었지만, 이는 어디까지나 소비자들의 편의에 의한 것이었다. 핸드폰을 사러갈 때 영문과 숫자의 조합으로 이루어진 제품 모델명을 일일이 기억할 수 없기 때문이었다. 하지만 초콜릿폰의 경우는 달랐다. 애초에 LG-KV5900이라는 모델명이 정해져 있었지만 제조사가 앞장서서 초콜릿이라는 이름으로 마케팅에 나선 것이다. 초콜릿이라는 이름을 제안한 것은 LG 핸드폰의 광고 대행사인 크리에이티브에어였다. 소비자들이 핸드폰을 구매할 때 제품명을 쉽게 떠올리지 못하는 점에 착안해 기억하기 쉬운 친근한 이름을 붙이자는 취지였다.

그런데 하고 많은 이름 중에 왜 하필 초콜릿이었을까. 핸드폰 이름을 초콜릿으로 정한 것은 고객이 제품을 쉽게 기억하기 위한 목적 이외에도, 디지털 기계가 갖고 있는 차갑고 딱딱한 이미지를 초콜릿이란 단어가 갖고 있는 부드럽고 따뜻한 느낌으로 중화시켜 소비자들의 감성을 사로잡으려는 의도가 내포되어 있었다.

실제로 초콜릿폰은 그 달콤한 이름 외에도 충분히 사람들을 사로잡을 요소를 갖고 있었다. 초콜릿바를 연상시키는 검은색 장치는 핸드폰이라기보다 휴대용 MP3플레이어처럼 보였다. 높이 93.5밀리미터. 너비 43.8밀리미터로 손에 쥐기 딱 알맞은 크기였으며 무게는 81그램으로 가벼웠다. 특히 초콜릿은 14밀리미터의 두께를 갖고 있었는데, 이는 당시 세계에서 가장 얇은 폰으로 승승장구하던 모토로라 레이저와 비교해도 결코 뒤지지 않았다.

• 초콜릿 측면과 뒷면(출처: www.kuder.es)

초콜릿은 부드러운 스프링으로 작동하는 슬라이더폰이기도 했다. 이 슬라이드를 기준으로 액정화면 및 터치패드가 있는 상단과 숫자패드가 있는 하단으로 구분되었는데, 특히 상단의 터치패드는 초콜릿의 진정한 매력이라 할 수 있었다.

슬라이드가 닫혀 있을 때, 핸드폰의 전면부는 중앙의 은빛 테두리를 제외하곤 어떤 빛도, 장식도 없는 완벽한 블랙이다. 심지어 전원 버튼도 없다. 하지만 슬라이드를 여는 순간 핸드폰 액정 화면 아래에 숨겨져 있던 터치패드가 붉은 LED 조명을 밝히며 모습을 드러낸다. 열 감지로 작동되는 터치패드는 뛰어난 반응성으로 일반 핸드폰의 방향키 역할을 했다. 또한 MP3 전용 칩을 내장한 초콜릿은 여덟 가지 이퀄라이저 기능을 지원했으며, 512MB 고용량 메모리와 함께 '뮤직폰'으로 내놓아도 전혀 손색없는 모델이었다.

이 밖에도 초콜릿은 130만 화소 카메라를 내장하고 있었으며, 최대 1280x960 픽셀의 이미지를 촬영할 수 있었다. 경쟁사가 320만 화소의 내장 카메라가 장착된 핸드폰을 출시하는 시점에 130만 화소는 다소 아쉬움이 남지만, 결과적으로 봤을 때 카메라 화소쯤은 초콜릿폰의 성공 여부를 판가름하는 데 결정적인 요소로 작용하지 않았다.

2005년 11월, 대대적인 시판 기념행사와 함께 출시된 LG 초콜릿폰은 연말 핸드폰 시장에서 젊은 층을 중심으로 폭발적인 반응을 이끌어냈다. 그리고 출시 3주 만에 하루 개통 수가 1천 대를 넘어서게 된다. 통상적으로 핸드폰 업계에서는 하루 개통 수가 1천 대를 넘으면 소위 '대박 상품'으로 간주된다. 실제로 LG전자가 그해 선보인 핸드폰 모델 가운데 출시 3주 만에 하루 개통 수가 1천 대를 넘어선 것은 초콜릿폰이 유일했다. 대리점마다 제품 구입을 원하는 고객들의 사전 예약 전화가 줄을 이었고, 일부 대리점에서는 초콜릿폰 품귀 현상까지 나타날 정도였다. 게다가 한국의 유명스타인 김태희, 현빈, 다니엘 헤니 세 사람을 주인공으로 내세운 '싸이언 아이디어' 광고는 초콜릿폰의 인기몰이를 더욱 부추겼다.

그해 초콜릿폰은 한국디자인진흥원이 주관하는 '2005 우수산업디자인 상품 선정제'에서 최고의 영예인 대통령상을 수상하는 등 국내외 최고 권위의 디자인 대회에서 우수한 성적을 일궈냈다. 패션 아이콘으로서 성공적으로 자리매김한 초콜릿폰은 출시 4개월 만에 35만 대 이상 판매되는 성과를 올렸다. 그리고 2006년 LG전자의 핸드폰 부문 1분기 매출 실적은 초콜릿폰의 판매 증가에 힘입어 전 분기 대비 28.4% 증가한 3156억 원을 달성하게 된다.

국내에서 초콜릿폰의 성공에 자신감을 얻은 LG전자는 해외시장으로 눈을 돌렸다. 처음 LG전자가 해외 진출을 준비할 때만 해도 회의적으로 보는 시각이 많았다. 우선 해외에서는 핸드폰의 유통, 광고, 마케팅에 이르는 제품 판매의 전 과정을 회사가 직접 챙겨야 하는 어려움이 따랐다. 그리고 각 나라에 맞는 프로모션과 마케팅을 진행하는 과정에서 예상치 못한 돌발 변수 가능성도 배제할 수 없었다. 또한 국내 시장에서 '초콜릿'이란 이름을 앞세운 네이밍 마케팅 전략이 해외에서도 먹힐지 미지수였다. 마지막으로 국내에서는 걱정할 필요 없었던 모토로라, 노키아와 같은 세계적인 경쟁 업체들의 견제도 커다란 걸림돌이었다. 그러나 이런 세간의 우려는 보기 좋게 빗나갔다.

• 『모빌』 기사(출처: img.mk.co.kr)

2006년 5월, LG전자는 초콜릿폰의 해외 판매에 돌입했다. 해외 출시 4주 만에 55만 대의 단말기가 팔렸는데, 이는 지난 6개월간의 국내 누적 판매량인 45만 대를 훌쩍 넘긴 수치였다. 영국에만 670개의 지점을 보유하고 있는 유럽 최대의 핸드폰 전문 판매 체인점인 카폰 웨어하우스 Carphone Warehouse는 5월의 히트 예감 상품으로 초콜릿폰을 선정했으며, 출시 직후부터 판매 1위를 기록했다. 멕시코에서도 초콜릿폰은 후불제 통화 요금 핸드폰 가운데 시장 점유율 25% 이상을 점유하며 1위를 달성했으며, 사우디아라비아는 출시 전 딜러들을 대상으로 한 컨벤션 현장에서 수천 대의 계약이 성사됐다.

LG전자는 초콜릿폰 출시 국가별로 그 나라의 유명인사들을 대상으로 한 마케팅 전략을 펼쳤다. 영국의 패션 아이콘이자 웨인 루니 Wayne Mark 의 연인인 콜린 맥러플린 Coleen McLoughlin 을 광고 모델로 발탁했으며, 영화배우 피어스 브로스넌 Pierce Brosnan 과 기네스 팰트로 Gwyneth Paltrow 등 30여 명의 유명인사에게 초콜릿폰을 선사하는 이벤트를 벌였다.

북유럽의 유력 핸드폰 전문지인 『모빌』은 그들의 5월호 표지를 초콜릿폰으로 장식했고, 당시 전 세계 위세를 떨치고 있던 모토로라 레이저에 대항할

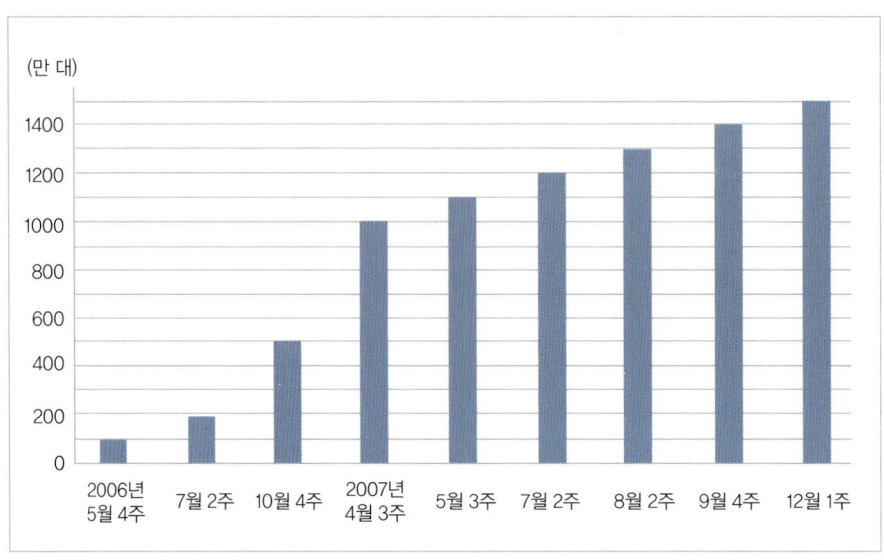

• 초콜릿폰 누적 판매 추이(출처: www.dongabiz.com)

수 있는 '레이저 킬러'라고 소개했다. LG 초콜릿폰은 영국의 핸드폰 전문지인 『모바일초이스』로부터 '2006 베스트 패션 핸드폰상'을 수상한 데 이어, 영국 최고 권위의 IT 전문 매체로 알려진 『모바일비즈니스』로부터 '2006 베스트 셀러폰'으로 선정됐다. 그리고 마침내 2007년 4월, LG 초콜릿폰은 1천만 대 판매를 돌파하며 '텐밀리언셀러' 반열에 오른다. 2005년 11월 국내 시장에서 출시된 지 1년 6개월, 2006년 5월 해외 판매를 시작한지 11개월 만에 이룬 성과였다. 이후 LG전자는 초콜릿폰에서 쌓은 경험과 노하우를 바탕으로 그들의 후속 블랙라벨 시리즈를 차례로 선보인다.

블랙라벨은 고급 소재를 사용해 만든 고가의 의류 제품을 일컫는 말로, 패션 업계에서 주로 사용되어 온 용어였다. 또한 해외 의류 회사에서는 기존 브랜드 명 뒤에 '블랙라벨'이란 단어를 붙여 고급 브랜드의 의미로 사용하기도 했다. LG전자는 패션 업계에서 쓰이던 용어를 차용해 기존의 보급형 브랜드와 차별화된 고급 브랜드인 블랙라벨 시리즈를 탄생시킨 것이었다.

시리즈의 첫 번째 모델인 초콜릿폰을 시작으로 2007년 블랙라벨 시리즈의 두 번째 모델로 '샤인폰'이 출시됐다. 대부분 핸드폰이 플라스틱 재질의 케이스를 사용해온 반면 샤인폰은 스테인리스 스틸을 소재로 채택하는 파격을 선보였다. 2008년에는 '시크릿폰'이 시리즈의 세 번째 모델로 나선다. 시크릿폰은 강화 유리와 탄소 섬유를 적용해 가벼우면서도 흠집이 생기지 않는 단단함을 자랑했다. 그리고 블랙라벨 시리즈의 마지막 주자는 바로 초콜릿폰의 영광을 재현하기 위해 등장한 '뉴초콜릿폰'이었다. 2009년 9월 LG전자는 그들의 네 번째 블랙라벨 시리즈의 발매를 앞두고 인기 걸그룹 소녀시대를 뉴초콜릿폰의 새로운 모델로 영입했다. 더불어 그들을 주인공으로 한 뮤직비디오 형식의 TV 광고가 제작됐다. 특히 이 광고에서 사용되는 음악을 위해 브리트니 스피어스Britney Jean Spears의 프로듀서로 잘 알려진 블러드샤이&아방트Bloodshy&Avant 팀이 참여해 눈길을 끌었다. 같은 해 10월, 음원 공개와 함께 뉴초콜릿폰 뮤직비디오를 세상에 선보인다. '초콜릿 러브Chocolate Love'

황홀하고 매혹적인 한 편의 뮤직비디오처럼 패션폰의 열기는 실로 강렬했다. 모토로라 레이저에서 보여준 패션폰의 강점은 LG 초콜릿의 성공으로 그 유효성을 입증했다. 하지만 유행에 따라 쉽게 변하는 패션처럼 패션폰의 시대는 오래 지속되지 못했다. 마치 본무대를 앞두고 관객들의 시선을 모으기 위해 마련된 짧고 강렬한 특별 무대처럼 말이다.

패션폰이 어디까지나 기존의 핸드폰 개념 안에서 디자인에 변화를 준 것이었다면, 다가올 새로운 시대는 기존의 관념을 뛰어넘는 대변혁이었다. 그리고 사람들은 과거의 핸드폰을 피처폰이라 부르며 오늘날의 것과 구분했다.

지금 우리가 머물고 있는 이 시대, 현대인들은 '스마트폰 시대'라 부른다.

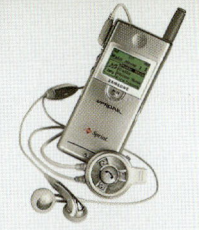

PART
07

스마트폰 시대

스티브 잡스 일생
아이폰 탄생 비화

제품명	오리지널 아이폰(original iPhone)
출시 연도	2007
제조사	애플
크기(mm)	115x61x11.6
무게(g)	135
디스플레이	16M 컬러 TFT 터치스크린
배터리	리튬이온(Li-Ion) 1800mAh
지속 시간	대기 250시간/통화 8시간
네트워크(2G)	GSM 850, GSM 900, GSM 1800, GSM 1900

미국 뉴욕 센트럴 공원 옆 5번가, 유리를 이어 붙여 만든 거대한 벽으로 둘러싸인 정육면체 모형물이 보인다. 그리고 그 유리로 만들어진 거대한 입구를 지나 백색으로 발광하고 있는, 한 입 베어 먹은 사과 마크가 본 건물 정면에 보란 듯이 붙어 있다. 애플 매장 주위로 전례 없는 수많은 인파가 모여들었다.

2007년 6월 29일, 이 날은 애플이 그들이 개발한 첫 번째 아이폰을 판매하기 시작한 날이었다. 기다란 사람들의 행렬 그 맨 앞에는 한 중년의 사나이가 며칠 째 야영이라도 한 듯 간이 의자에 앉아 졸고 있다. 일본인으로 보이는 한 동양 청년은 기모노 차림으로 머리에는 아이폰 모형의 모자를 쓰고 사람들의 시선을 끌고 있다. 한 남성은 언제 준비했는지 거대한 아이폰 모형 박스를 몸에 걸친 채 우스꽝스런 모습으로 돌아다니고 있다. 들떠 있는 것은 일반 대중뿐만

• 애플 매장(출처: cdn.cultofmac.com)

이 아니었다. 각종 미디어 매체도 서로 앞다투어 취재에 열을 올렸다.

마침내 첫 번째 아이폰 구매자가 매장 문을 열고 나오자 여기저기 카메라 플래시 터지는 소리가 들려왔다. 매장 입구 양옆으로 대기하고 있던 애플 직원들이 마치 영웅을 배웅하듯 고객을 향해 박수를 치며 환호했다. 오늘만은 일반 시민이든 기자이든 애플 고위 간부이든 다 똑같은 고객일 뿐이었다. 애플의 공동 창립자인 워즈니악 Stephen "Woz" Wozniak 도 마찬가지로 일반 시민들 사이에서 자신의 차례를 기다리고 있었다. 노년에 접어든 워즈니악이었지만, 그의 눈빛만은 새로운 장난감을 갖게 된 아이처럼 빛나고 있었다. 그리고 이런 워즈니악의 오랜 친구이면서 동료인 또 한 명의 애플 창립자가 매장을 들어섰다. 그는 검은색 티셔츠를 입고 있었으며 모자를 눌러쓴 편안한 차림이었다. 평소 공식 석상에서 보던 터틀넥 차림에 차가워 보일만큼 깔끔하던 인상은 아니었지만, 사람들은 그가 누구인지 한눈에 알아봤다. 그리고 누가 먼저라고 할 것 없이 이렇게 외쳤다. "스티브 잡스 Steven Paul "Steve" Jobs!"

1955년, 미국 캘리포니아주 마운틴뷰에 사는 한 기계공 부부는 태어난 지 얼마 안 된 남자 아기를 입양했다. 스티브 잡스란 이름이 붙여진 아이는 어려서부터 기계 부품과 전자 제품에 대한 관심이 남달랐다. 고등학교 시절, 잡스는 대담하게도 미국의 다국적 기업 중 하나인 휴렛패커드^{HP}의 회장 윌리엄 휴렛 William Hewlett에게 직접 전화를 걸어 학교 프로젝트에서 사용할 부속을 요청했다. 소년의 당돌함에 강한 인상을 받은 휴렛은 그가 요청한 부속을 제공했을 뿐만 아니라, 더불어 휴렛패커드에서 일할 수 있는 여름 인턴십 기회를 줬다. 여기서 잡스는 그보다 다섯 살 위의 한 젊은 엔지니어를 만나게 되는데, 그가 바로 잡스의 평생 조력자가 되는 스티브 워즈니악이다.

당시 워즈니악은 취미로 조그만 컴퓨터를 만들고 있었는데 이를 지켜보던 잡스는 워즈니악의 작업물에서 사업적 가능성을 보게 된다. 그리고 1975년, 이제 막 스무 살이 된 잡스는 워즈니악과 함께 자신의 집 차고에 회사라 부르기 무색한 조그만 가게를 차린다. 가게 이름은 '애플'이었다. 잡스와 워즈니악은 그들의 회사에서 개발한 첫 번째 제품에 '애플 I'이란 모델명을 붙이고 판매에 들어갔다. 비록 애플 I은 상업적으로 성공을 거두지는 못했지만, 적어도 차기작을 개발하는 데 부족하지 않은 돈을 벌게 해줬다.

1977년 출시된 그들의 두 번째 작품 '애플 II'는 컬러 그래픽과 키보드를 갖고 있는 최초의 퍼스널 컴퓨터였다. 사용자 친화적인 이 제품은 컴퓨터를 이제 막 접하기 시작한 초보자들 사이에서 인기를 끌며 출시 첫 해 300만 달러, 2년 후 2억 달러의 매출을 기록하게 된다. 하지만 당시 신생 기업이나 다름없던 애플은 이내 현실의 장벽에 부딪히게 된다. 1980년 초, 애플은 '애플 III'와 후속 모델인 '리사^{LISA}'를 선보였지만 시장의 반응은 냉담했고, 그나마 애플이 점유하고 있던 시장의 절반을 경쟁 업체인 IBM에 빼앗기게 된다.

1984년 애플은 그들의 첫 매킨토시^{Mac}를 출시하면서 위기를 타파하려 한다. 그래픽 유저 인터페이스를 탑재하고 마우스로 제어할 수 있는 최초의 퍼스널 컴퓨터인 매킨토시는 사용의 용이성에서 높은 점수를 받았다. 하지만 2495달러에 달하는 가격은 가정용 컴퓨터로서는 부담스러울 수밖에 없었다. 애플은

• 잡스와 매킨토시 (출처: cdn.macworld.co.uk)

황급히 비즈니스 시장으로 방향을 선회해보지만 적은 메모리, 하드 드라이브의 부재, 네트워크 기능의 부재 등으로 인해 매킨토시는 기업용으로 부적격 판결을 받게 된다.

연이은 사업 실패로 스티브 잡스와 애플 경영진과의 관계는 날로 험악해져 갔고, 1983년 결국 잡스는 당시 CEO를 맡고 있던 존 스컬리^{John Sculley}에 의해 이사직에서 추방되기에 이른다. 회사에 대한 모든 결정권을 박탈당한 잡스는 그가 갖고 있던 회사 지분을 모두 처분하고 애플을 떠나기로 결심한다. 1985년의 일이었다. 회사를 떠난 직후 새롭게 넥스트^{NeXT} 컴퓨터를 설립한 잡스는 1986년 영화 감독 조지 루카스^{George Lucas}로부터 사들인 픽사 애니메이션 스튜디오에 관심을 기울이기 시작한다. 그리고 1995년 11월, 4년 동안 공들인 최초의 극장용 컴퓨터 애니메이션 〈토이 스토리〉가 개봉되어 크게 흥행한다. 픽사 인수 후 거의 10년 만에 이룬 성과였다.

한편 비슷한 시기 애플은 차세대 매킨토시 운영체제를 개발하는데 실패해 PC 시장에서 점유율이 5.3%로 하락했으며, 1997년 3월 말, 분기 손실이 7억 800만 달러에 이르게 됐다. 상황이 악화되자 당시 애플 CEO를 맡고 있던 길버트 아멜리오^{Gilbert Frank "Gil" Amelio}는 일부 직원의 반발에도 불구하고 스티브 잡스를 다시 애플의 경영진으로 불러들인다. 3개월 후, 아멜리오의 뒤를 이어 잡스가 임시 CEO를 맡게 된다. 돌아온 스티브 잡스의 행보는 거침없었다. 그는 저렴한 가정용 PC 라인인 아이맥iMac을 개발해 1998년 8월 시장에 내놓았다. 제품에 대한 호평과 함께 아이맥은 판매 호조로 이어져 회사는 빠르게 흑자로 돌아섰으며, 1998년 말까지 59억 달러 매출을 올리게 된다. 하지만 이것은 그저 애플의 부활을 알리는 신호탄에 불과할 뿐이었다.

1999년, 애플이 인터넷 도메인 'iphone.org'에 대한 권리를 획득하면서 아이폰의 역사는 시작된다. 그리고 2001년, 애플은 자사의 종합적인 동기화 소프트웨어인 아이튠즈를 세상에 선보인다. 처음 아이팟을 위한 음악 관리프로그램으로 출발한 아이튠즈는 훗날 아이폰의 기반이 되는 플랫폼이 된다. 2002년 애플의 첫 번째 MP3플레이어인 아이팟이 출시된 직후 스티브 잡스는 아이폰에 대한 아이디어를 떠올린다. 그는 수백만 명의 미국인들이 핸드폰, MP3플레이어, PDA를 각각 따로 갖고 다니는 것을 봤다. 그리고 머지않아 그들이 이 기능들을 모두 갖고 있는 하나의 장치를 원하게 될 것이라는 것도 알았다.

잡스의 생각은 명확했지만 장애물이 있었다. 우선 아이폰에 사용할 새로운 운영체제가 필요했다. 아이팟용 OS는 복잡한 네트워크와 그래픽을 다루기에는 정교하지 못했고, 매킨토시 운영체제인 OS X는 단말기에서 사용하기에는 너무 많은 것을 담고 있었다. 이동통신사와의 관계도 문제였다. 그동안 이동통신사들은 단말기 제작에 깊숙이 관여했는데, 누군가로부터 통제를 받는 것을 극도로 싫어하는 잡스에게 그것은 참을 수 없는 일이었다.

2004년, 마침 애플에게 핸드폰 개발에 참여할 기회가 찾아온다. 모토로라가 레이저 차기작으로 아이튠즈와 동기화할 수 있는 핸드폰을 만들고자 한 것이다. 모토로라가 새로운 핸드폰을 설계하고 제작하는 동안, 애플은 단말기에서 사용될 음악 소프트웨어를 개발했다. 그리고 2005년 8월, 모토로라와 애플의

• 모토로라 락커

합작품인 '모토로라 락커ROKR'가 출시된다.

　결론부터 말하자면 이 제품은 완벽한 실패작이었다. 먼저 핸드폰에 저장할 수 있는 음악이 100곡을 넘지 못하도록 제약이 있었다. 또한 USB 인터페이스와 같은 직접적인 데이터 전송 매체가 존재하지 않아 음악을 담는 데 오랜 시간이 걸렸다. 무엇보다 가장 치명적인 결함은 '사용자 경험UX'의 부재였다. 사용자 경험이란 소비자가 제품을 사용하면서 느끼게 되는 지각, 반응 그리고 행동과 같은 총체인 경험을 이르는 말이다. 사용자 경험을 간과한 모토로라 락커는 인터페이스가 직관적이지 않았고, 따라서 사용하기 불편했다. 모토로라의 실패에서 교훈을 얻은 스티브 잡스는 이제 자신의 핸드폰을 만들 때가 됐다고 생각했다.

　2005년 2월, 스티브 잡스는 미국 뉴욕 주 맨해튼 호텔에서 이동통신사 싱귤러 와이어리스Cingular Wireless의 CEO인 스탠 시그먼Stan Sigman과 극비 회동을 가진다. 그곳에서 잡스는 아이폰에 대한 그의 계획을 시그먼에게 설명했다. 시그먼은 곧 아이폰의 개념에 매혹될 수밖에 없었다. 그 당시 이동통신사들은 울며 겨자 먹기로 통신비를 인하하고, 저렴한 단말기 제공해 타 통신사로부터 고객들을 빼앗는 데 혈안이 되어 있었다. 더 이상 음성 통화 서비스는 경쟁 요소가 되지 못했고, 수익 구조는 악화되어 갔다. 시그먼은 여기에 대한 근본적인 타개책으로 무선 데이터 서비스를 떠올렸다. 데이터 서비스는 음성 서비스와 비교해 그 이윤이 상당했다. 그리고 싱귤러는 어떤 다른 네트워크에서 이용할 수 없는 독보적인 단말기를 원했다. 아이폰이야말로 바로 그들이 찾던 물건이었다.

하지만 문제가 있었다. 여태껏 어떤 이동통신사들도 잡스의 요구를 받아들이지 못했다. 한 번은 잡스가 또 다른 이동통신사인 버라이존 와이어리스$^{Verizon\ Wireless}$에 접근했지만, 그들은 지체 없이 잡스의 제안을 거절했다. 잡스의 요구대로라면 그들은 고급 네트워크 제공자에서 단순 망제공자로 전락해 버리기 때문이다. 실제로 아이폰에 푹 빠진 시그먼이 동료 경영진과 이사진을 설득하는 데만 1년 이상이 걸렸다. 그 사이 싱귤러는 AT&T사로 이름이 바뀌었고, 첫 협상 후 1년 6개월 만에 최종 계약이 성사됐다. AT&T사가 아이폰을 5년간 독점 판매하는 대가로, 아이폰 판매 수익의 약 10%와 아이튠즈 수익 일부를 애플이 갖게 됐다. 무엇보다도 애플은 누구의 간섭 없이 아이폰의 디자인, 제작, 그리고 마케팅까지 직접 결정할 수 있게 됐다. 단 그들이 시간 내에 아이폰을 완성할 수 있다는 조건에서 말이다.

이미 최종 합의가 성사되기 8개월 전인 2005년 추수 감사절 무렵, 스티브 잡스는 애플의 엔지니어들에게 프로젝트를 빠르게 진행할 것을 주문했다. 잡스가 아이폰에 대한 아이디어를 처음 떠올렸던 2002년에 비하면 모바일 칩 기술은 괄목할 만큼 성장했지만, 아이폰에 적용하기 위해 근본적으로 깎고 다듬을 필요가 있었다. 아이폰 OS는 매킨토시 운영체제인 OS X의 1/10 크기인 수백 메가바이트 단위로 축소되어야만 했다. 2006년 초, 인텔칩에서 작동하는 OS X 개발을 1년 만에 마친 엔지니어들은 곧바로 아이폰을 위한 OS X 수정 절차에 들어갔다.

애플은 운영체제 개발 외에도 핸드폰 개발에 필수적인 기술을 확보해갔다.

아이폰의 내장 안테나가 제대로 작동하는지 테스트할 목적으로 특별 제작한 로봇 장비 실험실을 마련하는 데 백만 달러를 지불했다. 그리고 아이폰이 너무 많은 방사선을 발생하지 않는지 확인하기 위해, 뇌의 밀도를 시뮬레이션 하도록 완비된 인간 머리 모델을 만들어 사용했다. 또한 네트워크상에서 아이폰의 퍼포먼스를 측정하기 위해 하나에 수백 달러씩 하는 주파수 시뮬레이터를 10여 개 구입했다. 한 내부 관계자의 말에 의하면, 애플이 아이폰을 개발하는 데 대략 1억 5천만 달러의 예산이 소요된 것으로 추정된다.

한편 잡스는 아이폰 개발에 최고 수준의 보안을 유지했으며, 내부적으로 이 프로젝트를 '퍼플 2'라 불렀다. 그리고 개발팀은 캘리포니아 쿠퍼티노에 있는 애플 캠퍼스 곳곳으로 분산됐다. 심지어 아이폰의 하드웨어팀과 소프트웨어팀이 서로 떨어져 있었다. 소프트웨어 기술자들이 나무로 만들어진 박스 안에 회로 기판을 놓고 근무하는 동안, 하드웨어 기술자들은 가짜 소프트웨어를 사용해 전기 회로망을 제작했다. 또한 애플 경영진은 아이폰에 대한 논의로 이동통신사인 싱귤러와 접촉할 때, 그들의 신원을 애플의 외주 업체인 인피니언스 직원으로 변조하고 회사를 방문했다. 2007년 1월, 애플의 맥월드 컨퍼런스에서 스티브 잡스가 발표할 때까지, 불과 30명 정도의 고위 관계자만이 아이폰을 볼 수 있었다.

2007년 1월 9일, 미국 샌프란시스코에서 개최된 맥월드 MacWorld에서 스티브 잡스는 그동안 베일에 가려져 있던 아이폰을 공개한다. 그는 아이폰을 가리켜 '기존의 핸드폰보다 5년을 앞선 혁신적이고 마법 같은 제품'이라 소개했다. 장치의 전면부는 유리로 덮인 스크린이 채우고 있었고, 일반적인 버튼형 키패드는 아예 찾아볼 수 없었다. 오직 홈 버튼만 전면 하단에 보일뿐 볼륨 버튼과 그 밖의 몇 안 되는 버튼들은 단말기 측면으로 숨어버렸다. 아이폰 둘레는 세련된 크롬 금속 프레임으로 감싸져 있었으며, 장치 뒷면은 알루미늄과 혼합 플라스

• 아이폰 오리지널 구조

틱으로 멋을 더했다. 스티브 잡스는 이런 아이폰의 디자인을 '혁명과 혁신의 디자인'이라 치켜세웠다.

이 장치에서 즉각적으로 확인할 수 있는 혁신은 바로 터치스크린이었다. 스크롤휠에서 제한적인 터치 기능을 갖고 있던 아이팟과 달리, 아이폰은 손가락을 이용해 스크린에서 장치를 직접 제어할 수 있었다. 또한 오직 한 번에 한 지점만 인식하는 닌텐도 DS와 비교해봐도, 아이폰은 여러 지점에서 동시에 화면을 터치할 수 있는 멀티 터치 기능을 지원했다.

핸드폰 내부를 살펴보면 최대 속도 620MHz의 삼성 32비트 RISC ARM 프로세서를 탑재했고, 320x480 고해상도를 지원하는 Power VR MBX Lite 3d 그래픽 카드를 특징으로 했다. 또한 아이폰은 200만 화소 카메라를 내장하고 있었다. 아이폰은 애플의 새로운 운영체제인 iOS를 탑재한 첫 번째 제품이었는데, 이 iOS는 원래 매킨토시 운영체제인 OS X의 소형화한 버전으로 작은 모바일 장치를 위해 설계됐다. 이외에도 아이폰은 기본적인 음성 통화 기능인 쿼드 밴드 GSM을 지원했으며 와이파이 무선 인터넷과 블루투스 2.0을 사용할 수 있었다.

2007년 6월 29일, 애플은 미국을 시작으로 아이폰 판매에 들어갔다. 아이폰

• 잡스와 아이폰 (출처: cdn.cultofmac.com)

4GB 모델은 499달러, 8GB 모델은 599달러의 가격이 매겨졌다. 다소 비싼 가격임에도 불구하고, 출시 첫 날 수천 명의 고객들이 아이폰을 구입하기 위해 전국의 애플 스토어에 줄지어 서는 진풍경이 펼쳐졌다. 2007년 11월까지 1400만 대 이상의 아이폰이 팔렸으며, 『타임』은 아이폰을 '2007년 올해의 발명품'이라고 평했다. 아이폰 신화가 시작된 것이다.

애플의 첫 번째 아이폰이 시장을 강타한지 1년이 조금 지난 2008년 7월 11일, 2세대 아이폰인 아이폰 3G가 출시된다. 이 모델의 가장 큰 특징은 제품명에서 알 수 있듯이 3G를 지원한다는 것이다. 아이폰 사용자는 이제 와이파이 범주를 벗어난 지역에서도 빠르게 무선 인터넷을 사용할 수 있게 됐다. 그리고 아이폰 3G의 출시에 맞춰 앱스토어가 등장했다. 다양한 앱을 다운로드할 수 있는 앱스토어의 출현으로 게임, 교육, 소셜 네트워크 등 스마트폰의 활용 범위가 크게 확장됐다.

그로부터 1년 후인 2009년 6월 19일, 아이폰 3GS가 출시된다. 이번 아이폰 3세대는 기능이 크게 향상됐다. 삼성 S5PC100 ARM 프로세서는 최고 800MHz의 속도를 제공했으며, 메모리도 128MB에서 256MB로 증가했다. 카메라 또한 200만 화소에서 300만 화소로 업그레이드되면서 오토 포커스, 오토 화이

• 아이폰 시리즈

트 밸런스, 오토 매크로, 스냅 투 포커스, 그리고 5배 줌과 같은 새로운 촬영 모드가 추가됐다. 그리고 아이폰 3GS부터 640x480 해상도의 SD 비디오 촬영이 가능하게 됐다.

다음 해 2010년 6월 24일, 아이폰 네 번째 세대인 아이폰 4가 선보인다. 이 새로운 모델은 디자인 면에서 과거 아이폰과 차별화됐다. 부드럽게 모서리 끝이 얇아지는 이전 모델과 달리, 굴곡이 사라지고 두께는 더욱 얇아져 평면적으로 보였다. 이전 모델의 아이폰 뒷면이 플라스틱 재질이었다면, 아이폰 4는 전면과 후면 양쪽 모두 알루미노 규산염 유리로 코팅됐다. 지문 때문에 쉽게 더럽혀지는 단점이 있었지만 내구성이 훨씬 뛰어나고 스크래치를 방지할 수 있었다. 장치 측면은 스테인리스 스틸로 둘러져 있는데 이는 안테나 수신기 역할을 했다. 아이폰 4의 iOS 4.0 운영체제는 동시에 여러 가지 작업을 처리할 수 있는 멀티태스킹 기능을 허락했다. 이전 아이폰에서는 인터넷을 하면서 음악을 듣는 정도의 기본적인 작업을 수행할 수 있었다면, 아이폰 4에서는 최대 일곱 개의 앱을 동시에 실행할 수 있었다. 그리고 아이폰 4에 페이스타임facetime 화상 회의 기능도 추가했다.

또다시 1년이 지난 2011년 10월, 애플은 아이폰 4S를 출시했다. 5세대 아이폰의 가장 큰 특징은 아무래도 음성 인식 디지털 비서인 시리일 것이다. 그리고 2012년, 애플은 그들의 여섯 번째 아이폰 시리즈인 아이폰 5을 발표한다.

처음으로 아이폰을 선보인지 5년이 흘렀다. 2012년 아이폰 5가 등장하기까지 아이폰은 전 세계적으로 2억만 대 이상 팔려나갔다. 아이폰은 매킨토시, 아이팟, 아이패드, 그리고 그 밖의 애플이 만든 제품군과 더불어 오늘날 생활의 일부가 됐다. 스티브 잡스가 회사에 돌아온 뒤 10년 동안 애플은 휴대용 MP3 플레이어인 아이팟(2001), 온라인 뮤직 마켓 아이튠즈(2003), iOS 스마트폰인 아이폰(2007), 그리고 태블릿 PC 아이패드(2010)를 차례로 선보였다. 그리고 이 모든 것들은 세상에 커다란 반향을 일으키며 보란 듯이 성공했다.

하지만 이런 사업적 성공과 별개로 스티브 잡스는 건강에 문제가 있었다. 2004년 중반, 잡스는 이메일을 통해 그가 췌장에서 종양을 제거하는 수술을 받아오고 있다고 직원들에게 전했다. 그리고 2011년 1월, 잡스는 간 이식 후 병가 중이었지만 CEO직을 유지하며 회사를 위한 중요한 의사 결정에 참여할 것이라고 분명히 했다. 하지만 그로부터 8개월 뒤 잡스는 CEO직을 사임하고, 실무 총책COO을 맡고 있던 팀 쿡Timothy D. Cook이 그 뒤를 대신했다. "나는 언제나 말해왔다. 만일 내가 애플의 CEO로서 더 이상 의무와 기대에 부응할 수 없는 날이 오면 가장 먼저 당신들에게 알릴 것이라고." 잡스는 그의 사임을 발표하는 편지에서 말했다. "불행히도 그 날이 왔다." 2011년 10월 5일, 스티브 잡스는 세상을 떠났다. 향년 56세의 나이였다.

1년 뒤 2012년 9월 21일, 아이폰 5가 출시되었고, 매 아이폰 발매일이 그러하듯 전국의 애플 매장은 사람들로 북적거렸다. 뉴욕 센트럴 공원 옆 5번가에 위치한 애플 매장도 마찬가지였다. 기다랗게 늘어선 줄 맨 앞에 간이 의자에 앉아 졸고 있는 사내의 모습이 보였고, 머리에 아이폰 모형 모자를 쓰고 기모노 차림을 하고 있는 동양인이 사람들의 시선을 끌었다. 그리고 몸에 거대한

스마트폰 시대 227

• 스티브 잡스 추모 홈페이지

아이폰 박스를 걸친 채 우스꽝스럽게 돌아다니는 모습도 여전했다. 첫 아이폰 구매자가 매장 밖을 나오자 여기저기서 카메라 플래시가 터지고 매장 입구 양 옆으로 늘어선 애플 직원들이 환호성을 지른다. 모든 것이 이전과 똑같이 흘러가는 듯 보였다. 하지만 단 한 사람, 올해도 어김없이 새 아이폰을 구매하기 위해 이곳을 찾은 워즈니악의 모습은 왠지 모르게 달라보였다. 그는 홀로 벤치에 앉아 손에 든 아이폰을 보며 쓸쓸한 미소를 짓는다. 마치 이 자리에 함께 있었으면 좋았을 그 누군가를 회상하듯이.

안드로이드 탄생과 최초의 안드로이드폰
HTC 드림

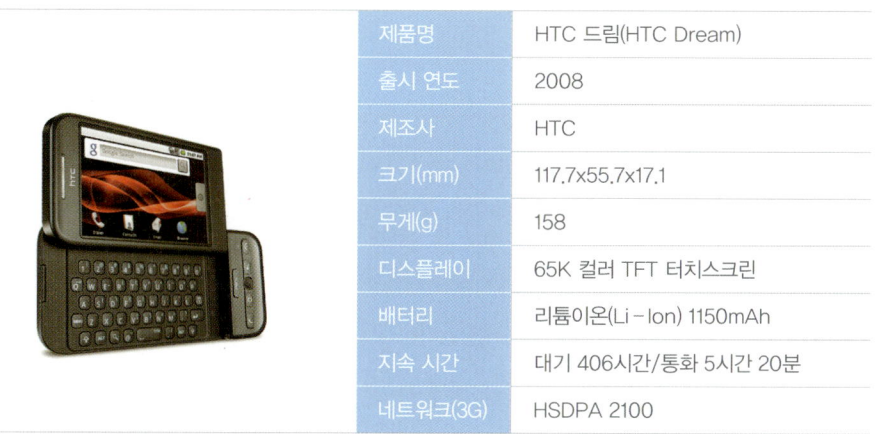

제품명	HTC 드림(HTC Dream)
출시 연도	2008
제조사	HTC
크기(mm)	117.7x55.7x17.1
무게(g)	158
디스플레이	65K 컬러 TFT 터치스크린
배터리	리튬이온(Li-Ion) 1150mAh
지속 시간	대기 406시간/통화 5시간 20분
네트워크(3G)	HSDPA 2100

2005년, 명실상부 세계 최고의 인터넷 포털 기업으로 성장한 구글은 그들의 막대한 자금력을 바탕으로 유망한 신생 업체들을 인수하며 자신의 몸집을 불려나갔다. 물론 구글이 노린 것은 '기업'이라는 껍데기가 아니라 상대방이 갖고 있던 '기술'이라는 알맹이였음은 두말할 것도 없다. 그렇다고 구글이 손에 넣은 모든 알맹이가 빛을 봤던 것은 아니다. 한 예로 트위터와 유사한 방식으로 친구들과 연락을 주고받을 수 있는 문자 서비스인 닷지볼은 구글에 인수되었지만 그것으로 끝이었다.

그해 8월, 구글은 조그만 소프트웨어 회사인 안드로이드 사^{Android.Inc}를 인수해 자회사로 만들었다. 안드로이드 사는 2003년 10월, 미국 캘리포니아주 팔로알토에서 앤디 루빈^{Andy Rubin}, 리치 마이너^{Rich Miner}, 닉 시어스^{Nick Sears}, 크리스

• 구글 로고

화이트$^{Chris\ White}$에 의해 설립된 회사였다. 그리고 구글에 인수된 뒤에도 주요 창립 멤버들은 회사에 그대로 남았으며, 앤디 루빈은 구글의 모바일 플랫폼 감독을 맡게 됐다. 그 당시만 해도 안드로이드 사에 대해 알려진 것이라고는 거의 없었다. 기껏해야 핸드폰에 대한 소프트웨어를 개발하는 회사라는 정도였다. 그런데 과거 앤디 루빈이 『비즈니스위크』와 가진 한 인터뷰에서 "사용자의 위치와 취향을 인식하는 영리한 모바일 장치"에 대해 언급한 적이 있었다. 그리고 그 직후 안드로이드 사가 설립됐다. 각 매체들은 이에 대해 구글이 안드로이드 사 인수를 시작으로 핸드폰 시장에 발을 들여놓게 될 것이라 예측했다.

2007년 11월 5일, 구글을 주축으로 한 '개방형 핸드폰 동맹^{OHA}'이 출범했다. 이 단체에는 삼성, LG와 같은 핸드폰 제조업체와 스프린트 넥스텔$^{Sprint\ Nextel}$, T-모바일과 같은 이동통신사, 그리고 퀄컴^{Qualcomm}, 텍사스 인스트루먼트$^{Texas\ Instruments}$와 같은 칩셋 제조 회사 등 전 세계 서른네 개의 업체가 참여했다. 개방형 핸드폰 동맹은 궁극적으로 노키아의 심비안, 마이크로소프트의 윈도 모바일에 필적하는 완전 개방형 모바일 플랫폼을 개발하는 것이 목표였다. 그들은 자신들이 개발한 이 새로운 모바일 표준을 가리켜 '안드로이드'라 불렀다.

그렇다면 실제로 안드로이드는 위에서 언급한 다른 경쟁 모바일 운영체제와 비교해 어떤 특별한 점을 갖고 있었던 것일까. 안드로이드의 특징을 이해하는 데는 복잡한 프로그래밍 표현을 나열할 필요 없이 단순히 장난감 레고를 떠올리면 쉽다. 안드로이드 개발 이전, 개발자들은 모바일 운영체제를 분해하는 데 골머리를 앓아야 했다. 혹시 성공했다 하더라도 구성 요소들이 각각 자신만의 방식으로 구성되어 있어 연결고리를 찾기 힘들었다. 하지만 안드로이드의 경우, 시스템의 모든 부분을 마치 레고 블록처럼 만드는 것이 가능했다.

한편 개방형 핸드폰 동맹 출범 후 일주일만인 11월 12일, 안드로이드 소프트웨어 개발 키트SDK가 공개됐다. 개발자 커뮤니티는 이 안드로이드 개발 툴이 공개되자마자 핸드폰에서 성인 콘텐츠를 검색하는 가장 효율적인 방법을 첫 번째 작업으로 진행했다고 한다.

2008년 2월, 칩셋 제조 회사인 퀄컴과 텍사스 인스트루먼트는 안드로이드의 아주 기초적인 버전으로 칩셋 작업을 진행했다. 마침내 안드로이드 운영체제와 칩셋이 준비됐고, 이제 남아 있는 단계는 이들을 담을 그릇을 만드는 일이었다. 이 그릇에 해당하는 단말기 제조를 맡게 된 업체는 바로 대만의 HTC였다.

HTC는 1997년 왕설홍Cher Wang, H.T. 조, 그리고 주영명Peter Chou에 의해 설립됐다. 초창기에는 노트북 컴퓨터를 제조했지만, 1998년부터 무선 터치 휴대장치를 만들기 시작했다. 이들의 첫 번째 도약은 컴팩에 의해 주문된 모바일 컴퓨터를 제작하면서부터다. 2000년 컴팩이 선보인 포켓 PC 아이팩iPAQ과 팜 OS를 탑재한 터치스크린 스마트폰인 팜 트레오 650은 HTC가 만든 제품들이다. 세계무대에서 기술력을 인정받은 HTC는 이후 델, HP, 샤프, 후지츠 지멘스와 같은 브랜드를 위한 제품을 생산하며 경력을 쌓아갔다.

그러던 중 마이크로소프트가 윈도 모바일 운영체제를 사용하는 하드웨어 플랫폼 개발 파트너로 HTC를 선정하면서 회사는 커다란 도약의 기회를 맞는다. 2003년 처음으로 마이크로소프트 OS를 탑재한 스마트폰을 개발한 데 이어, 2005년에는 최초의 마이크로소프트 3G폰을 개발하는 등 윈도 모바일 스마트

• HTC 로고

폰의 최고 제작 업체로서 입지를 굳건히 했다.

2005년 기준으로 HTC의 매출 규모는 전년 대비 102% 상승한 2억 2천만 달러에 이르게 되었으며, 유력 경제지인 『비즈니스위크』의 '인포테크Info Tech 100'에서 가장 빠르게 성장하는 기업으로 선정됐다. 2006년 마침내 HTC라는 자체 브랜드로 핸드폰을 출시하면서 회사는 터닝 포인트를 맞는다. 그리고 2007년 구글을 주축으로 한 개방형 핸드폰 동맹의 일원이 되어, 안드로이드 모바일 운영체제에서 작동하는 첫 번째 핸드폰을 개발하는 중대한 임무를 맡게 된다.

하지만 최초의 안드로이드폰이 세상에 선보이기까지 모든 것이 순조로웠던 것만은 아니었다. 구글을 주축으로 안드로이드 개발을 위한 개방형 핸드폰 동맹이 결성되자, 세계 각지에서 이를 견제하려는 움직임이 포착됐다. 먼저 2008년 6월 노키아를 중심으로 심비안 재단Symbian Foundation이 출범했다. 이 비영리 재단은 단번에 오픈 소스 세계를 사로잡았으며, 소니 에릭슨, 모토로라, NTT 도코모, AT&T 등 다수의 기업들을 회원으로 포섭하는 데 성공했다. 심비안 재단 출범 이전부터 이미 많은 단말기에서 심비안 OS가 사용되고 있었기 때문에 그들의 출발은 남다를 수밖에 없었다. 업계에서는 머지않아 심비안 재단이 구글 안드로이드를 따라잡을 수 있을 것이라 예측했다. 하지만 출범과 동시에 심비안 소프트웨어 개발 키트가 공개되었음에도 불구하고, 새 버전의 심비안 OS가 설치된 단말기가 개발되기까지 수개월을 기다려야만 했다.

안드로이드의 또 다른 강력한 경쟁자는 리눅스 기반의 모바일 플랫폼을 개발하는 리모 재단LiMo Foundation이다. 2007년 1월에 출범한 이 단체에는 미국의 이동통신사인 버라이즌, 파이어폭스 웹 브라우저를 개발한 모질라, 그 외 50개 이상의 기업들이 소속되어 있다. 리모 재단 역시 그들의 주요 경쟁자로 안드로이드를 설정하고 곧바로 견제에 들어갔다. 2008년 8월, 안드로이드폰의 발표를 앞두고 리모 재단은 아시아 지역에 일곱 가지 이상의 리눅스 기반 핸드폰을 한꺼번에 출시하며 시장을 선점하려 했다. 이들의 핸드폰에는 전자태그RFID, 위성항법장치GPS, 고사양 카메라, TV 튜너와 같은 과시용 기능들로 점철되어 있었다. 하지만 이 전략은 시장에 전혀 먹히지 않았다.

이제 경쟁자들은 안드로이드를 막아낼 마지막 수단으로 네거티브 전략을 꺼내들 수밖에 없었다. 구글은 그들의 첫 안드로이드 스마트폰이 2008년 하반기 시장에 진입할 것이라 발표했다. 하지만 언제부터인가 안드로이드 단말기 개발이 지연되고 있다는 소문이 돌기 시작했다. 한 술 더 떠 언론들은 촉박한 제작 스케줄에 의문을 제기하며 2009년까지 안드로이드폰을 볼 수 없을 것이라고 보도했다. 이렇게 된다면 문제가 커진다. 이는 그동안 안드로이드폰 출시를 기다리며 새 스마트폰 구입을 미뤄왔던 소비자들이 안드로이드폰을 포기하고 타 제품으로 옮겨간다는 것을 의미하기 때문이다. 경쟁자들의 노림수는 바로 이것이었다. 구글은 안드로이드 계획이 예정대로 진행되고 있다고 주장했지만 한 번 의심 품은 여론은 쉽게 돌아서지 않았다. 안드로이드폰 제작을 맡고 있던 HTC의 주식은 흔들리기 시작했고, 결국 회사는 기자회견을 열어 2008년 4분기에 안드로이드가 탑재된 핸드폰이 시장에 출하될 것이라 재확인시켜야만 했다.

• HTC 드림과 안드로이드

　언론에 의한 네거티브 악몽을 경험한 구글은 상황을 반전시키기 위해 역으로 언론을 이용하기로 한다. 컨퍼런스와 전시회에서 선보인 안드로이드폰에 대한 이미지가 인터넷상에 돌기 시작했다. 그리고 T-모바일의 비공식 블로그인 티모뉴스TmoNews는 최초의 안드로이드 기반 스마트폰의 명칭을 공개했다. 또한 언제 예약 주문이 시작될 것인지, 가격은 어느 정도 선이 될 것인지 소비자들이 궁금해 할 만한 것들에 대해 상세하게 설명하는 것도 잊지 않았다.
　한편 2008년 8월 4일, 미국 내 유무선 통신에 대해 심의하는 기관인 연방통신위원회는 최초의 안드로이드폰에 대한 허가를 승인했다. 그리고 한 달이 조금 지난 9월 23일, 그동안의 소문을 일축하며 구글의 새 제품이 세상에 모습을 드러냈다. 바로 'HTC 드림'이었다.
　HTC 드림은 북미에서 개통된 이동통신사의 이름을 따서 'T-모바일 G1'이라는 또 다른 이름으로 알려져 있다. 아이폰만큼은 아니었지만 세로 11.77센티미터, 가로 5.57센티미터, 두께가 1.71센티미터의 규격에 무게는 158그램으로 충분히 작고 가벼운 편이었다. 참고로 비슷한 시기에 출시된 아이폰 3G는 두께가 1.23센티미터, 무게가 133그램으로 상대적으로 가벼웠다. HTC 드림은

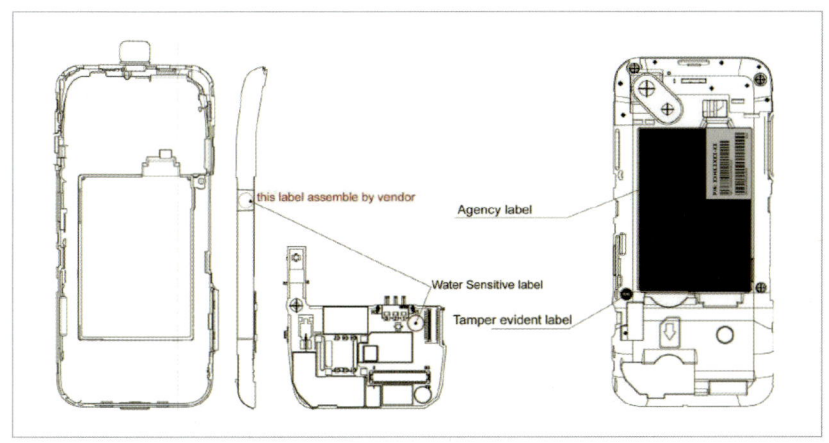

• HTC 드림 구조 (출처: readwrite.com)

480x320 해상도의 3.17인치 터치스크린을 갖고 있었으며 310만 화소 카메라를 내장했다. 여기까지는 일반 스마트폰과 별다른 차이가 없어 보이지만, 독특하게도 이 제품은 가상의 키패드를 구현하는 터치스크린 외에도 물리적인 키패드가 함께 존재했다. 터치스크린을 미끄러지듯 위로 밀어 올리면 그 아래 감춰져 있던 쿼티 키보드가 모습을 드러내는 것이다. 또한 '조그볼'이라 해 블랙베리 펄과 블랙베리 커브와 같은 특정 블랙베리 모델에서만 볼 수 있었던 탐색 트랙볼을 이 제품에서 목격할 수 있다. HTC 드림은 내장 GPS 이외에도, 게임 플레이와 사진 촬영을 위한 기울기 센서를 갖고 있었으며, 와이파이와 블루투스 2.0을 지원했다.

한편 원활한 인터넷 접속을 위해 HTC 드림은 T-모바일의 1700MHz 3G 네트워크상에서 작동했으며, 더 나아가 T-모바일은 HTC 드림 출시에 맞춰 3G 데이터 네트워크의 범위를 27개 주요 도시로 확장했다. 하지만 인정할 수밖에 없는 것은 이 최초의 안드로이드폰은 아이폰처럼 매끄럽지도 세련되지도 않은 투박한 모습을 가졌다는 것이다. 물론 HTC 드림의 다채로운 색상 버전과 독특한 슬라이드식 쿼티 키패드는 차별화된 요소임에는 틀림없다.

그리고 본질적으로 안드로이드폰의 핵심은 외형이 아니라 그 내부에 있었다. 핸드폰에서 구글 지메일 계정 등록을 마치면, 사용자는 이제 안드로이드 세계에 발을 들여놓게 될 것이다. 구글 토크Google Talk는 인스턴트 메시지를 전달할 것이며, 구글 캘린더는 스케줄을 관리해줄 것이다. 영상을 보고 싶다면 유튜브를 시청하면 된다.

무엇보다도 HTC 드림의 가장 달콤한 부분은 단연 안드로이드 마켓일 것이다. 애플이 아이폰을 위해 앱스토어를 만들었듯이, 구글은 이에 대응하는 안드로이드 마켓을 선보였다. 하지만 앱스토어와 안드로이드 마켓은 근본적인 차이가 있었다. 애플은 앱 개발에 하향식 접근법을 취했는데, 이는 곧 앱스토어에 입점하는 모든 앱에 대해 승인 및 인증 절차를 요구한다는 것을 의미했다. 하지만 구글은 어떤 심사 없이 앱 개발자가 안드로이드 마켓에 앱을 업로드 하는 것을 허락하고 있다. 물론 일부 수준 미달의 앱이 발견되기도 하지만, 누구나 참여할 수 있다는 안드로이드만의 개방성은 개발자들뿐만 아니라 일반 사용자들에게도 매력적으로 다가왔다.

HTC 드림은 2008년 당시 아이폰에서 구현하지 못하는 몇 가지 기능들을 지원했다. 이메일에 텍스트를 복사하고 붙여넣기가 가능했으며, 여러 가지 프로그램을 동시에 실행시킬 수 있는 멀티태스킹 기능도 안드로이드가 먼저 시작했다. 참고로 애플은 2010년 아이폰 4를 출시하면서 멀티태스킹을 지원했다. 애플과 구글의 모바일 운영체제의 결정적인 차이는 iOS가 아이폰이라는 한 제품에서만 사용할 수 있는 반면, 안드로이드는 단말기 종류에 제한을 받지 않게 될 것이라는 점이다. 구글은 2009년부터 다양한 브랜드의 안드로이드폰을 만나게 될 것이라고 예고했다.

2008년 10월 22일, HTC 드림은 판매를 개시했고, 소비자들은 그동안 궁금하게 생각했던 안드로이드폰을 직접 손에 넣을 수 있게 됐다. 2년 계약에 179

달러로 당시 시중에 나와 있던 아이폰 3G 보다 20달러 정도 저렴하게 구입할 수 있어 가격에서 충분히 경쟁력이 있었다. 그리고 이 제품은 단순히 아이폰의 복제품이 아니었다. HTC 드림에 설치된 안드로이드 운영체제는 구글의 모든 서비스와 긴밀한 통합을 특색으로 갖고 있었다.

하지만 안드로이드 첫 번째 버전은 소비자들의 욕구를 모두 충족시켜주지는 못했다. 한 예로 2008년 당시 구글은 자신의 음악 솔루션을 가지고 있지 않았기 때문에 아마존의 MP3 스토어에 의존해야 했다. 이는 애플이 강력한 아이튠즈 MP3 라이브러리를 갖고 있는 것과 비교해 아쉬운 부분이었다.

최초의 안드로이드폰이라는 이유 하나만으로 HTC 드림은 모든 면에서 아이폰과 비교당할 수밖에 없었다. 그러나 디자인부터 성능에 이르기까지, 이제 걸음을 막 딛기 시작한 안드로이드 단말기를, 출시된 후 두 번이나 업그레이드된 아이폰과 동일한 선상에서 평가받는다는 것은 계란으로 바위치기나 다름없었다. 게다가 당시 아이폰 개발을 진두지휘하던 스티브 잡스가 건재하던 시절이었다.

비록 아이폰만큼 세련되지도, 많은 재주를 갖고 있지도 않았지만, HTC 드림은 자유도와 유연성 측면에서 안드로이드라는 새로운 플랫폼의 가능성을 충분히 보여줬다. 안드로이드의 다음 버전은 어떤 모습일까. 과연 대중들은 기존의 것을 버리고 이 새로운 OS를 선택하게 될 것인가. 앞으로 안드로이드는 어떻게 진화될 것인지 점점 더 흥미를 더해가고 있었다.

안드로이드 OS의 진화
구글 넥서스 시리즈

제품명	구글 넥서스 원(Google Nexus One)
출시 연도	2010
제조사	HTC
크기(mm)	119x59.8x11.5
무게(g)	130
디스플레이	16M 컬러 아몰레드 터치스크린
배터리	리튬이온(Li-Ion) 1400mAh
지속 시간	대기 250시간/통화 7시간
네트워크(3G)	HSDPA 900, HSDPA 1700, HSDPA 2100

2005년, 구글이 모바일 소프트웨어 개발 업체인 안드로이드 사를 인수하면서 모바일 사업에 진출할 것이라는 소문이 돌기 시작했다. 그리고 2년 뒤인 2007년, 구글이 '안드로이드'라 이름 붙인 리눅스 커널에 기반을 둔 오픈 소스 모바일 OS를 개발하고 있다고 발표함에 따라 소문이 사실임이 밝혀졌다. 이듬해 2008년 HTC 사에 의해 개발된 최초의 안드로이드폰인 HTC 드림을 세상에 선보이면서 본격적으로 안드로이드가 모바일 세계에 합류하게 된다.

안드로이드라는 새로운 경쟁자의 등장으로 심비안, 블랙베리, iOS 같은 기존에 모바일 OS의 대표 주자들은 긴장을 늦출 수 없게 됐다. 이후 모바일 생태계는 급변하는 상황에 놓이게 된다. 안드로이드가 설치된 모바일 장치들은 대중에게 높은 인기를 끌며 놀라울 정도로 빠르게 시장을 점유해갔다. 게임의 흐름을 바꿔놓는 데 성공한 것은 물론 마침내 모바일 OS 점유율 1위의 자리를 차지하게 된다. 어떻게 그 짧은 시간 안에 안드로이드가 모바일 세상의 대세로 자리 잡을 수 있었던 것일까. 엉뚱하게 들릴지 모르지만, 컵케이크에서 젤리빈까지 달콤하고 군침 도는 디저트 이름 안에 그 힌트가 있다.

안드로이드 1.0(2008년 9월 23일 출시)

오늘날 구글이 안드로이드 새 버전을 발표할 때마다 디저트 이름애서 딴 코드명을 붙여주는 것은 관례처럼 돼 버렸다. 그런데 처음부터 디저트 이름을 코드명으로 사용했던 것은 아니었다. 2008년 9월 23일에 발표된 첫 번째 안드로이드 버전은 단순히 안드로이드 1.0이라 불렸다. 이 최초의 안드로이드 OS는 주요 기능을 대부분 갖추고 있었지만, 오늘날과 비교해 그 퍼포먼스는 원시적인 수준에 그쳤다. 지메일, 구글 캘린더, 구글 토크와 같은 기존의 구글 서비스와의 동기화에 초점이 맞춰져 있었으며, GPS 기능을 갖춘 구글 맵, 앱의 알림을 표시하는 유용한 상태 바, 그리고 안드로이드 마켓은 당시 신선하게 받아들여졌다. 하지만 안드로이드 1.0은 아이폰의 운영체제인 iOS와 비해 상당히 느렸으며, 빈번한 병목 현상으로 소비자들의 원성을 샀다.

안드로이드 1.1(2009년 2월 9일 출시)

비록 구글이 공식적으로 판매하거나 공개적으로 그 코드명을 언급한 적은 없

지만, 내부적으로 이 버전을 '푸티 푸르'라 불렀다. 푸티 푸르란 식후에 커피와 함께 내는 아주 작은 케이크 혹은 쿠키를 말했다. 비공식적이긴 했지만 안드로이드 코드명에 디저트 이름을 붙인 첫 번째 사례였던 것이다. 이 버전은 안드로이드 1.0에서 발견된 버그 일부를 수정했으며, 몇 가지 새로운 기능이 추가 됐다. 전화 통화하는 동안 다이얼패드에 '표시/숨김' 옵션이 포함되었으며, SMS 프로그램에 사용자가 파일을 첨부할 수 있도록 해줬다.

안드로이드 1.5 컵케이크(2009년 4월 30일 출시)

안드로이드 새 버전에 알파벳 순서에 따른 디저트 이름이 붙기 시작한 것은 이 때부터였다. 영문자 C로 시작하는 컵케이크^{Cupcake}는 안드로이드 1.5의 새로운 코드명이었다. 컵케이크는 사용자가 핸드폰 홈 화면에 상호작용하는 위젯을 위치시킬 수 있도록 지원했는데, 이는 오늘날까지 안드로이드의 가장 기본적이며 편리한 기능 가운데 하나가 됐다. 예를 들어 사용자는 시간이나 날씨를 체크하기 위해 각 앱으로 이동할 필요 없이 홈 화면에서 바로 확인하면 됐다. 위젯의 정보는 자동으로 갱신되며, 직관적이며 지나치게 눈에 띄지 않는 방식으로 홈 화면에 다양한 정보를 소개한다. 이외에도 컵케이크는 웹 브라우저에서의 복사하기와 붙여넣기를 지원했으며, 자동으로 회전하는 화면과 함께 다양한 애니메이션 화면 전환을 선보였다.

안드로이드 1.6 도넛(2009년 9월 15일 출시)

영문자 D로 시작하는 도넛^{Donut}은 기존의 안드로이드 OS를 다듬는 정도에 만족하는 약간의 업데이트 버전이라 할 수 있다. 음성과 텍스트를 이용한 검색 범위는 즐겨찾기와 전화번호부로 확대됐다. 그리고 안드로이드 마켓은 좀 더 검색이 용이하고 그 안에 보여지는 앱의 스크린 샷을 보기 쉽게끔 바뀌었다. 도넛은 800x480 해상도를 표현하는 WVGA^{Wide VGA}를 지원했는데, 이로써 좀 더 크고 잘 보이는 화면을 구현할 수 있게 됐다. 이 안드로이드 버전을 시작으로 스마트폰 디스플레이의 대형화 추세가 발동이 걸렸다고 할 수 있다. 또 다른 괄목할 만한 특징은 앱이 자체적으로 텍스트 라인을 개발자에게 읽어주는 '텍스트 음성 변환 기능'이 포함됐다는 것이다.

안드로이드 2.0 이클레어(2009년 10월 26일 출시)

안에 크림을 넣고 위에는 초콜릿을 씌운 길쭉한 케이크인 이클레어^{Eclair}는 안드로이드 2.0의 달콤한 코드명이다. 2008년 처음으로 안드로이드가 출시된 지

1년이 지나 비평가들은 그동안 안드로이드가 얼마나 진화했는지 보고 놀라워했다. 이클레어는 새롭고 더욱 속도가 빨라진 사용자 인터페이스^{UI}를 선보였으며, 생동감 넘치는 라이브 배경 화면을 도입한 첫 번째 안드로이드 버전이었다.

그리고 구글의 길 안내 서비스인 '턴바이턴 디렉션'은 사용자들로부터 호평을 받았다. 또한 카메라 성능이 크게 향상되어 디지털줌, 화이트 밸런스, 색상 효과, 그리고 카메라 플래시 등의 다양한 기능을 사용할 수 있게 됐다. 이클레어에서 사용자는 연락처에 저장된 상대방의 사진을 가볍게 두드려 전화를 걸거나 문자를 보내고 이메일을 쓰는 것이 가능하게 됐다. 이클레어는 대성공이었고, 마침내 애플의 iOS와 경쟁할 수 있게 됐다는 평을 받게 된다.

안드로이드 2.2 프로요(2010년 5월 20일 출시)

냉동 요구르트 제품을 의미하는 프로요^{Froyo}는 또 다른 말로 프로즌 요구르트 frozen yogurt라 부르기도 한다. 이 버전에서 특기할 점은 먼저 어도비 플래시를 지원한다는 것이었다. 일반적으로 웹사이트에서 HTML과 플래시를 함께 사용하는 경우가 많기 때문에, 안드로이드에서 플래시가 지원된다는 것은 PC에서처럼 스마트폰으로 완벽하게 웹 사이트를 볼 수 있게 됐다는 것을 의미했다.

그리고 이 버전부터 핸드폰을 모뎀처럼 활용할 수 있는 USB 테더링 기능을 지원했다. 테더링이란 직역하면 밧줄로 연결하기란 뜻으로, 핸드폰을 PC나 노트북에 연결해 그 장치에서 무선 인터넷을 사용할 수 있도록 해주는 유용한 기능이었다. 또한 프로요는 숫자와 영숫자로 된 패스워드를 도입했으며, SD 카드에 앱을 설치할 수 있는 첫 번째 안드로이드 버전이기도 했다.

안드로이드 2.3 진저브레드(2010년 12월 6일 출시)

미국인들이 즐겨먹는 장식이 화려한 생강 빵, 진저브레드Gingerbread는 프로요에 이어 차기 안드로이드 코드명으로 채택됐다. 진저브레드의 가장 큰 특징은 속도 향상에 중점을 두고 사용자 인터페이스를 단순화시킨 것이다. 홈 화면에서 쓸모없는 아이콘들을 제거하고, 오직 전화, 앱 메뉴, 브라우저만을 남겨두었다. 그 결과 진저브레드는 이전 버전인 프로요보다 눈에 띄게 빨라졌다. 물론 아직 애플 iOS의 수준에 미치지는 못했지만, 점점 더 가까워지고 있는 것은 분명했다.

진저브레드는 일부 고사양 스마트폰에서 NFC(근거리 자기장 통신)을 지원했다. NFC는 10센티미터 이내의 가까운 거리에서 다양한 무선 데이터를 주고받을 수 있는 통신 기술이었다. 또한 사용자가 좀 더 쉽게 다운로드된 파일에 접근할 수 있도록 새로운 다운로드 관리자와 배터리 수명을 절약해주는 효율적인 전원 관리 시스템 역시 이 버전의 특징이다. 출시된 지 3년이 흘렀지만 여전히 많은 스마트폰에서 진저브레드를 사용하고 있다.

안드로이드 3.0 허니콤(2011년 2월 22일 출시)

 벌집처럼 구멍이 뚫려 있는 가볍고 단단한 스펀지 같은 감촉의 달콤한 토피, 허니콤 토피에서 이름을 따왔다. 안드로이드 3.0의 코드명인 허니콤^{Honeycomb}은 기존 안드로이드 버전과 다르게 태블릿 전용으로 개발됐다.

 그동안 삼성 갤럭시 탭과 같은 안드로이드 태블릿은 스마트폰용 안드로이드 OS를 태블릿 화면에 맞춰 늘려 사용했기 때문에 제 기능을 하지 못했다. 이에 허니콤은 태블릿 화면에 최적화된 사용자 인터페이스와 가상 키보드를 제공했다. 그리고 멀티코어 CPU와 하드웨어 가속기를 지원하는 등 하드웨어 관련 개선이 이루어졌다.

 하지만 반응 속도가 느리고 버그들로 가득 찼으며, 이용 가능한 태블릿 전용 앱의 수가 적다는 문제가 드러났다. 허니콤의 허술함은 많은 이들의 비판을 받았으며, 결국 구글은 자신들의 실책을 인정하기에 이른다. 이후 구글은 따로 태블릿 전용 안드로이드 OS을 개발하지 않았기 때문에 허니콤은 유일한 태블릿 전용 안드로이드 OS로 남게 됐다.

안드로이드 4.0 아이스크린 샌드위치(2011년 10월 19일 출시)

두 개의 비스킷 사이에 아이스크림을 얹어 만든 아이스크림 샌드위치^{Ice Cream Sandwich}는 안드로이드 4.0의 새로운 코드명이기도 하다. 이 안드로이드 버전은 진저브레드와 허니콤의 장점만을 결합해 스마트폰과 태블릿 양쪽에서 모두 호환될 수 있도록 만들어졌다.

아이스크림 샌드위치는 빠르고 유연하며, 눈을 즐겁게 하는 로보토^{Roboto} 서체를 도입했다. 그리고 사용 빈도가 높은 앱에 빠르게 접근할 수 있도록 앱 독^{app dock}을 처음으로 선보였으며, 잠긴 화면에서 직접 앱에 접근할 수 있는 옵션이 제공됐다. 또한 페이스 언락^{Face Unlock}이라 해 사용자가 안면 인식 소프트웨어를 사용해 단말기의 잠금을 해제할 수 있는 새로운 기능이 추가됐다.

이외에도 편리한 드래그 앤 드롭 앱 폴더와 언제 어디서나 스크린 샷을 찍을 수 있는 통합 스크린 샷 캡쳐 기능이 포함됐다. 아이스크림 샌드위치 이후로 그동안 사용되던 안드로이드 마켓이라는 용어가 구글 플레이로 변경됐다.

안드로이드 4.1 젤리빈(2012년 7월 9일 출시)

안드로이드 4.1의 코드명은 콩 모양을 한 젤리 과자인 젤리빈^{Jellybean}에서 따왔다. 이 버전은 아이스크림 샌드위치만큼 놀라운 변화를 보여준 것은 아니지만, 사용자 경험을 크게 향상시키는 여러 작은 업데이트를 가져왔다. 홈 화면의 앱과 위젯을 보다 직관적으로 재배치할 수 있도록 해줬으며, 매끄러운 인터페이스를 실현하기 위한 '프로젝트 버터$^{Project Butter}$' 기술을 선보였다. 프로젝터 버터란 사용자의 손이 스크린에 닿자마자 CPU가 화면처리에 모든 리소스를 집중하고, GPU가 곧바로 병렬적인 처리를 통해 돕는 기술을 말한다. 이로써 화면이 초당 60프레임으로 구성되어, 이질적인 화면 반응과 버벅임이 크게 개선됐다.

한편 구글은 애플의 시리에 대한 응답으로 구글 나우$^{Google Now}$를 선보였다. 구글 나우는 단순히 음성 서비스뿐만 아니라 교통, 날씨, 일정, 뉴스 등 시각적 정보를 함께 제공하는 스마트 검색 기능 서비스였다. 그 밖에도 젤리빈은 구글 모바일 결제 서비스인 구글 지갑$^{Google Wallet}$을 지원하고, 기존의 구형 인터넷 브라우저를 크롬 모바일 버전으로 교체했다.

구글은 안드로이드 새 버전을 발표할 때마다 안드로이드 신 버전이 탑재된 최신 스마트폰을 함께 출시할 계획을 수립했다. 바로 '넥서스 시리즈'였다. 구글은 최초의 안드로이드폰인 HTC 드림을 생산한 대만의 핸드폰 제조업체

• 넥서스 원

HTC와 다시 한 번 제휴를 맺고 그들의 첫 번째 주력 스마트폰 개발에 나선다. 그리고 2010년 1월, 영국에서 구글의 첫 공식 브랜드가 모습을 드러낸다. 바로 '넥서스 원'이었다.

안드로이드 2.1 이클레어가 탑재된 넥서스 원은 2008년부터 2010년 사이 제조된 스마트폰의 비약적인 도약을 보여줬다. 480x800픽셀의 해상도를 가진 3.7인치 아몰레드 디스플레이를 자랑하며, 1GHz 퀄컴 스콜피온 프로세서와 아드레노 200 GPU와 같은 당시에 인상적인 사양을 갖고 있었다. 그리고 500만 화소의 후면 카메라와 함께 화면을 터치하지 않고 스크롤할 수 있는 트랙볼을 갖고 있었다.

넥서스 원은 신속하게 안드로이드 2.2 프로요와 안드로이드 2.3 진저브레드로 업데이트됐다. 그런데 진저브레드로 업데이트된 후, 넥서스 원 사용자들은 배터리 전력이 소프트웨어를 실행하는 데 충분하지 않다고 불만을 터뜨렸다. 또한 어떤 이유에서인지 구글 보이스Google Voice가 소프트웨어 업데이트 이후 넥서스 원 단말기에서 작동되지 않았다. 결국 구글의 첫 번째 넥서스 브랜드는 상업적인 성공을 거두지 못한다. 인상적인 하드웨어 사양에도 불구하고 소

• 넥서스 S

비자들의 마음을 사로잡은 것은 넥서스 원보다는 당시 전 세계적인 히트를 친 아이폰 4였다. 넥서스 원에 대한 시장에 반응에 낙담한 에릭 슈미트Eric Emerson Schmidt 구글 회장은 한 인터뷰에서 넥서스 원 후속 작을 출시하지 않을 것이라 말하지만 이 말은 곧 사실이 아님이 밝혀졌다.

넥서스 원의 저조한 실적으로 구글 자체 브랜드의 미래에 대한 불확실성에도 불구하고, 구글은 수개월 뒤 후속 모델을 준비하고 있다고 발표했다. 두 차례 연달아 HTC가 안드로이드폰 제작을 맡았었지만 이번에는 한국의 핸드폰 제조업체인 삼성이 차기 넥서스 모델의 제작을 맡게 됐다. 그리고 2010년 12월 두 번째 넥서스 시리즈인 '넥서스 S'가 출시됐다. 오직 구글 웹 사이트에서만 구입할 수 있었던 넥서스 원과 달리, 넥서스 S는 일반 소매점에서 쉽게 구입할 수 있었다.

이 제품은 하드웨어적으로 1GHz 싱글 코어 ARM Cortex-A8 프로세서와 200MHz PowerVR SGX 540 GPU, 그리고 512MB 램을 특징으로 하고 있다. 넥서스 S는 안드로이드 2.3 진저브레드의 보급을 촉진하기 위해 개발되었기 때문에 진저브레드의 주요 기능인 와이파이 핫스팟 기능과 근거리 무선통신

• 갤럭시 넥서스

기술인 NFC를 적용할 수 있는 첫 번째 안드로이드폰이기도 하다. 구글과 삼성의 제휴는 넥서스 S와 함께 순조로운 시작을 끊었고, 이어 차기 모델로 이어진다.

2011년에 들어서면서 안드로이드의 시장 점유율은 눈에 띄게 상승했고, 넥서스 브랜드 인지도도 더불어 향상됐다. 반면 그동안 꾸준히 점유율을 유지하던 블랙베리와 심비안은 안드로이드의 약진에 타격을 입고 쇠퇴의 길로 들어섰다.

이런 분위기 속에서 그해 11월 구글은 삼성과의 두 번째 합작품인 '갤럭시 넥서스'를 시장에 내놓는다. 안드로이드 4.0 아이스크림 샌드위치의 출시에 맞춰 발표된 갤럭시 넥서스는 텍사스 인스트루먼트의 1.2GHz 듀얼 코어 OMAP4430 SoC 프로세서와 1GB 램을 특징으로 하고 있다. 이전 모델인 넥서스 S가 하드웨어에서 비약적인 발전이 있었다면, 갤럭시 넥서스는 외부 디자인과 내부 인터페이스 디자인에서 큰 변화를 가져왔다. 안드로이드의 새 버전인 아이스크림 샌드위치가 물리적인 탐색 버튼 대신 스크린 상의 영구적인 소프트키를 갖도록 해준 것이다.

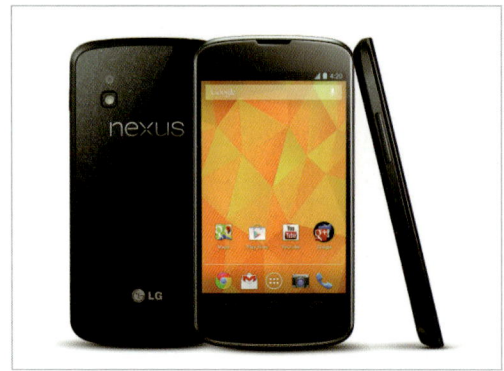
• 넥서스 4

그런데 불행히도 갤럭시 넥서스는 애플의 분노를 산 첫 번째 안드로이드 제품으로 기록된다. 애플과 그들의 강력한 라이벌인 삼성의 특허 논쟁에 휘말린 것이다. 다행히 2012년 6월 29일에 실시된 미국 판매 금지는 1주일 만에 해제됐다. 하지만 고래 싸움에 새우 등 터진 꼴이 된 구글은 차기 넥서스 시리즈 개발을 위해 다른 협력 업체를 찾아야만 했다.

HTC와 삼성에 이어 넥서스 라인업을 위해 구글과 제휴를 맺게 된 업체는 바로 한국의 LG였다. 그리고 2012년 11월 마침내 구글의 네 번째 주력 스마트폰인 넥서스 4가 세상에 모습을 드러냈다. 쿼드 코어 1.5 GHz 퀄컴 스냅드래곤 프로세서와 아드레노 320 GPU, 그리고 2GB의 램, 이것이 신형 넥서스 모델의 사양이었다. 그리고 넥서스 4는 안드로이드 4.2 젤리빈이 설치된 첫 번째 스마트폰이기도 했다.

그런데 넥서스 4에서 몇 가지 하드웨어적인 문제가 발견됐다. 디스플레이용 강화 유리인 코닝 고릴라 글래스 2가 스크래치와 균열에 민감하다는 소리가 들려왔고, 전원 관리 설정의 누락으로 발열이 심하게 발생한다는 불평도 쏟아졌다. 하지만 이런 평가에도 불구하고 이 신형 넥서스 모델은 출시되자마자 빠르게 팔려나가 오히려 물량이 부족한 사태에 이르렀다. 이에 영국의 구글 전무이사인 댄 코블리Dan Cobley는 자신의 구글 플러스 프로필에 핸드폰 출하 지연과 공급 부족에 대해 사과를 해야만 했다. 한 달 후, LG는 넥서스 4 공급망에 더 이상 문제가 없다고 공식적으로 발표하면서 이 사태는 일단락됐다.

처음 넥서스 원이 출시되었을 때와 비교하면 넥서스 시리즈의 위상은 놀라울 정도로 바뀌어 있었다. 이런 넥서스 위상의 변화에 바로 안드로이드 OS의 진화가 중심에 있었다. 구글 안드로이드 OS는 2008년 안드로이드 1.0이 소개된 이후로 4년이란 짧은 시간 안에 믿기 힘든 속도로 탈바꿈했다. 2008년부터 2012년까지 안드로이드는 무려 열 번의 크고 작은 업데이트가 진행됐다. 이는 25년 동안 열 차례 업데이트된 윈도 운영체제와 비교해봐도 가공할 만한 수준이다. 역사 속의 어떤 전자 제품도 스마트폰만큼 빠르게 진화하지 못했으며, 그 중심에 안드로이드가 있다는 주장도 전혀 과장된 것으로 보이지 않는다.

디저트 코드명을 갖고 있는 모든 안드로이드 버전들은 독특한 코드명 못지않게 그들의 경쟁자와 차별화되는 중요한 기술들을 가져왔다. 구글은 다음 안드로이드 코드명을 '키라임파이Key Lime Pie'로 이미 정했으며, 지난 수년간 그들이 보여준 바에 따르면 안드로이드 새 버전은 넥서스 신제품을 동반하게 될 것이라는 것을 충분히 예측할 수 있다. 새로운 안드로이드 버전은 어떤 놀라움을 선사할 것이며, 넥서스 신 모델은 어떤 모습을 갖추고 있을 것인가. 과연 구글이 대중들의 높은 기대치에 부응할 수 있을지 자못 궁금해진다.

노키아의 몰락과 윈도폰
루미아 시리즈

제품명	노키아 루미아 800(Nokia Lumia 800)
출시 연도	2011
제조사	노키아
크기(mm)	116.5x61.2x12.1
무게(g)	142
디스플레이	16M 컬러 아몰레드 터치스크린
배터리	리튬이온(Li-Ion) 1450mAh
지속 시간	대기 335시간/통화 9시간 30분
네트워크(3G)	HSDPA 900, HSDPA 1900, HSDPA 2100

유럽의 한 클래식 연주회. 객석에는 관객들이 앉아 공연을 기다리고 있고, 무대에서는 연주자들이 각자의 악기를 조율하며 연주를 준비하고 있다. 그때 뜬금없이 어디선가 핸드폰 벨소리가 흘러나와 공연장에 울려 퍼진다. 이 짓궂은 벨소리는 우리에게 너무나도 익숙한 노키아폰의 벨소리, 노키아 튠Nokia Tune이었다. 객석의 관객들은 이 엉뚱한 상황에 웃음을 참지 못하고 여기저기에서 웃음소리가 터져나왔다.

이런 어수선한 분위기에 마침 무대에 있던 피아니스트가 즉석에서 노키아 벨소리의 멜로디를 연주하기 시작했다. 그리고 뒤이어 바이올린, 첼로도 함께 연주했고 어느새 무대의 모든 연주가들이 노키아 벨소리를 멋진 작품으로 승화시키고 있었다. 이 재치 있는 즉석 공연에 감탄한 관객들은 박수를 보내며,

연주회는 부드럽게 분위기를 이어나갈 수 있었다. 이들이 연주한 노키아 멜로디는 1902년 스페인의 클래식 기타 연주자인 프란시스코 타레가Francisco de Asís Tárrega y Eixea의 솔로 기타 모음집에 실린 〈왈츠〉에서 따온 것이다.

이 곡은 1994년 노키아가 그들의 핸드폰의 테마 벨소리로 결정하고, 노키아 2100 시리즈를 통해 처음 선보이면서 오늘날 세상에서 가장 자주 연주되는 음악이 됐다. 이 벨소리는 전 세계적으로 하루에 약 18억 회 재생된다고 하는데, 이는 초당 약 2만 번 해당하는 것이다.

100년이 넘는 노키아 벨소리의 기원만큼이나 노키아란 기업 역시 그에 못지않은 오랜 역사를 지니고 있었다. 1865년, 광산 기술자 프레드릭 이데스탐Fredrik Idestam은 남서 핀란드 타메르코스키 강가에 목재 펄프 공장을 지었다. 몇 년 후 그는 노키안비르타 강 유역에 두 번째 공장을 열게 되는데, '노키아'라는 이름이 이 강에서 유래하게 된다. 1898년, 핀란드 고무 공장이 설립되어 고무 장화와 자동차 타이어를 생산하기 시작했다. 그리고 1912년, 노키아의 케이블 산업과 전자 사업의 기반이 되는 핀란드 케이블 웍스Fininish Cable Works가 설립된다. 1960년까지 핀란드 케이블 웍스는 펄프 공장인 노키아 아브Nokia Ab와 핀란드 고무 공장과 긴밀히 협력하며 전자사업으로 뻗어나갔다. 그리고 1962년,

• 프레드릭 이데스탐(출처: ibxk.com.br)

• 노키아 로고 변천사

원자력 발전소에서 사용되는 그들의 첫 번째 인하우스 전자장치인 펄스 분석기를 개발하는 데 성공한다. 1963년, 노키아는 군용 무선통신을 개발하면서 통신사업에 처음으로 발을 내딛게 된다. 1967년, 그동안 공동으로 운영되어 오던 노키아 아브, 핀란드 고무공장, 핀란드 케이블 웍스가 공식적으로 합병하며 마침내 거대한 노키아 그룹이 탄생한다. 컴퓨터 제조 영역에까지 발을 넓힌 노키아는 1971년에 핀란드 최초의 국산 컴퓨터인 미코Mikko를 생산했고, 이 제품은 핀란드에서 가장 잘 알려진 컴퓨터 브랜드가 됐다.

　1983년, 노키아는 TV 제조업체인 살로라와 룩소르의 지분을 확보하면서 TV 시장에 진출했으며 1987년까지 유럽에서 세 번째로 큰 TV 제조업체가 됐다. 하지만 사업의 과잉 확장으로 비대해진 노키아는 1980년대 말 소련의 붕괴와 유럽의 경기 침체로 인해 사업에 심각한 타격을 받게 된다. 1992년, 회사의 위기 속에 시티은행 전 간부였던 요르마 올릴라가 노키아의 최고 경영자에 취임하면서 노키아는 전환점을 맞게 된다.

　노키아의 신임 CEO인 요르마 올릴라는 노키아의 회생을 위해 매우 중요한 전략적 결정을 단행한다. 그동안 노키아의 큰 주축이었던 고무, 케이블, 그리고 가전 사업을 점진적으로 매각하고, 기존의 통신사업 부문의 인력 상당수를 이동통신사업부로 배치하면서 핸드폰 제조에 전념하기로 한 것이다. 노키아는 그들이 개발에 참여한 GSM 기술을 최대한 활용하기로 한다. GSM은 높은 품질의 음성 통화, 국제 로밍, 그리고 당시로서는 획기적인 문자 메시지를 지원하는 유럽의 디지털 모바일 기술의 표준이었다.

요르마 올릴라가 CEO로 취임한 그해, 노키아는 세계 최초의 GSM폰인 노키아 1011을 세상에 선보인다. 1994년, 처음으로 노키아만의 고유 벨소리인 노키아튠이 내장된 노키아 2100이 출시되었는데, 이 시리즈는 노키아의 목표치인 40만 대를 훌쩍 뛰어넘어 전 세계 2천만 대가 팔려나갔다. 1997년에 출시된 노키아 6110에는 현대 모바일 게임의 고전이라 할 수 있는 〈스네이크〉 게임이 처음으로 탑재됐다. 게임의 인기와 중독성으로 인해 2010년까지 약 3억 5천만 대의 핸드폰에서 여전히 이 게임을 즐길 수 있다고 한다.

GSM 기술에 대한 초기 투자와 이동통신에 집중한 노키아의 전략 덕분에 1990년대 말 이미 회사는 핸드폰의 세계적인 선두 업체가 됐다. 그리고 1996년부터 2001년까지 노키아의 매출은 65억 유로에서 310억 유로로 다섯 배 증가했다. 2005년 전 세계 이동통신 가입자가 20억 명을 넘어선 가운데 노키아는 나이지리아에서 그들의 10억 번째 핸드폰을 판매했다. 그리고 2년 뒤, 2007년 세계에서 다섯 번째로 가치 있는 브랜드로 우뚝 서게 된다.

노키아는 그들이 전성기를 구가하기 오래전부터 핸드폰이 전화 통화 수단에서 그 이상의 범주로 확장될 것이라 예측했다. 그들은 이미 1990년대에 모바일 이메일, 터치스크린, 그리고 무선 네트워크에 수십 억 달러를 투자하며 핸드폰 다음 세대를 위한 준비 작업에 들어갔다. 그리고 1996년, 노키아는 그들의 첫 번째 스마트폰이자 초기 스마트폰 시장의 초석을 다지게 되는 노키아 9000 커뮤니케이터를 발표한다. 약 453그램의 무게에 육중한 무전기를 연상시키는 노키아 9000은 이메일, 팩스, 그리고 웹 서핑을 할 수 있는 최초의 모

• 노키아 본사(출처: www.qrcodepress.com)

바일 장치였다.

'스마트폰'이라는 용어가 당시에 존재하지 않았기 때문에, 대신 노키아 9000은 모델명 뒤에 '커뮤니케이터'라 붙여 일반 핸드폰과 차별화를 노렸다. 이 제품은 발 킬머 주연의 영화 〈세인트〉에 등장하며 관객들의 시선을 끌고, 비즈니스 시장에서 호평받게 되지만 기대만큼 대중적인 인기를 누리지는 못했다. 훗날, 노키아 9000이 상업적 성공을 거두지 못한 것에 대해 당시 노키아 CEO인 요르마 올릴라는 이 제품이 시대를 5년 정도 앞섰기 때문이라 주장했다.

이후에도 노키아의 핸드폰 다음 세대를 위한 노력은 계속됐다. 1999년, 노키아는 모바일 웹 표준인 WAP를 적용한 최초의 미디어폰 노키아 7110을 출시했으며, 2001년에는 내장 카메라를 장착한 그들의 첫 카메라폰인 노키아 7650을 선보였다. 그리고 2002년, 비디오 촬영이 가능한 노키아 3650을 발표했으며, 2002년 마침내 3G 기술을 도입한 3G폰 노키아 6650을 출시하게 된다. 이제 핸드폰으로 자유롭게 웹 검색을 하고 음악을 다운받으며, 이동하며 TV를 보는 등 다양한 작업이 가능하게 된 것이다. 이렇듯 꾸준히 노키아가 현대 스마트폰 기술에 다가가고 있는 사이, 안타깝게도 그들의 노력이 빛을 바라는 상황이 벌어지게 된다.

2004년 노키아와 더불어 핸드폰 산업의 양대 산맥 중 하나인 모토로라는 두께가 오직 1.3센티미터에 불과한 초슬림 폴더폰인 레이저를 출시한다. 이 폴더폰은 그 빼어난 디자인에 힘입어 전 세계적으로 1억 3천만 대 팔리는 대히트를 기록한다. 경쟁사가 잘 만든 피처폰으로 놀라운 실적을 올리자, 노키아 투자자들은 고급 스마트폰에 너무 많은 에너지를 쏟아 붓고 있는 회사에 비판을 쏟아냈다. 이런 분위기 속에서 2006년 요르마 올릴라가 CEO에서 퇴임하고, 뒤를 이어 올리-페카 컬러스부오 Olli-Pekka Kallasyuo가 노키아의 키를 쥐게 됐다. 그는 취임 후 독립적으로 운영되어 오던 스마트폰 사업부와 피처폰 사업부를 하나로 통합했다. 그러자 일부 구 경영진은 당시 훨씬 더 높은 수익을 창출하던 피처폰 사업이 통합으로 타격을 받게 됐다며 불만을 터뜨렸다. 스마트폰 사업부 역시 이 결정으로 노키아가 시대의 흐름을 역행하게 됐다며 안타까워했다.

내부 갈등은 피처폰 사업부와 스마트폰 사업부 사이에서만 있었던 것은 아니다. 스마트폰 사업부는 다시 기존의 스마트폰 운영체제를 유지해야 한다는 심비안 측과 새로운 시스템을 구축해야한다는 미고 MeeGo 측으로 나뉘어졌다. 이 두 팀은 사업 지원의 유리한 고지를 점하고, 최고 운영진의 관심을 얻기 위해 소모적인 경쟁을 벌였다. 점차 사내 정치가 극성을 부리고 조직은 경화되어 갔다. 당시 수석 디자이너를 맡았던 알라스타 커티스 Alastair Curtis의 말에 따르면, 디자인을 하는 것보다 정치싸움에 더 많은 시간을 보냈다고 토로할 정도였다. 이렇듯 노키아가 내부 문제로 몸살을 앓는 사이, 그들은 시장의 경향에 대처하던 적응력과 유연성을 잃어갔다. 2004년, 노키아는 온라인 앱스토어를 개발하기 위한 제안을 거절한 데 이어, 2007년 아이폰이 등장했을 때 그 위협을 인식하는 데 실패했다.

2007년 아이폰 출시와 2008년 구글 안드로이드의 등장으로 10년이 넘는 세

• 스테판 엘롭(좌)과 스티브 발머(우)(출처: www.androidheadlines.com)

월 동안 모바일 세계를 지배해온 노키아의 위상이 흔들리기 시작했다. 2007년 말 40.4%로 정점을 찍었던 노키아의 핸드폰 판매 점유율은 2012년 20%대로 떨어졌다. 그리고 1988년부터 14년간 지켜오던 세계 최대의 핸드폰 제조업체라는 타이틀을 2012년 4월 라이벌 삼성전자에 넘겨주게 된다. 충격은 거기서 그치지 않았다. 2012년, 연초의 3억 4400만 유로의 흑자는 세 달 만에 9억 2900만 달러의 적자로 돌아섰으며, 주가는 반 년 만에 반 토막이 나버렸다. 노키아는 자금 부족을 메우기 위해 자산을 팔아야 했으며, 수천 명의 노키아 직원들이 직장을 잃게 됐다. 노키아에게 남겨진 것이라곤 제 기능을 못하는 심비안과 미고, 두 모바일 운영체제와 약 60억 달러에 달하는 특허권뿐이었다.

생존의 갈림길에 선 회사는 시장에서 살아남기 위한 마지막 노력을 한다. 2010년 9월, 노키아는 사장 겸 최고 경영자로 스테판 엘롭Stephen Elop을 임명한다. 엘롭은 이전에 마이크로소프트의 사업부 사장이었으며, 뒤이어 주니퍼 네트웍스와 어도비 시스템에서 중역을 지낸 바 있었다. 스테판 엘롭은 CEO에 오른 직후, 기존의 최고 경영진을 대규모 교체하며 영업과 마케팅 부문을 개혁했다. 그리고 그는 그동안 방만하게 운영되고 있던 R&D 분야를 개선하기로 했다. 지난 10년간 노키아는 같은 기간 동안 애플보다 네 배 많은 400억 달러를

• 다양한 루미아 색상

R&D에 투자했지만 실효를 거두지 못하고 있었던 것이다.

이에 엘롭은 전 세계의 노키아 연구실을 방문해 우선순위가 높지 않은 프로젝트를 종료시키고, 여전히 유용한 R&D에 집중시켰다. 또한 노키아의 신임 CEO는 애플과 구글의 도전에 대한 적극적인 반격을 준비했다. 그는 노키아의 낡은 심비안 운영체제에 대한 투자를 단계적으로 줄이고, 대신 애플의 iOS와 구글 안드로이드가 양분하는 모바일 생태계에 강력한 제3 세력을 만들고자 했다.

2011년 2월, 노키아는 스마트폰 시장에서 그들의 입지를 강화하기 위해 마이크로소프트와 협력하기로 했다고 발표했다. 이 전략적 제휴에 따라 노키아는 차기 모델부터 기존의 주요 플랫폼이었던 심비안과 미고, 대신 윈도폰 운영체제를 채택하기로 한다. 그리고 마침내 2011년 10월, 노키아는 그들의 첫 번째 윈도폰 운영체제를 탑재한 노키아 루미아 800을 세상에 선보인다.

'루미아'라는 이름은 눈snow을 의미하는 핀란드어 루미lumi에서 따온 것이다. 노키아 800의 디자인은 그보다 앞서 발표된 미고 OS 기반의 스마트폰 노키아 N9에서 영감을 얻은 것이다. 고릴라 글래스Gorilla Glass로 덮인 디스플레이 주위로 열가소성 플라스틱의 일종인 매끄러운 폴리카보네이트 재질의 케이스가 둘러싸고 있는 모습은 노키아만의 세련되고 차별화된 디자인을 보여준다.

스마트폰 시대 259

3.7인치의 클리어블랙 아몰레드 디스플레이는 800x480픽셀 해상도를 지원하며, 선명하고 야외 직사광선 아래에서 꽤 잘 보인다. 노키아 루미아 800은 1.4GHz의 싱글코어 프로세서를 탑재하고 있으며, 512MB의 램과 16GB(기가)의 저장 공간을 갖고 있다. 그리고 이 제품의 카메라는 800만 화소에 듀얼 LED 플래시, 오토 포커스를 지원하며, 칼 자이스Carl Zeiss 렌즈를 채택하고 있다. 또한 초당 30프레임의 720p HD 비디오를 촬영이 가능하다. 노키아와 마이크로소프트가 제휴를 발표한 이후, 그들의 첫 합작품인 노키아 루미아 800은 윈도폰 7.5 망고 버전과 함께 출시됐다.

    이 모바일 OS는 애플의 iOS와 구글의 안드로이드와는 다른 신선한 사용자 인터페이스를 제공했다. 윈도폰 마켓플레이스는 애플의 앱스토어와 구글의 구글플레이만큼 다양한 앱을 갖고 있지 않지만, 윈도폰 단말기에서 이용할 수 있는 일부 유용한 앱들이 존재한다. 무료 내비게이션 앱인 노키아 드라이브, 노키아 맵, 그리고 노키아 뮤직은 윈도폰을 위한 노키아만의 특별한 앱이다.

    2012년 초, 노키아는 윈도폰 7 업데이트 버전인 탱고Tango가 탑재된 루미아 610을 출시한다. 이 새로운 저사양 노키아 스마트폰은 중국을 포함한 신흥 시장에서 윈도폰 점유율을 높이기 위한 전략의 일환으로 개발됐다. 그 후 2012년 9월, 노키아는 윈도폰 플랫폼 2세대인 윈도폰 8을 탑재한 루미아 920을 발표했다.

    루미아 920은 10센티미터 이내의 가까운 거리에서 다양한 무선 데이터를 주고받을 수 있는 NFC 통신 기술과 Qi 무선 충전, 그리고 광학식 손 떨림 보정 기능을 가진 퓨어뷰pureView 카메라를 특색으로 하고 있다. 그런데 퓨어뷰 기능을 사용되어 제작된 데모 영상이 실은 전문 카메라를 사용해 촬영됐다는 사실이 밝혀지면서 노키아가 해명하는 웃지 못할 해프닝이 벌어지기도 했다. 2013년, 노키아는 루미아 920의 업그레이드 버전인 루미아 920과 4100만 화소의 퓨어뷰 카메라를 특징으로 하는 루미아 1020을 선보였다.

이렇듯 노키아는 과감히 기존의 운영체제를 버리고 윈도폰 운영체제를 도입하며 분위기의 반전을 꾀하려 했다. 하지만 상황은 그리 쉽게 호전되지 않았다. 2013년 2분기 매출은 전 분기에 비해 24% 하락한 57억 유로였으며, 1억 1500만 유로의 영업 적자를 기록했다. 이로써 노키아는 지난 9분기 동안 누적 적자만 41억 유로에 달하게 됐다. 한편, 중국에서 노키아의 단말기 매출은 지난 2002년 이후 가장 낮았으며, 미국의 유력한 리서치 회사인 IDC의 프랜시스코 제로니모Francisco Jeronimo 애널리스트는 노키아가 미국 시장에서 회복 조짐을 보여주지 못하고 있다고 비평했다.

뉴스를 통해 노키아가 추가적으로 만 명의 직원을 해고한다는 것과 연구 개발에 배정될 예정이었던 비용을 대폭 삭감한다는 소식이 전해졌다. 그리고 2013년 9월 3일, 다시 한 번 세상을 깜짝 놀라게 하는 소식이 전해졌다. 바로 마이크로소프트가 71억 7천만 달러에 노키아의 모바일 사업부를 인수한다는 것이었다. 노키아의 마지막 노력은 헛된 꿈이 되고 말았다.

삼성과 애플의 특허 전쟁
갤럭시 시리즈

제품명	삼성 갤럭시 S4 (Samsung Galaxy S4)
출시 연도	2013
제조사	삼성전자
크기(mm)	136.6x69.8x7.9
무게(g)	130
디스플레이	16M 컬러 슈퍼 아몰레드 터치스크린
배터리	리튬이온(Li-Ion) 2600mAh
지속 시간	대기 350시간/통화 11시간
네트워크(3G)	LTE 700MHz Class 13 1700 LTE 700MHz Class 13 2100

 2012년 8월 24일, 삼성전자와 애플 간에 벌어진 미국 법원 특허 소송에서 배심원단이 애플의 손을 들어줬다는 뉴스가 전해졌다. 그리고 삼성전자에 애플의 특허를 침해한 것이 인정된다며 10억 5천만 달러, 우리나라 돈으로 약 1조 2천억이라는 배상금을 지불하라는 평결이 내려졌다. 그로부터 3일 뒤, 또 하나의 놀랄 만한 소식이 들려왔다. 바로 삼성전자가 배상금을 동전으로 바꿔 애플에게 지불했다는 이야기였다. 배심원 평결에 불만을 품은 삼성전자가 항의의 뜻으로 배상금 1억 달러를 5센트 동전으로 환전했고, 이 동전들을 운반하기 위해 30대의 트럭을 동원했다는 것이다. 덧붙여 캘리포니아의 애플 본사에서 이 30대의 트럭과 마주친 사람들의 구체적인 목격담도 함께 전해졌다. 이

같은 내용은 28일과 29일 양 일에 걸쳐 미국을 비롯한 독일, 이탈리아 등 세계 각국의 매체를 통해 보도됐다.

하지만 이는 곧 허구였던 것으로 판명났다. 그 출처는 멕시코의 한 풍자 웹 사이트인 '엘 데포르마'였으며, 애플의 손을 일방적으로 들어준 배심원 평결에 비웃고자 올린 글이 트위터 등의 SNS를 통해 빠르게 확산되면서 마치 기정사실처럼 돼 버린 것이었다. 이미 관련 소식을 보도해버린 언론들은 부랴부랴 진화에 나서야만 했다. 영국 일간신문 『가디언』은 8월 29일자 지면에 삼성전자가 동전으로 배상금을 지불했다는 내용이 사실이 아님을 시정하는 내용을 실었다. 또한 지금까지의 재판은 배심원의 평결일 뿐 판사의 최종 판결이 아니기 때문에 배상액이 확정되지 않았음을 분명히 했다.

한편 루머의 당사자인 삼성전자의 시작은 1969년 대한민국 수원에 설립된 삼성전자공업으로 거슬러 올라간다. 삼성 그룹의 자회사로 설립된 삼성전자공업은 초기에 TV, 계산기, 냉장고, 에어컨, 세탁기 등 전기전자 제품을 제조해 판매했다. 1974년, 회사는 당시 국내에서 최초로 칩을 만드는 시설 가운데 하나인 한국반도체를 인수함으로써 반도체 사업의 초석을 마련했다. 그리고 1983년, 삼성전자는 미국과 일본에 이어 세계에서 3번째로 64K D램을 개발해내는 데 성공한다.

1984년 2월, 회사는 상호를 삼성전자공업에서 현재의 삼성전자로 변경하고, 4년 뒤 그들의 첫 번째 핸드폰 'SCH-100'을 출시하면서 핸드폰 시장에 본격적으로 뛰어든다. 1988년, 최초의 국산 핸드폰인 SCH-100은 안테나까지 포함해 길이가 40센티미터가 되었고, 두께도 4.6센티미터나 됐다. 무게 또한 700그램이나 되어 한 손으로 들기도 버거울 정도여서, '냉장고폰'이라 불렸다.

1990년대 초까지만 해도 국내 핸드폰 시장에서 삼성전자의 점유율은 10%에 그쳤다. 반면 당시 세계적인 핸드폰 제조업체로 위세를 떨치고 있던 모토

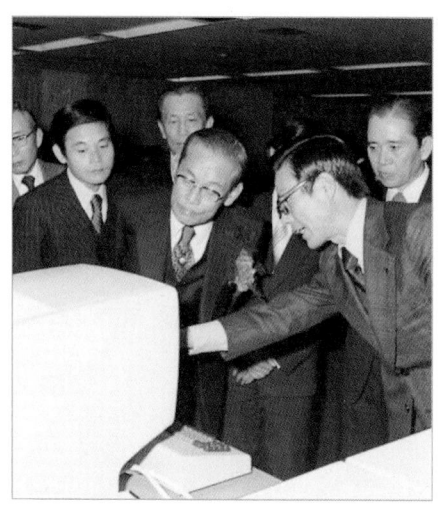
• 이병철 회장에게 컴퓨터 시스템을 소개해주고 있는 모습(출처: img.koreatimes.co.kr)

로라가 국내 핸드폰 시장의 60% 이상을 차지했다. 삼성전자의 핸드폰 사업은 1990년대 초까지 해외 제품의 위세에 눌려 그 존재가 미미하다가, 1993년 11월, 100그램 대의 핸드폰 'SH-700'을 시장에 선보이면서 애니콜 신화의 초석을 마련하게 된다.

한편 그해, 메모리 반도체 부분에서 삼성전자는 세계 1위로 올라서게 된다. 2000년대에 들어서서 삼성전자의 기세는 더욱 거세졌다. 2005년, 삼성전자는 세계적인 브랜드 20위로 선정되어 처음으로 경쟁자인 소니를 앞섰다. 2007년에는 핸드폰 부문에서 모토로라를 제치고 노키아에 이어 세계 2위의 핸드폰 제조업체로 우뚝 선다.

그리고 2010년, 삼성전자는 스마트폰 시대를 맞아해 새로운 도전을 준비하고 있었다. 2010년 6월, 삼성전자는 그들의 차세대 스마트폰 브랜드인 갤럭시 S를 처음 세상에 선보인다. 당시 시장의 상황을 살펴보면 아이폰으로 스마트폰 혁명을 일으킨 애플이 경쟁자들을 앞서고 있었으며, 노키아는 여전히 시장 점유율 부동의 1위였다. 한편, 구글에 인수된 모토로라는 안드로이드 OS가 탑재된 모토로라 드로이드 시리즈로 과거의 영광을 재현하고자 했으며, 최초의 안드로이드폰을 생산한 HTC는 스마트폰 시장에서 무시 못할 신흥 세력으로 떠올랐다. 이런 시기에 출시된 갤럭시 S는 더 이상 세계 시장 진출을 늦출 수 없다고 판단한 삼성전자의 위기의식이 반영된 것이었다. 아름답고 선명한 4인치 슈퍼 아몰레드 디스플레이와 당시 최상의 성능을 발휘한 1GHz ARM 허밍버드 프로세서를 특색으로 한 갤럭시 S는 확실히 타제품들 속에서 두드러졌다. 한 가지 아쉬운 점이라면, 당시 안드로이드 OS 최신 버전인 안드로이드 2.2 프로요가 아닌 안드로이드 2.1로 출시됐다는 것이다.

처음 갤럭시 S가 미국에 진출했을 때, 그곳에서 삼성전자는 한국에서의 확고한 위상과 달리 스마트폰 시장에 갓 진출한 신참자에 가까웠다. 따라서 삼성전자의 의지보다 미국 현지 이동통신사의 입김이 제품 출시를 좌우했다. 삼성전자는 각각의 이동통신사들의 요구에 맞춰 갤럭시 S의 여러 변종을 출시하게 된다. 버라이즌을 위한 '패시네이트Fascinate', T-모바일을 위한 '바이브런트Vibrant', AT&T를 위한 '캡티베이트Captivate', 그리고 스프린트사를 위한 '에픽Epic'이 바로 그것이었다. 이들은 갤럭시 S와 동일한 내부와 소프트웨어를 갖고 있으면서도 각 장치마다 그들만의 특색을 갖고 있었다. 특히 에픽의 경우 슬라이드식 쿼티 키보드를 갖고 있었다. 갤럭시 S는 출시 이후 6개월 동안 1천만 대의 실적을 올렸으며, 2년 간 2400만 대의 매출을 달성했다. 아이폰만큼의 폭발적인 인기는 아니었지만 안드로이드폰 단독 모델로서는 나쁘지 않은 성적이었다.

갤럭시 S에 이은 후속작을 보기까지는 거의 1년을 기다려야만 했다. 2011년 5월 바르셀로나에서 열린 세계 최대 모바일 전시회인 모바일 월드 콩그레스Mobile World Congress에서 마침내 삼성 갤럭시 S2가 공개됐다. 1.2GHz 듀얼코어 엑시노스4 프로세서를 가졌으며, 갤럭시 S보다 커진 4.2인치 크기의 800x480

• 갤럭시 S

해상도를 지원하는 WVGA 디스플레이를 탑재했다. 갤럭시 S2부터 NFC라 불리는 10센티미터 이내의 가까운 거리에서 다양한 무선 데이터를 주고받을 수 있는 통신 기술이 포함됐다. 또한 800만 화소 카메라와 함께 1080p 비디오 촬영이 가능했다. 처음 안드로이드 2.3 진저브레드와 함께 출시된 갤럭시 S2는 현재 안드로이드 4.1 젤리빈으로 공식 업데이트됐다.

삼성전자는 갤럭시 S2의 미국 진출을 앞두고 보다 유리한 조건에서 제품을 출시하기 위해 현지 이동통신사들과 힘겨루기를 했다. 그 결과 '패시네이트', '바이브런트', '켑티베이트'처럼 통신사마다 다른 명칭으로 출시되었던 갤럭시 S와 달리 갤럭시 S2란 이름 그대로 사용할 수 있게 됐다. 오직 스프린트에서만 '갤럭시 S2 에픽 4G 터치'라 불렸으며 이마저 나중에 '갤럭시 S2 4G'로 바뀌었다.

그런데 삼성전자와 미국 이동통신사 간의 협상이 모두 원만하게 끝난 것은 아니었다. 미국의 대형 이동통신사 가운데 하나인 버라이즌이 갤럭시 S2를 판

• 갤럭시 S2

매하지 않겠다고 나온 것이다. 갤럭시 S2는 이런 악조건에서 출발했지만 그 인기는 전임자인 갤럭시 S를 뛰어넘었다. 출시 다섯 달 만에 1천만 대의 매출을 올렸으며, 1년 만에 2800만 대가 팔렸다. 그리고 2012년 모바일 월드 콩그레스의 글로벌 모바일 어워드에서 갤럭시 S2는 올해의 스마트폰으로 선정됐다. 모토로라와 HTC는 침몰하고, LG는 여전히 길을 헤매고 있을 때, 삼성전자는 갤럭시 S2를 앞세워 경쟁에서 앞서기 시작한 것이다. 하지만 순탄해보이던 삼성전자의 앞길을 막강한 경쟁자가 가로막았다. 애플이었다.

 2011년 4월 15일, 애플이 북부 캘리포니아 미국 지방법원에 삼성전자를 상대로 소송을 건다는 발표를 했다. 그들의 주장에 따르면, 갤럭시 S 4G, 넥서스 S, 에픽 4G, 그리고 삼성 갤럭시 탭과 같은 삼성의 안드로이드폰과 태블릿이 애플의 상표권을 비롯한 아이폰과 아이패드의 특허를 침해한다는 것이었다. 애플이 주장하는 삼성전자가 침해한 특허 기술은 다음과 같다.

- 화면의 끝에 다다랐을 때 이를 알려주기 위해 튕겨주는 '바운스백' 기능
- 엄지와 검지로 화면의 특정 부분을 확대하는 '핑거투줌' 기능
- 화면을 두 번 두드려서 확대 혹은 축소하는 '탭투줌' 기능
- 직사각형의 둥근 모서리를 가진 스마트폰 외관
- 스마트폰 하단의 둥근 홈버튼과 옆면의 작동키
- 화면의 바둑판 모형의 아이콘 배열

이에 삼성전자는 6일 뒤인 4월 21일 아래와 같은 통신 관련 특허를 침해했다는 이유로 애플을 맞고소했다.

- 데이터 분할 전송 기술
- 데이터 전송 모드를 알려주는 기술
- 데이터를 조합해 오류는 개선하는 기술
- 데이터 송신 전력을 줄여주는 전력 제어 기술

위에서 살펴본 바와 같이 애플과 삼성전자가 직접적으로 부딪히는 부분은 없으며, 애플은 유저 인터페이스와 디자인의 특허 침해를 주장하고 있는 반면 삼성전자는 통신 기술에 관련해 특허 침해를 주장하고 있다. 미국에서 촉발된 애플과 삼성전자 간의 충돌은 독일, 오스트레일리아, 한국, 일본 등으로 번지면서 전 세계 9개국에서 50여 건의 소송으로 확대됐다. 양측의 소송이 시작된 지 1년 4개월이 지난 2012년 8월 24일, 미국 법원의 배심원단은 애플에게 유리한 평결을 내렸다. 그들은 애플이 침해받았다고 주장하는 특허 가운데 태블릿 디자인과 관련된 특허를 제외한 모든 특허들이 삼성전자가 고의로 침해했

• 삼성 vs. 애플 (출처: www.sammobile.com)

다고 판단했다.

반면 삼성이 제기한 통신 관련 특허에 대해서는 애플이 침해하지 않았다고 결론내렸다. 표준 필수 특허들은 한 기업이 반독점할 수 없다는 이유에서였다. 더불어 배심원단은 삼성전자에 특허 침해에 대한 피해 보상금으로 10억 5천만 달러의 배상액을 산정했다. 이처럼 미국에서 벌어지는 특허 소송에서 애플은 우위를 점하게 되었지만, 이와는 별개라는 듯 시장에서 삼성전자의 영향력은 날로 커져만 갔다.

애플과 삼성이 특허 소송을 벌이는 사이 안드로이드 시장 규모는 2010년 3분기의 2050만 대에서 2011년 같은 기간 동안 6050만 대로 성장했다. 또한 2011년 3분기 동안 전체 핸드폰 판매에서 삼성전자는 경쟁자인 모토로라, HTC, 그리고 림보다 일곱 배 이상 높은 실적을 올리게 된다. 2012년 5월, 삼성전자는 그동안 모바일 월드 콩그레스와 같은 국제적인 행사에서 신제품을 발표하던 관례를 깨고, 런던에서 그들 자신만의 언팩 행사를 개최한다. 단독으로 언팩 행사를 개최한다는 것은 자신감의 반영이기도 했다. 그곳에서 삼성전자는 차기 주력 모델인 갤럭시 S3를 발표한다. 적작보다 커진 4.8인치 720p 디스플레이를 보유한 갤럭시 S3는 당시 최고 성능인 1.5GHz 쿼드코어 엑시노스 프로세서를 탑재했다. 그리고 800만 화소 카메라와 2100mAh 대용량 배터리를 특징으로 하고 있다.

안드로이드 4.0 아이스크림 샌드위치와 함께 출시된 갤럭시 S3는 아이폰의

• 갤럭시 S3

시리에 대응하는 S-보이스, 스마트폰이 사용자의 눈을 인식하는 기능인 스마트 스테이와 같은 소프트웨어를 선보였다. 삼성전자의 달라진 위상은 미국 시장에서도 체감할 수 있었다. 갤럭시 S2까지만 해도 현지 이동통신사들의 눈치를 봐야 했던 삼성전자는 완전히 그들을 제어하게 된 것이다. 이동통신사에 따라 혼란스럽고 복잡한 이름을 사용해야만 했던 이전 모델과 달리 신 모델은 '갤럭시 S3'란 브랜드명 그대로 출시됐다.

갤럭시 S3는 출시 후 2주 동안 900만 대의 사전 예약을 받고, 세 달도 안 되어 1천만 대가 판매됐다. 2012년 3분기 동안만 1800만 대가 팔려나갔는데, 이는 같은 기간 아이폰 4S의 1600만 대 매출을 넘어선 것이었다. '아이폰 킬러'라는 타이틀을 얻게 된 갤럭시 S3는 출시 후 7개월 만에 4천만 대의 판매고를 올린다. 그리고 삼성전자는 갤럭시 S3의 성공에 힘입어 2년 연속 모바일 월드 콩그레스에서 올해의 스마트폰상을 수상한다.

갤럭시 S의 등장과 후속 모델인 갤럭시 S2의 출시와 함께 세계 스마트폰 시장에서 빠르게 성장하던 삼성전자는 갤럭시 S3의 대성공으로 시장에서의 확고한 위상을 다지게 된다. 그리고 2013년 4월, 삼성전자는 갤럭시 S 시리즈의 네 번째 모델인 갤럭시 S4를 발표한다. 전작의 4.8인치보다 조금 더 커진 5인치

• 갤럭시 S4

풀 HD 슈퍼아몰레드 디스플레이를 내세우며 인치당픽셀 수가 441ppi에 이른다. 갤럭시 S4는 1.9GHz 쿼드코어 스냅드래곤 600 SoC가 들어간 LTE 버전과 8코어 엑시노스 5 옥타 칩셋이 들어간 3G 모델이 제공됐다.

그런데 옥타코어의 경우 여덟 개의 코어가 동시에 구동되는 방식이 아닌, 네 개의 고성능 코어와 저전력 기반의 나머지 네 개의 코어가 결합된 저전력 고효율 방식이라 할 수 있었다. 카메라는 1300만 화소로 이전 모델의 800만 화소와 비교해 크게 개선되었으며, 배터리 용량은 2600mAh로 늘어났다.

갤럭시 S4의 모바일 운영체제로 안드로이드 4.2.2 젤리빈이 탑재됐다. 갤럭시 S3에서 사용자의 눈을 인식하는 스마트 스테이 기능이 선보였다면, 갤럭시 S4에서는 사용자의 눈을 추적해 화면을 스크롤하는 기능인 스마트 스크롤과 화면을 보고 있지 않을 때 동영상을 일시 정지시켜주는 스마트 포즈 기능이 추가됐다. 사용자가 실제 화면을 터치하지 않고 센서 위에서 움직이는 것만으로 스마트폰을 제어할 수 있는 에어 제스쳐 기능과 사용자의 활동 상태를 모니터링해주고 건강을 체크해주는 S 헬스 기능도 이번 시리즈부터 도입됐다. 갤럭시 S4는 출시 27일 만인 5월 23일 전 세계 판매량이 1천만 대를 넘어섰다. 이는 전작인 갤럭시 S3의 경우보다 23일 빠른 기록이었다.

• 갤럭시 시리즈

　한편 2013년 6월 미국에서 삼성전자에게 또 하나의 희소식이 들려왔다. 미국 국제무역위원회ITC에서 삼성전자가 애플을 상대로 제기한 스마트폰 특허 침해를 인정하는 최종 판결을 내렸다는 소식이었다. 다섯 차례나 판결이 미루어진 끝에 내려진 결과였다. 국제무역위원회가 내린 판결에 따르면 애플은 삼성이 문제삼은 특허 가운데 '3G 무선통신 데이터 전송 기술'에 관한 특허를 침해했으며, 이와 관련된 애플 제품에 대해 판매 금지 처분을 내린다는 것이었다. 애플은 즉각 항소하겠다는 의사를 밝혔고, 삼성전자는 당연한 결과라며 환영했다.

　하지만 기쁨도 잠시, 두 달 뒤 버락 오바마 미국 대통령은 삼성전자의 특허를 침해한 애플의 구형 스마트 기기 수입을 금지한 국제무역위원회의 결정에 거부권을 행사했다. 미국 경제의 경쟁 여건과 미국 소비자에게 미칠 영향을 고려한다는 이유라고 했지만 자국 기업을 보호하는 것이 아니냐는 비난은 피할 수 없게 됐다. 결국 미국 정부의 거부권 행사로 아이폰 4, 아이패드 2와 같은 중국에서 생산되는 애플의 구형 제품들을 계속 미국에 수입할 수 있게 됐다.

　갤럭시 S의 모바일 운영체제이자 구글에 의해 탄생한 안드로이드 OS는 다른 경쟁자들과 비교할 수 없을 만큼 빠른 속도로 그 영향력을 확장했다. IT 시장조사 기관인 스트래티지 애널리틱스Strategy Analytics에 따르면, 안드로이드 OS는 2013년 2분기 세계 시장의 80% 점유율을 기록했다고 한다. 전 세계 판매된 2억 2960만 대의 스마트폰 가운데 1억 8260만 대가 안드로이드 운영체제를 채택한 것이다. 다음으로 애플의 iOS가 점유율 13.6%로 2위를 차지했고, 윈도폰은 3.9%의 점유율로 3위에 올랐다. 이런 안드로이드 OS의 무서운 성장세만큼이나 이를 주 플랫폼으로 채택한 삼성전자의 상승세도 경쟁 업체들을 긴장시키기에 충분했다.

삼성전자는 갤럭시 S 출시 직후인 2010년 3분기 말에만 스마트폰을 포함한 전체 핸드폰 출하량이 7천만 대를 넘으며, 세계 시장 점유율에서 경쟁자인 노키아의 12%보다 높은 22%를 획득하게 된다. 결국 그해 삼성전자는 총 2억 8천만 대의 핸드폰을 판매했다. 2011년 3분기 동안 스마트폰 판매에서 삼성전자는 23.8%의 점유율을 차지하며 14.6%를 획득한 애플을 제쳤다.

그리고 2012년 4월, 삼성전자는 1988년 이후로 14년 동안 모바일 세계의 왕좌를 지켜온 노키아를 제치고 마침내 세계 1위의 핸드폰 제조업체가 됐다. 핸드폰 40년 역사 이래 미국의 모토로라, 그리고 핀란드의 노키아에 이어, 대한민국의 삼성전자가 모바일 세계를 지배하게 된 것이다.

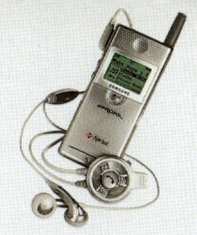

PART
07

모바일의 미래

세상에 처음으로 '핸드폰'이라는 도구가 등장한 이래 대중들은 그들의 눈앞에 혁신을 목격해왔다. 결코 가능하리라고 생각하지 못했던 기능들이 거짓말처럼 이 조그만 장치 안에서 실현됐고, 그들의 진화는 여전히 진행 중이다. 핸드폰은 갈수록 작고 얇아지며 미적 가치마저 추구하고 있다. 더 이상 핸드폰은 선택 요소가 아닌 필수품으로 자리 잡은 지 오래며 이제는 핸드폰 없는 삶을 상상도 못 하게 됐다.

기술은 급격히 발전해 오늘의 새로운 것이 내일이면 구식이 돼버리는 세상이 됐다. 이는 핸드폰 기술에서도 크게 다르지 않다. 대부분의 핸드폰 외관에서 버튼이 사라졌으며 대신 멀티 터치스크린이 이를 대체하게 됐다. 또한 핸드폰은 단순 통신 수단에서 영상, 게임, 음악 등을 즐길 수 있는 엔터테인먼트 매체로 성장했다. 이런 기술 발전의 추이를 살펴볼 때 '스마트폰'이라는 용어만큼 핸드폰의 진화 방식을 잘 설명하는 단어도 없을 것이다.

핸드폰 이용자의 기하급수적인 증가와 함께 더욱 치열해진 시장 경쟁으로 핸드폰 제조업체들은 제품의 콘셉트 디자인에 엄청난 비용을 투자하고 있다. 디자이너들은 첨단 설계 소프트웨어의 도움으로 보다 쉽게 그들의 아이디어를 컴퓨터상에 옮길 수 있게 되었으며, 가구, 자동차, 카메라, 컴퓨터 등 주위의 모든 사물들이 콘셉트의 아이디어를 제공했다. 디자이너들은 현재의 최신 제품에 대한 디자인뿐만 아니라 5년 혹은 10년 뒤의 미래 핸드폰의 모습을 그려보는 일에도 흥미를 보였다.

물론 개중에 터무니없어 보이는 제품 콘셉트도 존재하지만, 중요한 것은 실현 가능 여부가 아닌 아이디어 그 자체다. 굳이 디자이너라는 직업군에 한정하지 않더라도 미래의 핸드폰의 모습을 상상한다는 것은 누구에게나 흥미로운 일임에 분명하다. 10년 뒤 일상생활 속에서 보게 될지도 모르는 열 가지 창의적이고 미래적인 콘셉트 핸드폰을 살펴보도록 하자.

LG 플러터

고속으로 비행하는 비행기의 날개가 공기 흐름에서 에너지를 받아 심한 진동을 일으키는 현상을 가리켜 플러터flutter라 한다. LG가 선보인 미래의 콘셉트폰은 이 강렬한 자연현상에서 이름을 따온 것이며, 그 강인한 이름만큼 놀라운 디자인을 보여주고 있다. LG 콘셉트폰의 가장 큰 특징은 장치를 열고 닫을 수 있다는 점이다. 닫혀 있을 때 장치는 인체공학적인 디자인과 함께 오직 금속 키패드만 보여준다. 하지만 장치 하단의 둥근 LG 로고를 누르면 안에 숨겨져 있던 디스플레이가 펼쳐지며 모습을 드러낸다. 부채를 연상시키는 디스플

레이 위로 깔끔한 인터페이스의 터치 아이콘이 뜨며, 사용자는 호를 그리듯 화면을 스크롤 할 수 있다.

캄바라

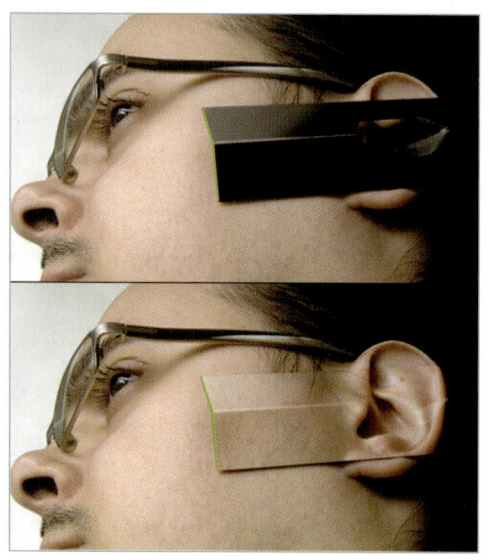

디자이너 일샤트 가리포브Ilshat Garipov가 설계한 캄바라kambala의 주요 콘셉트는 핸드폰과 무선 헤드셋의 결합이다. 사용자가 핸드폰을 한번 강하게 움켜쥐면 장치의 중앙에 조그만 조각이 돌출된다. 이 부분을 이어폰 꽂듯 귀 안에 삽입하면 핸드폰은 훌륭한 헤드셋이 된다. 캄바라의 안쪽 면은 영상을 재생하는 플렉서블 디스플레이인 동시에 장치의 내부에서 외부로 이미지를 전송하는 센서 층이기도 하다. 따라서 사용자가 핸드폰을 귀에 고정시키면 자동적으로 장치는 사용자의 피부톤 정보를 외부로 보내어 마치 카멜레온처럼 자신의 모습을 감춘다. 캄바라는 모든 전자 부품들이 레이어의 형태로 내부에 배치된 다중층 중합체로 이루어져 있다.

노키아 모프

뉴욕 현대 미술관에서 열린 '디자인과 유연한 정신Design and the Elastic Mind' 전시회에서 노키아의 미래 콘셉트폰인 노키아 모프Nokia Morph가 처음 선보여졌다. 이 콘셉트는 노키아 리서치 센터NRC와 영국의 케임브리지 나노과학센터가 공동으로 개발한 것으로, 어떻게 하면 나노 기술이 근본적으로 휴대용 전자기기에 변화를 가져올 수 있을지에 역점을 두었다.

노키아 모프는 투명하고 유연한 재질로 이루어져 있으며, 거미줄과 동일한 원리로 탄성을 이용해 장치의 모양을 완전히 바꿀 수 있다. 또한 자동 세척 기능을 갖추고 있으며, 나노 센서를 통해 공기 중의 위험을 감지하고 사용자에게 알리는 알람을 제공한다.

모바일 스크립트

디자이너 알렉산드르 무코멜로브Aleksandr Mukomelov에 의해 설계된 얇고 세련된 콘셉트폰인 모바일 스크립트폰은 장치 내에 두 개의 터치스크린을 특징으로 내세운다.

일반적으로 핸드폰에서 볼 수 있는 전면의 소형 터치스크린 이외에도 핸드폰 내부에 두루마리를 펼치듯 꺼내 사용할 수 있는 대형 플렉시블 디스플레이가 존재한다. 이 대형 유기발광다이오드OLED 디스플레이를 활용해 조그만 핸드폰을 태블릿으로 변모시켜 일반적인 문서 작업이나 인터넷 서핑, 게임 등의 작업이 가능하다.

이 장치의 또 다른 특이사항으로는 제품 케이스가 태양 광선을 핸드폰 전원으로 변환하는 감광성 나노 소재로 코팅되어 있어 따로 충전할 필요가 없다는 것이다.

윈도폰

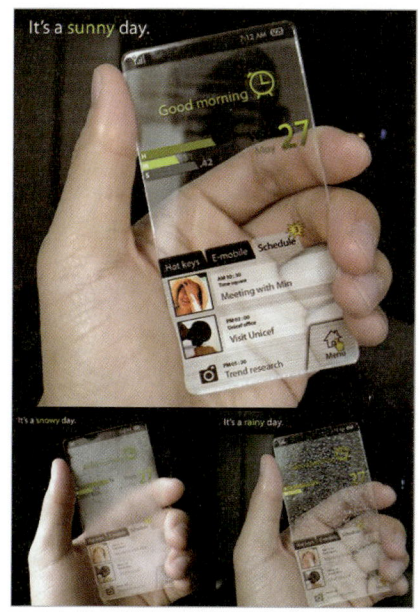

마이크로소프트에서 개발한 윈도폰 모바일 운영체제를 장착한 스마트폰과 혼동하는 일이 없도록 하자. 한국의 디자이너 송승한 씨에 의해 설계된 윈도폰 Window Phone 은 실제 창문을 연상하게 하는 미래형 핸드폰이다. 핸드폰 뒷면으로 제품을 쥐고 있는 손이 다 비칠 정도로 투명한 터치스크린 디스플레이를 특징으로 할 뿐, 케이스나 제품을 감싸는 어떤 외각 프레임을 갖고 있지 않다.

이 콘셉트폰의 가장 큰 매력은 사용자 인터페이스를 통해 끊임없이 사용자에게 날씨를 '보여준다'는 것이다. 예를 들어 바깥 날씨가 추우면 디스플레이 상에 성에가 끼는 듯한 효과를 보여준다거나 비가 올 때 물방울이 맺히는 식이다. 말 그대로 '창문'폰인 셈이다.

필립스 플루이드

전화벨이 울리자 손목에 둥그렇게 말린 가늘고 긴 조각이 곧게 펴지며 핸드폰으로 변한다. 이 아이디어는 브라질의 디자이너 디나르 다 므타Dinard da Mate에 의한 것으로 필립스는 이 미래형 콘셉트폰을 플루이드폰Fluid phone이라 이름 붙였다.

  유연하다는 의미의 이름에서 유추할 수 있듯이 이 장치는 고해상도의 플렉서블 유기발광다이오드 디스플레이를 전면에 내세우고 있다. 마치 첨단 액세서리와 같이 사용자의 손목에 감고 다니며 사용할 수 있기 때문에 이동성과 사용의 용이성이란 측면에서 탁월하다. 따라서 더 이상 핸드폰을 주머니에 넣고 다닐 일도, 손에 땀이 차가며 오랜 시간 통화할 필요도 없게 됐다.

노키아 키네틱

영국의 디자이너 제레미 인스 – 홉킨스Jeremy innes-hopkins는 재밌고 유쾌한 핸드폰 콘셉트를 선보였다. 심플한 디자인에 곡선미를 강조한 노키아 키네틱Nokia Kinetic은 전화가 오거나 메시지를 받았을 때 핸드폰이 스스로 일어나 알리는 기능을 제공한다.

저절로 일어나는 마법의 비밀은 제품 하단의 둥근 모서리에 있다. 그 안에 설치된 전자석이 무게 중심을 이동시켜 제품을 자동적으로 일어나게끔 만든 것이다. 이런 기능은 단순히 알람으로 활용하는 것 외에도 장치를 고정시켜 화상통화를 하거나 동영상을 감상하는 데에도 유용하다. 만일 사용자가 알람을 거부하고자 한다면 간단히 핸드폰을 밀어 다시 눕히면 된다.

블랙베리 엠파시

디자이너 키키탕Kiki Tang과 다니엘 윤Daniel Yoon이 공동으로 설계한 콘셉트폰 블랙베리 엠파시Blackberry Empathy는 주위에서 볼 수 있는 기존의 블랙베리폰과 사뭇 다른 모습을 하고 있다. 검은 보석을 연상시키는 이 미래형 콘셉트폰은 '공감', '감정이입'이라는 의미의 제품명에 걸맞게 감성적 커뮤니케이션에 초점이 맞춰져 있다.

무드링mood ring이라 불리는 사각형 모양의 반지를 손가락에 끼면 심장박동 수, 혈압, 체온 등의 정보가 핸드폰에 전달되어 사용자의 감정 상태를 보여준다. 또한 장치는 전화 통화와 메시지를 통해 감지된 감정 상태를 다양한 색상으로 표현하기도 한다. 이런 정보는 페이스북 또는 트위터와 같은 소셜 네트워크에 쉽게 업데이트할 수 있다.

핑거터칭

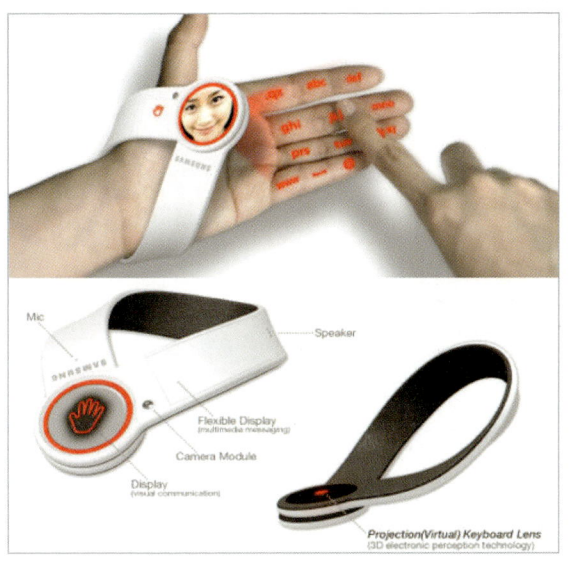

이프 콘셉트 어워드 프로덕트IF Concept Award Product 수상작으로 한국의 디자이너 권수만 씨의 작품이다. 이 제품의 주요 콘셉트는 인간의 손이 가장 기본적인 통신 수단이라는 아이디어에서 착안했다.

핑거터칭Finger Touching은 일반적인 핸드폰과 달리 제품을 손에 끼워 사용하는 웨어러블 모바일 장치이며, 독특하게도 장치 어디에도 키패드가 존재하지 않는다. 대신 장치에서 투사된 영상이 손바닥 위로 가상의 키패드를 만들어낸다.

핑거터칭이라는 제품명에서 유추할 수 있듯이 장치의 쉽고 간단한 제어를 위해 기본적인 입력 방식으로 '손가락 관절'을 사용한다. 엄지손가락을 제외한 각각의 손가락 관절 3x4 키패드의 열두 개의 버튼이 형성된다.

리프

환경을 의식하면서 현대 기술의 혜택을 누리는 것은 쉽지 않은 일이다. 지멘스의 기가셋 에코비전 시리즈인 리프leaf는 친환경 플라스틱과 리퀴드 우드와 같은 재활용 원료로 만들어 진다. 리퀴드 우드란 매우 매끄럽고 반들거려 마치 플라스틱과 같은 윤기가 있지만 100% 완벽한 천연의 나무를 이른다. 이 친환경적인 미래형 콘셉트폰은 반투명 유기발광다이오드 디스플레이와 함께 핸드폰 전면 패널에 태양 전지를 내장하고 있다. 이 핸드폰의 제품명이 리프라 불리는 이유는 단순히 그 디자인이 나뭇잎을 닮았기 때문만이 아니라, 광합성을 하는 나뭇잎처럼 핸드폰 전원으로 태양 에너지를 활용한다는 특징에서 비롯된 것이다.

이처럼 미래의 핸드폰의 모습을 예상하는 다양한 콘셉트의 디자인이 존재하며 지금도 창의적이고 독창적인 아이디어가 무수히 쏟아지고 있다. 지금까지 디자인을 중심으로 미래 핸드폰의 모습을 살펴봤다면 기술적인 면에서는 어떨까. 다시 말해 향후 5년에서 10년 안의 가까운 미래에 등장하게 될 핸드폰들은 어떤 기능들로 무장하게 될 것인가. 이는 빠른 속도의 기술 진화로 인해 정확하게 예측하기 힘들다. 하지만 현대의 스마트폰 기술의 추세를 주의 깊게 살펴본다면 향후 모바일 기술의 방향을 어느 정도 예측할 수 있다. 앞으로 핸드폰 산업의 흥행을 좌우하게 될지도 모르는 모바일 기술 몇 가지를 살펴보도록 한다.

플렉서블 디스플레이

가까운 미래에 핸드폰은 주머니에 넣을 수 있는 크기를 유지하면서도, 동영상을 감상하거나 게임을 플레이할 경우와 같은 필요 시에 커다란 화면을 제공하게 될지도 모른다. 화면을 접었다가 펴거나 아니면 두루마리를 펼치듯 화면을 자유자재로 다룰 수 있게 된다는 의미이다. 이는 스스로 빛을 내는 현상을 이용한 디스플레이인 유기발광다이오드 기술의 진화에 기인한다. 이 종이처럼 얇은 디스플레이는 화면 앞뒤 양쪽 면을 모두 활용하는 듀얼 사이드 뷰 기능을 지원하거나 화면 가운데에 어떤 경계선 없이 지갑처럼 반으로 접을 수 있는 기능을 갖게 될 것이다. 아직 초기 단계이기는 하지만 이미 삼성의 윰 플렉서

블 유기발광다이오드, 코닝의 윌로우 글래스$^{Willow\ Glass}$, 그리고 LG의 플렉서블 스크린과 같은 유연한 화면을 구현하려기 위한 기술들이 속속 선보이고 있다.

웨어러블 디자인

미래의 핸드폰은 핸드폰처럼 보이지 않을지도 모른다. 휘는 플렉서블 디스플레이, 탄성 중합체 재질, 유연한 회로 기판, 그리고 배터리 재구성과 같은 새로운 재료들이 앞으로 핸드폰 디자인의 미학을 바꿀 것이다. 바로 몸에 착용하는 웨어러블 디자인이다. 이미 일부 회사들은 이런 물리적인 유연성을 이용해 몸에 착용할 수 있는 제품을 선보이고 있다. 소니 스마트워치, 삼성 갤럭시 기어, 페블^{Pebble}, 아임워치$^{I'm\ Watch}$와 같은 스마트 시계가 등장했고, 안경과 스마트 장치가 결합한 구글 글래스가 출시를 앞두고 있다.

한편 미래의 핸드폰은 투피스 시스템이 될 것이라는 전망이 있다. 본체에 해당하는 부분은 신발, 벨트, 시계, 또는 옷 안에 삽입될 것이며, 디스플레이에 해당하는 부분은 안경을 이용하거나 혹은 직접 안구에 이식하는 방식으로 대체될 것이다.

음성 제어

애플의 음성인식 서비스인 시리가 등장한 이후 음성 제어 Voice Control 기능은 사람들 사이에서 많은 화제를 모았다. 그런데 음성 제어 기술은 완벽하지는 않았지만 시리가 등장하기 이미 오래전부터 존재해오던 것이었다. 시리 이전의 대부분의 음성 인식 시스템은 음파를 통해 명령을 인식한 반면, 시리는 자연어 기반 사용자 인터페이스를 채택해 인간이 언어를 인식하는 방법과 유사한 방식으로 발음과 구문을 해석한다.

  이 방식이 기존의 것보다 효율적이고 정확하다는 것이 입증되었으며, 이로써 시리는 음성 제어와 음성 인식 프로그래밍이 가야 할 길을 제시하게 됐다. 미래에는 핸드폰 사용자의 목소리가 보안 ID로 인식되어 음성 잠금 해제 기능과 같은 음성 인증 솔루션으로 사용되며, 핸드폰은 오직 사용자의 목소리와 지정된 목소리에만 반응하게 될 것이다.

프로젝터&홀로그램

만약 핸드폰의 작은 화면을 보상하는 데 플렉서블 디스플레이로는 충분치 않다고 느껴진다면 핸드폰 안에 빔 프로젝터를 집어넣는 것은 어떨까. 2012년, 이런 아이디어를 실현시킨 삼성 갤럭시 빔이 출시됐다. 그것은 15루멘의 밝기에 최대 50인치 화면을 투사할 수 있다. 하지만 여기에는 여전히 해결해야 할 문제가 있다. 프로젝터를 핸드폰 안에 내장하기 위해서는 그 크기를 줄여야 하는데, 프로젝터가 작아질수록 출력되는 빛의 양도 함께 줄어든다. 또한 전력 소비로 인한 배터리의 빠른 소진도 극복해야 할 부분이다.

한편 많은 전문가들은 다음 세대의 모바일 출력 방식으로 홀로그램을 예상한다. 본질적으로 홀로그램은 3D와 프로젝터의 결합이다. 앞으로 핸드폰 사용자는 홀로그램과 상호작용을 할 수 있을 것이라 예상되는데, 예를 들어 그들 앞에 나타난 홀로그램 영상을 손으로 당기거나 움켜쥐는 동작으로 영상의 크기를 조절하거나 화면을 이동할 수 있을 것이다.

증강현실(AR)

증강현실Augmented Reality이란 쉽게 말하자면 사용자가 눈으로 보는 현실 세계에 가상의 물체를 겹쳐 보여주는 기술을 의미한다. 1990년대 후반부터 일본과 미국을 중심으로 연구된 증강현실은 실외에서 실현하기 위해 착용식 컴퓨터 개발이 주를 이루었다. 그리고 오늘날 휴대성이 뛰어난 스마트폰이 증강현실을 구현하기 위한 훌륭한 플랫폼으로 떠올랐다.

예를 들어 근처의 가장 가까운 식당을 찾기 위해 스마트폰 카메라로 주변 건물을 비춘 다음 AR앱을 실행하면 그 화면 안에 찾고자 하는 식당의 위치 정보가 3차원 가상 화면으로 표시된다. 이제 주위 정보를 얻기 위해 전화를 걸어 상대방에게 물어보거나 인터넷 검색을 할 필요 없이 바로 핸드폰을 꺼내 들기만 하면 된다.

그러나 여전히 증강현실을 구현하는 데에는 제한이 따른다. 이는 움직이는 뷰에 대한 인식 정확도가 떨어지기 때문이다. 증강현실을 원활하고 안정적으로 실현하기 위해서는 사람, 물건, 장소를 인식하는 기술이 더욱더 발전되어야 한다.

• 트라이코더 (출처: forbes.com)

    이 밖에도 향후 다양한 모바일 기술들이 이슈화될 것으로 예상된다. 18개월마다 마이크로칩에 저장할 수 있는 데이터의 양이 두 배로 늘어난다는 무어의 법칙에 따라 5년 안에 32코어 프로세서로 무장한 스마트폰을 보게 될지도 모른다. 오늘날의 리튬이온 전지보다 2천 배 이상 강력한 리튬 이온 마이크로 전지와 애플이 연구 개발 중인 수소전지가 등장하게 되면 더 이상 배터리 방전으로 골머리를 앓을 일은 없을 것이다.

    아직은 크게 보편화되지는 않았지만 가까운 거리의 데이터를 주고받는 무선 NFC 기술은 장차 사람들의 생활을 바꿀 것이다. 대중교통을 타거나 계산대에서 물건 값을 지불하고 현관문을 여는 데 굳이 카드나 열쇠를 갖고 다닐 필요 없이 NFC 지원 핸드폰 하나면 된다. SF 영화 〈스타 트렉〉에 등장하는 휴대용 만능 의료진단기인 트라이코더Tricorder처럼 미래의 핸드폰은 사용자의 건강 상태를 항상 점검하고 결과에 따라 예방 또는 치료 조치를 내릴 것이다.

    지금까지 미래에 예상되는 핸드폰의 모습과 기능들을 살펴봤다. 그러나 위에서 언급한 모바일의 미래는 어디까지나 극히 일부분에 불과하며 실제로 그 발전 잠재력은 무궁무진하다. 그럼에도 불구하고 앞으로 자신이 갖게 될 핸드폰이 어떤 모습으로 변화하고, 어떤 기능들로 무장하게 될지 상상하는 것만으로도 마음을 들뜨게 만들기 충분하다. 하지만 모바일의 미래가 장미빛으로만 점철된 것만은 아니다. 획기적이고 환상적인 미래의 모바일 기술을 누리기 위해 핸드폰 사용자들은 일부 희생을 염려해야 할 가능성도 배제할 수 없기 때문이다. 개인정보 유출과 보안 문제는 앞으로도 모바일 기술의 발전과 함께 반드시 짚고 넘어가야 할 부분이다.

  한편 핸드폰 하나로 모든 것을 해결할 수 있다는 것은 다시 생각하면 핸드폰 없이는 아무것도 할 수 없다는 것을 의미하기도 한다. 핸드폰 안에 많은 기능들이 통합되는 추세에서 사용자들이 지나치게 모바일 장치에 의존하는 것에 문제가 없는지 생각해볼 여지가 있다. 이렇듯 모바일 기술의 발전과 함께 등장할 새로운 이슈들을 어떻게 대처할지 이 모든 것들이 모바일의 미래를 결정 지을 것이다.

핸드폰
연대기

초판 1쇄 발행 | 2014년 2월 17일

지은이 | 오진욱
펴낸이 | 이은성
펴낸곳 | e비즈북스
편집 | 김은미
디자인 | 방유선

주소 | 서울시 동작구 상도동 206 가동 1층
전화 | (02) 883-9774
팩스 | (02) 883-3496
이메일 | ebizbooks@hanmail.net
등록번호 | 제 379-2006-000010호

ISBN 97889-98045-41-8   03500

e비즈북스는 푸른커뮤니케이션의 출판브랜드입니다.

이 도서의 국립중앙도서관 출판시도서목록(CIP)은 서지정보유통지원시스템 홈페이지(http://seoji.nl.go.kr)와 국가자료공동목록시스템(http://www.nl.go.kr/kolisnet)에서 이용하실 수 있습니다.(CIP제어번호:CIP2014002763)